重庆市社会科学规划项目（项目批准号：2011YBJI019）资助

王杏芬　刘淑蓉◎著

民生导向下我国公租房制度的绩效评价及监管研究

MINSHENG DAOXIANG XIA WOGUO GONGZUFANG ZHIDU DE
JIXIAO PINGJIA JI JIANGUAN YANJIU

中国财经出版传媒集团

经济科学出版社
Economic Science Press

图书在版编目（CIP）数据

民生导向下我国公租房制度的绩效评价及监管研究／
王杏芬，刘淑蓉著．—北京：经济科学出版社，2021.6
ISBN 978 - 7 - 5218 - 2657 - 9

Ⅰ.①民…　Ⅱ.①王…②刘…　Ⅲ.①住房制度 - 研究 - 中国　Ⅳ.①F299.233.1

中国版本图书馆 CIP 数据核字（2021）第 123349 号

责任编辑：杜　鹏　胡真子
责任校对：蒋子明
责任印制：王世伟

民生导向下我国公租房制度的绩效评价及监管研究
王杏芬　刘淑蓉　著
经济科学出版社出版、发行　新华书店经销
社址：北京市海淀区阜成路甲 28 号　邮编：100142
编辑部电话：010 - 88191441　发行部电话：010 - 88191522
网址：www. esp. com. cn
电子邮箱：esp_bj@ 163. com
天猫网店：经济科学出版社旗舰店
网址：http：//jjkxcbs. tmall. com
固安华明印业有限公司印装
710×1000　16 开　13.25 印张　230000 字
2021 年 8 月第 1 版　2021 年 8 月第 1 次印刷
ISBN 978 - 7 - 5218 - 2657 - 9　定价：69.00 元
（图书出现印装问题，本社负责调换。电话：010 - 88191510）
（版权所有　侵权必究　打击盗版　举报热线：010 - 88191661
QQ：2242791300　营销中心电话：010 - 88191537
电子邮箱：dbts@ esp. com. cn）

前　言

本书基于我国特有的制度背景和 2007～2018 年进行的公租房实践，借助绩效评价和政府绩效审计这一独特视角，先从理论上着力探讨我国公租房制度可持续发展的影响因素、建设、管理、运营的有效机制和实现路径；再通过全国多个地方公租房建设、管理和运营等实践活动的第一手资料，全面深入、及时地分析公租房制度的实施效果，并提出了一些新的观点，分别构建了管理模式、绩效评价指标体系和云审计协同监管体系，可以为我国如火如荼的公租房制度建设提供有益参考，因而具有重要的学术价值。

鉴于我国特殊的制度背景，尤其是典型的转型经济和特有的住房文化，若照搬国外的做法，极可能导致"橘生淮南则为枳"的危局。因此，必须紧密结合我国各地的现实背景，探索和研究公租房建设、管理和高效持续运营的最优路径；建立独立的公租房机构，避免长期、庞大的建设计划可能造成的巨额财政赤字，兼顾环保低碳、安全，并杜绝公租房成为某些部门和个人的敛财工具，实现改善民生、保障社会和谐稳定的最终目标，形成切实可行的政府投资、建设与管理的绩效评价和监管机制等重要的制度保障，确保重庆市公租房制度的健康和可持续发展，最终实现改善民生的目标。因此，结合重庆市审计局正在进行的公租房审计实践进行实证检验，为确保并持续提升其建设质量、运营管理水平和实施效果，最终实现泽及民生、社会和谐稳定发展的宗旨，并为逐步向全国甚至全世界推广先进经验提供决策依据的本书，显然具有重要的现实意义。

本书主要围绕以下内容展开研究。

（1）国内外研究综述。公租房制度能否持续推进与健康发展，并发挥其稳定房地产市场的功能，很大程度上取决于其实施绩效和监管效果。本部分对国内外公租房相关的绩效评价与监管文献进行了回顾与评价，认为全面系统研究公租房项目实施绩效和监管方面的文献极少，由此提出了未来研究的重点和方向，因而具有较大的现实意义和理论价值，而且为后续研究奠定了良好基础。

（2）公租房制度的绩效评价与监管概述。本书在厘清公租房绩效评价与监管等相关概念的基础上，在对国内外公租房方面的实践和理论梳理的基础上，提出公租房制度绩效评价与监管的目标、内容、特点和实施模式以及分类。

（3）公租房制度的经济学、社会学理论基础。本书分别从制度经济学、福利经济学和社会学等视角，通过制度约束、供求关系以及多重利益博弈等方面分析公租房制度民生导向的经济学和社会学基础，以及公租房制度产生的制度渊源和社会诱因。

（4）民生导向下公租房制度实施绩效的影响因素分析。本书阐述了多重委托代理理论及其相关的六大模型，分别从制度设计、融资、供应链以及建设工程质量和造价，如预算等成本管理与投入运行中的出租管理、外部监管等方面进行讨论，同时结合重庆市公租房项目的实施现状与不足，较为全面地分析了公租房制度实施绩效的主要影响因素，从而为进一步分析和检验奠定了较为坚实的理论基础。

（5）民生导向下公租房制度的实施绩效与监管机制分析。本书基于以往的绩效评价体系，创新性地加入了民生导向这一根本目标，并将其重点体现在可持续性这一审计指标上，构建了民生导向下公租房制度绩效评价的项目逻辑模型、民生导向下公租房制度绩效评价的指标体系以及民生导向下的公租房制度绩效审计的5E1C模型（即效率、效果、经济性、环境性、公平性和可持续性），并对重庆市公租房制度实施绩效及监管的现状与不足进行了阐述和深入分析。

（6）民生导向下公租房制度的绩效评价与监管体系构建。本书首先分析了我国2007~2018年省级、市级、县级和乡镇级不同级别政府公租房制度的实施效果与监管机制的现状、不足及其成因；其次运用项目逻辑模型构建了公租房制度的绩效评价体系和绩效审计的5E1C模型，从而为保障我国公租房制度的持续健康发展提供理论支撑和现实依据。

（7）民生导向下重庆市公租房制度实施绩效的典型案例分析。本书基于我国特有的制度背景，首先，提出了公租房制度可持续发展的概念与内容；其次，运用审计监管和治理理论，较为深入地分析了审计监管与公租房制度可持续发展之间的关系；最后，结合重庆市公租房制度实施的典型案例分析了公租房项目持续审计对公租房制度可持续发展发挥的监督和治理功能。

（8）提升重庆市公租房制度实施绩效的机制优化与路径分析。本书在分析重庆市公租房现有的监管机制及存在的不足的基础上，分别构建了重庆市公租房制度全程管理模式和公租房制度云审计持续监管体系，并提出了我国公租房项目持续审计监管的新模式，并给出了提升重庆市公租房制度实施绩效的路径、提升公租房项目建设可持续发展的优化路径、确保公租房制度可持续发展的路径优化——5E1C 审计等对策建议。

通过上述研究，本书得出如下主要结论。

（1）公租房制度在中央政府与地方政府之间，地方政府与被委托的投资部门、建设单位、管理单位之间都存在着委托代理关系，在建设者、管理者与施工方、管理工人之间也存在着委托代理关系，从而形成了四大委托代理关系网络。这四大委托代理关系网络的最终委托人是国务院，每条链条的中间部门均充当了委托人和代理人双重角色。其中，纵向和横向的每个委托人和代理人之间都构成了一个网格，最终给权力寻租和贪腐提供了各种机会，因而需要全面持续的监管。

（2）建立政府、社会与内部三位一体的审计体系是确保公租房制度可持续发展的必要路径，该项目创新性地将其内化在公租房制度绩效评价的指标（可持续性指标）中，并将其细分为组织架构课程性、资金可持续性、项目建设质量可持续性、法律法规可持续性和监管机制可持续性等方面。

（3）目前，我国各级政府公租房制度的实施效果及监管机制尚有提升空间，主要原因在于缺乏全程持续的绩效评价和绩效审计等动态协同监管机制作为保障。

（4）建立了公租房后期管理绩效评价的技术指标（相对指标和绝对指标）、经济指标和公民满意度等其他指标体系，创新性地构建了政府审计—外部独立审计—内部审计三位一体、信息共享、协同监管的公租房云审计监管体系（可以称为原始创新），并将其细化为财务与管理导向—管理导向—治理导向的持续审计监管模式。

本书在分析我国公租房制度实施目标的基础上，根据目前公租房项目实施过程中出现的问题，以公平、公开、公正、高效为根本目标和最高标准，提出了公租房后期管理中的一系列量化指标和评价指标体系，从可持续发展和审计监管等角度提出在公租房分配管理过程中应遵循的监管原则，设计出了一些合理的管理模式，并为我国公租房的可持续发展提供了一些政策建议，具体如下。

本书内容的突出特色如下。

（1）构建了公租房绩效评价的项目逻辑模型和绩效审计的5E1C模型。

（2）建立了公租房后期管理绩效评价的技术指标、经济指标和公民满意度等其他指标体系。

（3）创新性地构建了政府审计—外部独立审计—内部审计三位一体、信息共享、协同监管的公租房云审计监管体系。

（4）构建了重庆市公租房制度持续审计的监管模式，不仅涵盖了三大审计主体，还包括了社会监督、上级政府部门监督以及定期披露结果等监管主体的多方协同机制。

基于上述研究发现，本书提出以下政策建议。

（1）法律层面。①建立公租房制度及具体项目绩效的持续审计制度，明确审计目标和审计范围，分别确立公租房绩效审计制度和合规性审计制度，将公租房审计制度化、系统化、细化，确保每一个公租房项目的投融资、论证设计、建设施工与投入使用管理以及租后转售都纳入绩效评价和绩效审计的范围。②建议国家有关部门对公租房项目投资效益评估具体操作过程和结果进行全程监管，真正确保每个公租房项目的综合绩效最优和该制度设计的持续优化。

（2）政府监管层面。①适当增强对公租房制度及每个公租房项目绩效评价和绩效审计的中坚力量，逐步实现两者的持续化，提高公租房制度及每个项目的实施效果；制定公租房项目审查联席会议制度或成立以省长为组长、相关部门负责人为成员的公租房项目监管领导小组，或成立公租房投资审计专业局，实现绩效审计与多部门的动态协同监管。②建立地方与中央结合、政府审计与内部监督相结合以及独立审计机构适度介入的协同机制。其中，政府审计部门负责重大公租房项目的定期和突击审计，财政部门的内部投资评审中心和公租房管理部门的内部审计机构负责每个公租房项目的日常审计，独立审计部门负责重要和一般公租房项目的定期审计。③建立公租房绩效评价与独立审计结果定期披露制度，以实现更深入的监督，以更好地实现其为人民谋福祉的最大化目标。④建立独立第三方的公租房制度治理委员会机制，即在建立一个涵盖公租房的主管部门监督、审计、财政内部监督、企业内部监督和新闻媒体以及其他独立第三方协同监督制度的基础上，建立独立的公租房治理委员会机制，专门对已经被三种审计机构进行的审计项目进行抽查和调查，从而提高融资、建设、管理和运行等住房供应链一体化的有效性和可持续发展。

　　本书的主要理论发现和政策建议丰富了民生导向下我国公租房制度的绩效评价与监管机制研究的相关理论和实践，拓展了公共管理理论、政府审计理论和政府投资项目的监管理论，为公租房的绩效评价、审计学，尤其是为我国公租房制度的可持续发展以及民生目标的实现等方面的理论构建和实例分析提供了全新的范式，还为政府投资项目的可持续发展提供了崭新的视角。

　　本书虽然取得了一些成果，但鉴于多种主客观条件的制约，主要存在如下不足。

　　（1）由于数据缺失的原因，本书中原本进行实证检验的部分，此次没有采用统计分析，而是采用案例分析或是理论分析。因此，需要未来数据的自然延展来支撑。

　　（2）由于公租房项目的综合绩效和社会绩效等指标无法非常准确地予以量化，所以相关的分析结果可能存在一定不足。

　　（3）我国国家治理体系现代化理论和实践的不断延伸，客观上要求政府与企业的职能分开，与此同时，政府投资项目的监管力度要加大。其中，一个非常重要的问题就是绩效评价及审计监管作为国家治理现代化和政府治理功能的有效保障机制，必须不断创新审计理论和审计技术方法，提升其绩效评价和审计质量，各级绩效评价和审计监管部门以及其他监管部门都必须通过提升质量来确保公租房制度绩效持续最优，进而达到民生的最终目标。鉴于这是一个既古老又历久弥新的重要话题，因此，需要长期、大量的经验证据进行支持和未来研究的进一步深化、延展。

　　本书主要由8章内容构成，其中，第1~3章由刘淑蓉副教授执笔，其他章节均由王杏芬博士、教授完成。

　　本书是重庆市社科规划项目成果的扩展和延伸，再次特别感谢重庆市社科联的资助和课题组成员们的辛勤付出。

　　由于任务重、时间紧，加之水平有限，研究过程中难免有粗浅和不当之处，请专家多提宝贵意见。

王杏芬　刘淑蓉

2021年5月

目　　录

第1章 引　言

1.1　研究意义

　　解决城市中低收入居民的住房问题是泽及民生、保障社会和谐稳定和实现可持续发展的重要组成部分。2007 年，国务院出台《关于解决城市低收入家庭住房困难的若干意见》，要求切实加大解决城市低收入家庭住房困难工作力度，指出"住房问题是重要的民生问题。党中央、国务院高度重视解决城市居民住房问题，始终把改善群众居住条件作为城市住房制度改革和房地产业发展的根本目的""地方各级人民政府要根据廉租住房工作的年度计划，切实落实廉租住房保障资金""地方财政要将廉租住房保障资金纳入年度预算安排"。温家宝同志首次提出了解决"夹心层"群体住房问题的新思路："要积极发展公共租赁房"（以下简称"公租房"）。公租房是解决住房问题的最佳途径（郭其林，2010）。2011 年，国务院办公厅出台《关于保障性安居工程建设和管理的指导意见》，要求"地方各级人民政府要在财政预算安排中将保障性安居工程放在优先位置，加大财政性资金投入力度"。

　　然而，我国刚刚起步的公租房制度亟待完善，尤其是其中的资金管理制度作为财政资金绩效评价的依据，也处于摸着石头过河，不断完善的过程中。2014 年 3 月 24 日，财政部、住房和城乡建设部先后印发《中央财政城镇保障性安居工程专项资金管理办法》；2017 年 1 月 22 日，修订后的《中央财政城镇保障性安居工程专项资金管理办法》出台；2019 年 8 月 22 日，新的《中央财政城镇保障性安居工程专项资金管理办法》开始实施。

　　为确保公租房制度的有效实施，相关的绩效评价办法陆续出台并不断完善。2015 年 2 月 25 日，财政部、住房和城乡建设部首次联合下发了《城镇保障性安居工程财政资金绩效评价暂行办法》。2017 年 1 月 23 日，国务院出台了《关于印发"十三五"推进基本公共服务均等化规划的通知》，要求"国家建立健全基本住房保障制度，加大保障性安居工程建设力度，加快解决城镇居民基本住房问题和农村困难群众住房安全问题，更好保障住有所居""统筹运用政府财力，加大对基本住房保障的支持力度。继续落实好城镇保障性安居工程建设和运营管理涉及的行政事业性收费、政府性基金（含土地出让收入）以及相关税收减免政策。土地出让收益用于保障性安居工程的比例不低于 10%"。2017 年 1 月 22 日，两部委对此进行了修订，正式出台了《城镇保障性安居工程财政资金绩效评价办法》。

2020 年 6 月 25 日，两部委又根据实施效果进行了第二次完善，新的《城镇保障性安居工程财政资金绩效评价办法》开始生效，2017 年的相关文件废止。

然而，公租房制度实施绩效到底如何尚待检验。作为在全国率先大规模开展公租房建设的重庆市，如何集约、节约用地和科学定价，解决成本租金和供应对象住房支付能力之间的矛盾，通过投入产出的绩效评价及监管机制设计与优化，实现公租房的公益属性，是其面临的巨大挑战和决定该制度成败与社会评价好坏的关键因素。

1.1.1 理论意义

公租房是在住房市场化背景下，由政府提供政策支持，限定套型面积和提供优惠租赁价格，由政府或政府委托机构持有产权，面向在本市就业的无住房人员或住房困难家庭租赁的房屋。政府投入公租房为民生服务，社会融资资本实现保值和周转，理论上可以实现政府、企业和老百姓"三赢"。然而，鉴于公租房是由政府投资、委托其他单位建设和管理，因而在政府与建设单位、管理单位之间存在多重委托代理关系，即政府充当房屋所有者和投资者的角色，建设者和管理者则扮演代理人角色，进而建设者、管理者与施工工人之间也存在委托代理关系。这些代理者不可避免地会出现道德风险和逆向选择。因此，其实施绩效需要科学评价并进行实时监管。本书拟运用制度经济学、公共经济学等理论分析公租房绩效的影响因素，探索其最佳路径，进而设计、构建绩效评价指标体系。因而本书理论价值无疑非常重大。

1.1.2　现实意义

与计划经济时期的分配住房不同，尽管近年来廉租房、经济适用房以及危旧房、棚户区、城中村改造安置房、农民工公寓等供应形式，使一部分低收入群体有了住房保障，但保障面不到总人口的 10%，因而无法避免住房供应主要靠市场来解决的"单轨制"的缺陷。新生代城市居民、大学毕业生、外来工作人员等约占住房需求总量 20% 以上的"夹心层"则被排斥在该体制外，既得不到保障性住房的覆盖，短期内也买不起商品房。可见，完全由政府保障或完全由市场调节的单轨制供房体系都存在制度缺陷，难以满足绝大多数社会成员的住房需求，且加剧了社会不稳定因素。为此，2010 年，《关于促进房地产市场平稳健康发展的通知》《国务院关于坚决遏制部分城市房价过快上涨的通知》以及住房和城乡建设部等七部门《关于加快发展公共租赁住房的指导意见》颁布，财政部、国家税务总局等部门先后出台了一系列发展公租房的实施措施和优惠政策。在此背景下，北京、上海、重庆等地相继启动公租房建设。重庆市政府重点发展公租房，同时不再单独新建廉租房，而是将其包含在公共租赁住房体系中，通过该项建设实现对廉租房、经济适用房的整合，并迅速形成了规模大、速度快等典型特色。

然而，鉴于我国特殊的制度背景，尤其是典型的转型经济和特有的住房文化，若照搬国外的做法，极可能导致"橘生淮南则为枳"的危局。因此，重庆市必须紧密结合现实背景，探索和研究公租房建设、管理和高效持续运营的最优路径；建立独立的公租房机构、避免长期、庞大的建设计划可能造成巨额财政赤字，兼顾环保低碳、安全，并杜绝公租房成为某些部门和个人的敛财工具，实现改善民生、保障社会和谐稳定的最终目标，制定切实可行的政府投资、建设与管理的绩效评价和监管机制等重要的制度保障，确保重庆市公租房制度的健康和可持续发展，最终实现改善民生的目标。因而，结合重庆市审计局正在进行的公租房审计实践进行实证检验，为确保并持续提升其建设质量、运营管理水平和实施效果，最终实现泽及民生，社会和谐稳定的宗旨，并为逐步向全国、甚至全世界推广先进经验提供决策依据的本书，显然具有重要的现实意义。

1.2 主要内容与基本思路

1.2.1 主要内容

本书将基于我国特有的制度背景和重庆市正在进行的公租房实践，借助绩效评价和政府绩效审计这一独特视角，先从理论上着力探讨我国公租房制度可持续发展的影响因素、建设、管理和运营的有效机制和实现路径；再通过重庆市公租房建设、管理和运行等实践活动的第一手资料，全面深入、及时地分析公租房制度的实施效果，最终为重庆市和我国如火如荼的公租房制度建设完善提供有益参考。

1.2.2 基本思路

本书的研究工作从层次上分为理论分析、实证检验和政策建议三个部分，其基本研究框架如图 1-1 所示。

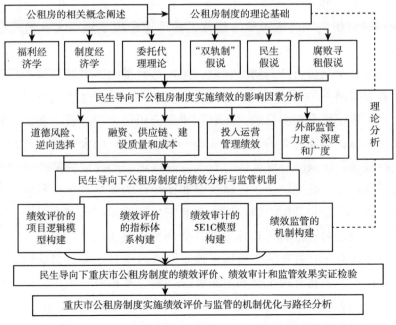

图 1-1 重庆市公租房制度绩效评价与监管研究的基本思路

从图 1-1 可知，本书的基本研究框架将沿着理论分析到实证检验再到政策建议的技术路线。

（1）理论分析部分，首先介绍公租房的制度经济学、福利经济学和社会学基础，以及分别建立在三者基础之上的"双轨制"假说、腐败寻租假说和民生假说；其次结合中国转型经济时期的现实对上述学说加以分析，以期弄清上述理论学说是否能对本书研究主题——重庆市公租房制度的实施绩效和监管效果有所借鉴；最后探讨公租房制度实施的实证研究基础——概念辨析、制度背景与分析框架。

（2）实证检验部分，首先包括从表现形式、本质动因到经济后果三个逐级递进层次（其中，公租房制度实施的表现形式——制度设计的理论基础是"双规制"假说，公租房制度实施的本质动因——需求动因研究的理论基础是公共产品属性假说，公租房制度实施的经济后果——绩效评价研究的理论基础是腐败寻租假说和民生假说以及分别建立在两者基础之上的道德风险假说，其目的是辨识前两个假说的理论纷争）；其次在上述两个层次实证检验的基础上，本书的实证检验部分还将进行公租房制度的监管——审计鉴证研究，其政策建议部分将依据实证检验部分的结论及其启示。

1.3　主要研究方法

1.3.1　相关理论分析

本书在理论部分将采用制度经济学、福利经济学、公共管理理论、政府投资绩效审计等理论分析公租房建设和投入使用管理绩效的理论依据、影响因素以及经济后果。

1.3.2　典型案例与比较分析

典型案例部分，首先将对我国 2007～2018 年审计署对全国各地抽查审计发现的问题进行分析，再结合重庆市审计局对重庆市公租房建设审计的大量第一手资料进行分析；其次将重庆市与全国不同省市、其他地区的公租房制度绩效评价和审计现状进行比较分析。

1.3.3 数理模型分析

政策建议部分，将采用模型构建与模拟等规范分析方法，提出确保我国公租房制度可持续发展的最优机制与实现路径。

1.4 重点难点

1.4.1 本书的重点

（1）确定公租房制度实施绩效的评价方式以及监管机制；
（2）运用重庆市公租房制度实施的实际数据进行实证检验；
（3）设计并优化重庆市公租房的实施绩效与监管机制。

1.4.2 本书的难点

（1）公租房制度实施绩效的评价指标体系构建；
（2）公租房制度实施绩效的监管机制构建。

1.5 基本观点

（1）由于公租房兼具准公共品和商品两大属性，尤其是其质量较高、价格极为低廉，因而对大多数人具有强烈的诱惑性，从而导致寻租和腐败的产生，最终影响民生目标的实现，因此，需要内部控制、内部控制审计以及独立的第三方对其进行持续监管。由于政府审计和民间审计具有独立性较强的全程监督和改进等治理效应，因此，及时引入审计可以确保公租房建设的健康可持续发展。

（2）公租房制度能否达到最大限度地、可持续地泽及民生的目标，主要取决于制度设计、实施和维护，其中绩效评价和监管是根本保证，因此，绩效评价指标体系的构建和完善是其中重要一环。

（3）一般地，对某一特定对象审计会确定审计的重点，但是，由于公租房建设的特殊性，因此，既必须对其进行合理、合规性审计，又必须对其投融资、运营管理、分配使用进行审计，还必须对其可持续性进行绩效审计，即复合审计。

1.6 创新之处

（1）本书以重庆市为例，首次从投入产出绩效评价视角分析了我国公租房制度的实施绩效，尤其是其可持续发展的影响因素以及制度保障，这是一个较大的学术和实践创新。

（2）充分发挥重庆市审计局对重庆市公租房建设全程审计的实践优势、信息优势和专业技能，结合本书负责人和团队较好的审计、财务管理等专业素养以及较深厚的学术功底，首次从审计治理视角研究重庆市公租房建设的投入、实施和产出的效率、效果、经济性、可持续性以及社会效益，并制定出一套较为科学有效的绩效评价和监管指标体系。

（3）根据我国公租房制度实施的特点，构建了公租房制度实施绩效的项目逻辑模型和指标评价体系，提出了5E1C绩效审计的新概念，并运用重庆市的实际数据进行实证检验。

第 2 章　国内外研究综述

公租房制度能否持续推进与健康发展，并发挥其稳定房地产市场的功能，很大程度上取决于其实施绩效和监管效果，本章对国内外公租房相关的绩效评价与监管文献进行了回顾与评价，认为全面系统研究公租房项目实施绩效和监管方面的文献极少，由此提出了未来研究的重点和方向，因而具有较大的现实意义和理论价值，而且为后续研究奠定良好基础。

解决城市中低收入居民的住房问题是泽及民生、保障社会和谐稳定和实现可持续发展的重要组成部分。继温家宝同志首次提出解决"夹心层"群体住房问题的新思路"要积极发展公共租赁房"以及住房和城乡建设部等七部门相继制定一系列政策后，全国各地开始大建公租房。公租房制度作为对现有住房保障体系的一次创新（宋祥来，2011）和一项重要住房保障政策，虽然理论上有利于缓解城市中低收入居民等"夹心层"的住房问题，实现促进经济繁荣、维护社会稳定进而泽及民生的目标，但其投融资、建设和运行中存在效率不高、监管失灵等诸多问题。如何通过投入产出的绩效评价及监管机制的设计与优化实现公租房的公益属性，是其面临的巨大挑战和决定该制度社会评价好坏的关键因素，因此，特别需要相关理论的指导。然而，目前国内外相关研究文献较少。为此，本章在重点对其进行回顾的基础上，结合现实特点，提出了今后理论研究和实务努力的方向，以期拓展相关理论，并为我国如火如荼的公租房实践提供有益参考。

2.1　国内外研究现状

公租房是针对特定住房保障对象出租的、有准公共品属性兼具一定商品住房属性的社会住房。这种复合属性要求发挥政府和社会两方面积极性，政府主要起引导、支持和监管作用，让社会资金在取得合理回报的前提下成为公租房建设和运营的主要力量。公租房制度主要包括投资主体、建设和运营方式、租赁管理模式和政府角色定位四大要素（宋祥来，2011）。

2.1.1　国外研究现状

美国总会计署（United States General Accounting Office，GAO）于 1998 年发布的公共住房报告指出，自 1975 年实施公租房补贴以来，该补贴资助系统需要对每个公房管理机构扣除运行成本与收入外需要的净补贴额计算模型进行改进，并于 1999 年提出了政府企业化管理，如公房私有化管理的策略，以提高政府管理的效率，同时，在不降低公租房基础设施和服务质量的前提下降低成本。美国总会计署于 2001 年发布的公共住房报告提出，为了加强公房监管，实现安全家园等目标，美国住房与城市发展部监察总署（Department of Housing and Urban Development's Office of Inspector General，HUDOIG）要增强独立审计与有效实施减少公房区域犯罪行为等规划目标的能力。同时，英国和美国的实务界和理论界对公租房管理进行了研究，例如，斯普瑞英斯（Sprigings，2002）提出了新公共管理的思想，瑞查德（Richard，2000，2001）还先后提出了企业化或私有化管理。

2.1.1.1　公共住房的法律保障与准入制度

公租房建设作为政府管理和解决市场失灵的一种有效制度，在国外和中国香港已有五十多年的历史（Nevitt，1977）。中国香港的出租型公共住房（以下简称"公屋"）制度自 1954 年开始实施并日臻完善，有助于解决低收入家庭的住房困难问题。中国香港公屋计划的成功发展，有赖于专门机构长期有效地执行政府房屋政策，以及通过多种途径为不断增加的庞大公屋单位提供资金及专业有效的运营和管理服务。德国保障租房人利益的《租房法》非常完善，该法缩小了居住者租房和买房成本的差距，有效保证了市场的租房需求（孙亮亮，2010）。

2.1.1.2　政府在公共住房建设中的职能、资金来源及融资方式

香港特区政府在公屋建设和管理中起主导作用，住房保障作为特区政府住房政策的核心内容之一有相应法律、法规保障且是动态的阶段性发展，保

障水平是多层性、保障手段应是多元化的（王毅强，2010）。为保障公屋管理完善和可持续发展，特区政府须制定定位准确、扶持有力的公屋政策，真正惠及市民；运营管理应专业化、高效务实；公屋运行机制设计应精心严密，操作须透明具体（蔡利标，2007）。李等（Lee et al.，2006）认为，各国保障性住房的建设及运营资金多来源于政府的财政补贴或社会福利资金。例如，法国低租金住房建设的资金来源主要是国家的社会福利资金。新加坡政府负责组屋的开发及建设，由组屋发展局具体实施；政府严格控制土地资源，为组屋开发建设提供强有力的资金、土地保证，并实行良性循环的公积金制度和住房公积金保障制度。中国香港的公共住房用地是特区政府无偿或低偿划拨给住房委员会，从而使公共住房的价格低于私人机构开发物业的20%～40%。中国香港、新加坡等亚洲国家的经验证明，住房价格问题的核心是住宅供应不足，只有改革住房供应体制，才能防止房价过高。合理的公租房定价能真正解决中低收入群体的住房难题，推动房地产市场走上良性发展的轨道。

2.1.1.3 公租房的绩效评价

只有少数文献分别从公房（即公租房）的某一方面研究其绩效。虽然2002年美国住房与城市发展部提出了基于层次分析法的绩效评价指标体系（资产的物理状况，公房管理者的财务状况及经营管理状况、居民对居住条件的满意度）和运用层次分析法及其他资金信息区分公房管理机构风险的大小（即PIC），但实际仅使用了一个指标，即公房管理者的经营管理状况这一指标，因而该评价体系是不准确的，需要进一步改进。经调查，有问题的机构将政府补贴挪用或延迟使用等，主要是由于管理缺陷导致内部控制存在问题，或员工流动性大、缺乏充分的培训。2003年，美国总会计署报告指出，由于公房管理机构存在长期、严重的问题，因此，美国住房与城市发展部决定将其告上法庭或采取检查部门接管以及重组等改革措施，例如，没有改进的机构就将其关闭，有较大提高的就结束监管，以提高绩效。邰科和勋（Taek & Hyun，2008）通过建立一个定量的质量绩效评价模型，运用2000年以来案例的设计特点等，采用德尔菲和层次分析方法建立目标标准与实际指标进行比较，来评价公房的设计质量绩效水平。艾兹伊（Eziyi，2011）采用问卷调查和统计分析的方法首次对公租房的基础设施和质量进行了研究，结果表明，房屋的基础设施和维护措施是最不到位和不匹配的，因而影响到整个房屋的质量。

2.1.1.4　公租房制度的运行监管

极少数相关的文献涉及审计监管与公房管理部门的关系对公房规划的影响和公房管理机构腐败问题的处理措施。亥赛迩（Hessel，1994）认为，美国住房与城市发展部审计及其相关部门是一种不完全博弈关系，住建部如果要对住房项目进行例行审计，需要理解美国住房与城市发展部审计师及其项目管理者之间的关系。然而，多数住房部门的官员和审计师都没有真正理解这种关系。住房建设者需要了解审计的一些程序和审计的环境，因为审计工作实际上是有缺陷的。结果是，当审计师发表审计意见后，被审计者认为他们能够改变审计结论。然而，美国住房与城市发展部管理者则是根据审计结论去进行管理。在这种博弈格局下，美国住房与城市发展部审计制度对被审计者而言是不公平的，而且很可能影响到检查部门的独立监管。因此，在进行美国住房与城市发展部审计之前，我们必须了解这个制度运行的规律，才能意识到审计工作是不容易的，甚至是痛苦的。劳伦斯（Lawrence et al.，1998）分析了通过利用会计信息对低收入者的住房项目进行审计的特点，指出在公房审计中由于审计延迟给监督低收入住房计划带来负面影响。美国住房与城市发展部检察办公室（2001）提出要增强有效实施独立审计的能力，减少公房区域的犯罪行为。美国住房与城市发展部（2003）决定对部分公房管理机构长期存在的严重腐败问题采取诉讼或让检查部门接管重组等措施。

葛闰和泰特（Grein & Tate，2011）通过对 3600 家公租房管理机构 7 年间审计前后财务信息的分析发现，审计能够经济有效地对其财务报表进行纠正。审计人员能够降低管理偏见甚至规避少数机构的高估风险。总之，对于大部分由非四大审计的非营利性组织而言，审计能够降低法律诉讼风险。

2.1.2　国内研究现状

2.1.2.1　对公租房成功经验的借鉴

我国应学习德国的租房政策，通过租房来满足广大买不起房的中低收入阶层的住房需求，以缓解商品房市场紧张的需求压力，进而达到稳定房价并调节房价的目的（孙亮亮，2010）。香港特区住房保障制度的成功很大程度上归功于其富有特色的运作模式，即以居屋为重心，以屋养屋，自负盈亏。

其公屋政策的主要特点是：租赁型公共住房占主导；加强货币补贴方式；保障标准具有层次性；政策设置人性化，注重居住环境的可持续发展；善于运用市场资源（刘佳燕、万旭东，2007），并通过制定以关怀为本和顾客为本的政策，修建健康、舒适居所，延长房屋生命周期，确保物尽其用以实现可持续发展。

2.1.2.2　我国不同地区公租房项目实施中存在的问题

曾德珩、温晓娟（2012）总结了国内外公租房运营管理制度中的机构设置、配租配售、租金定价、物业管理、法律保障的经验与差异，分析了我国北京、重庆、上海等城市在相关方面面临的问题与难点，并就问题的解决提出了相关措施。尹海林、郑嘉轩等（2012）通过天津公租房规划建设实践历程，对有关公租房的规划设计问题进行了一些总结和思考。杨继瑞、黄潇（2012）以重庆为例，从公租房保障范围、资金、管理等方面进行了深入剖析。关于公租房存在的问题，现有的研究包括以下四个方面。

（1）公租房建设中的问题。徐镭（2012）分析了当前公租房建设实施过程中的困扰及其原因，指出问题源于对公租房这一公共产品在概念上的定义偏差引起了实施层面的战略矛盾，并提出了由政府与社会个人混合供应公租房的模式构想。

（2）公租房的融资模式。李正伟、马敏达等（2013）运用有限合伙型房地产投资信托基金（REITs）进行了模式构建，认为可以成立基金管理公司并投入一定资金，由基金管理公司或普通合伙人成立项目公司，通过基金托管机构管理租金和政府补贴等措施提高组织效率和持续性，拓宽融资渠道。

（3）公租房小区治理中的问题。邓锋（2012）认为，公租房小区要避免变成贫民窟，关键之一是中下阶层居民也能愿意参与到小区治理中来。在此基础上，公租房小区的治理应强调以小区居民代表为主体组成小区管理委员会，居民代表由居民大会选举产生，买房者的投票权高于租房者，政府代表拥有一定比例的投票权。

（4）公租房租金的设定方式。胡晶晶（2013）认为，应根据可负担、可持续、公平、差异化、激励、可操作等基本原则，按照"租补分离，收支两条线；租金对房，差别化定价；补贴对人，梯度逆向发放"的思路构建公租房的租金设定模式，同时要为这一模式的运行创造必要条件。

2.1.2.3　公租房的绩效评价

现有的研究分别从不同角度对公租房不同阶段或不同方面进行评价。主要内容如下。

（1）公租房制度或政策绩效评价指标体系的构建与实际应用。吴宁宁（2013）在分析我国保障住房现阶段存在问题的基础上，提出了一些解决我国保障住房绩效评价的措施，并以公租房为例设计了一套保障住房绩效评价指标体系。他认为，在保障住房实施的每一个阶段都存在着基于逻辑框架的因果关系链，即投入—活动—产出—成果，也就是说，在每一阶段都有经济性、效率性、效果性和持续性的绩效要求。但该评价指标体系实质上仍然是效率、效果、经济与环境（这四方面的英文单词首字母全部为 E，以下简称 4E）评价框架。张静（2013）从绩效评价理论出发，界定了公共租赁住房政策的绩效内涵，提出了公共租赁住房政策绩效评价体系，构建了基于变异系数赋权法的公共租赁住房政策综合评价模型，从而避免了主观赋权的弊端，使评价结果更具科学性和实用性；选择重庆、深圳、杭州三个城市对公共租赁住房政策绩效评价体系进行实证分析，使评价指标更具科学性和可行性，同时从三个城市公共租赁住房政策的综合绩效评价指数、各分项绩效评价指数和单项绩效评价指数的分析比较，得出实证分析结论与政策性建议。

谢永康、杨刚等（2014）以及谢永康、梁旭等（2014）采用数据包络分析（DEA）效率评价分析方法，对我国部分城市公租房制度运行的效率进行了评价。分析表明，目前我国公租房制度运行效率较低，原因不应当归咎于资金投入不足，主要是投入资金配置不合理，资金运行结构效率较低。因此，为了提高公租房制度的运行效率，各地应当结合本地实际，通过制定差异化和个性化的公租房分配制度，调整公租房投入资金的使用结构，解决城市中低收入家庭的住房困难，提高公租房制度的实际运行效率。

周薇（2014）构建了保障房类型绩效评价的 DEA 模型，给出了 DEA 模型形式及应用分析，以杭州市 500 多户保障性住房住户为例，从技术有效、纯技术有效和规模有效三个层次对所有评价单元进行效率评价，区分相对有效与无效的决策单元，然后，对非数据包络分析有效单元进行投影分析，判断其有效单元无效的原因，并找到优化方法和调整数量。吴翔华、张静等（2014）在研究公共租赁住房政策绩效内涵的基础上，确定了公共租赁住房政策绩效评价的指标体系，并通过专家问卷调查法对指标进行筛选，构建了基于变异系数赋权法的公共租赁住房政策综合评价模型，然后选择重庆、深圳、杭州三个城市的数据对公共租赁住房政策绩效评价体系进行实证分析。结果表明，三个城市的公共租赁住房政策综合绩效指数中三个分项绩效的贡献率各不相同，其中，重庆市的综合绩效指数最高，所以分项绩效指数也较为明显，但是其分配绩效和社会稳定绩效指数相对较低；深圳市的建设绩效指数也比分配绩效指数和社会稳定绩效指数的贡献值高；杭州市由于其综合绩效指数最低，所以分项绩效指标相对较低，但是其中较为突出的是社会稳定绩效指数，而分配绩效明显较低。

李白云（2015）从资格准入、政府制定的分配政策、租金补贴、居住感、物业服务、住保部门工作效率服务 6 个维度共 16 个详细指标构建了公共租赁住房运行效率满意度指标体系，并以武汉市租户微观调查数据为例对公共租赁住房准入退出运行效率进行评价，运用排序概率（orderd probit）回归模型实证分析了影响公共租赁住房运行效率的满意度影响因素。结果表明，政府部门制定的保障性住房资格的家庭收入要求、分配给租户的住房面积和户型等、保障性住房的租金水平、居住小区的物业管理、市住房保障部门的工作效率、保障性住房分配整个过程（如资格认定、排序、分房等）的公平性和公正性 6 个影响因素对满意度影响显著。从总体上看，目前租户对公租房运行状况总体感觉较为满意，但是对影响运行状况的满意程度及影响大小存在差异。大部分居民对现有的租金水平、住房面积和户型、物业管理以及住保部门工作效率等问题争议较大。

（2）地方公租房政策实施效果的评价结论。王人扬（2014）依据外来务工人员、住房保障和政策评价相关理论，借助互联网资源、纸质书籍以及档案资料，通过文献研究、问卷调查和模型构建对宁波市外来务工人员住房问题展开探讨后，得出以下结论：①宁波市外来务工人员住房保障经历了"政策空白期""自主发展期""启动探索期""快速发展期""逐步完善期"五个沿革阶段。这一体系主要包括出租屋服务管理保障、公共租赁房保障、经济适用房保障、"双限"房保障和外来务工人员集中居住区五个部分。虽然起步晚，但发展较为迅速，呈现出供应主体、保障方式和保障资源多元化的特点，且保障管理也日益完善。②宁波市外来务工人员住房保障的运行机制主要包括四大部分，即运行机制、资金筹措机制、房源保障机制和管理机制。其中，运作机制主要包括进入、轮候和退出三方面内容，管理机制主要包括行政管理机制和企业运作管理机制两个方面内容。③宁波市外来务工人员住房保障的重点是关注三方面要素，即经济要素、城市政策与管理要素、社会心理要素。其中，经济要素是影响外来务工人员住房保障体系建设的根本。他还从社会受众方来考察宁波市外来务工人员住房保障政策的影响，结果表明，宁波市外来务工人员住房保障政策加快了保障性住房供给数量与速度，改善了居住条件，提升了城市形象，同时在一定程度上平抑了快速上涨的商品房市场价格，并且这一政策产生的社会效应越来越大。④改善外来务工人员居住条件是"民望所归"，也是现实所迫。宁波市外来务工人员住房保障的路径主要集中在如下五个方面：扩大外来务工人员住房保障的实际受惠数量、租赁式保障性住房应成为外来务工人员住房保障的主导、建立多渠道保障性住房融资模式、土地供给模式和住房开发模式。在解决宁波现有住房保障管理体系存在的问题上，住房保障建设应该重点做好以下工作：加快建设外来务工人员集中居住区、合理改造和治理"城中村"、强化用工单位社会责任、提高外来务工人员的住房消费能力、规范外来务工人员住房租赁市场等。

张学儒（2015）根据光明新区住房保障绩效的管理特点，分析现状后认为：①现存的住房保障绩效管理中没有将开发商因素纳入进来，没有形成长效机制，没有运用科学方法等问题。因此，在绩效管理制度理论的指导下，他重新构建了该区住房保障绩效管理评价指标体系，并对其影响因素进行了分析和论证，具体地将指标分为住房保障的建设投入和产出两方面。其中，住房保障建设投入一级指标根据光明新区住房保障建设的监测数据可分为用地面积、总建筑面积、住房面积、拟建套数和总投资等五项指标，每项指标都对应三项三级指标，分别是总投资经济适用房、城市棚户区改造安置房和公共租赁住房。该区住房保障的产出一级指标是保障性住房安置，主要包括经济适用房安置、公共租赁房安置、棚户区改造安置和保障性住房辅助政策落实等四项二级指标。②在深入分析住房保障绩效影响因素的基础上，提出加强基层政府住房保障管理的对策。研究表明，影响住房保障绩效的因素主要包括经济因素、社会因素及管理因素等，应通过加强机构改革提高绩效管理效率，同时采取加强绩效评价方法的综合应用、加强基层政府行政执行力的综合监督等方式来切实提高基层政府住房保障绩效的管理水平。

徐嘉鹤（2015）先对公租房制度产生的原因进行现实和理论分析，充分论证公租房制度产生的重要性和合理性，随后以其家乡城市为例，从三个角度对公租房制度改善"夹心层"住房问题进行实证分析，用定性的方法评估公租房政策的公平性，从机会公平、过程公平和结果公平三个维度分别说明；再采取实地调查和网络调查手段，通过 125 份调查问卷，对南京市公租房政策的回应性做出相应评估；然后，从扩大住房供应、提高居住水平和稳定住房租赁价格三个方面，构建包含 7 个指标的公租房政策运行绩效评价指标体系，采用熵值法计算出各指标权重及准则层权重，并算出各准则层及绩效得分，对公租房政策的运行绩效进行评价分析；最终得出如下结论：公租房制度虽在南京运行不久，但政策绩效改善明显，在扩大住房供应和提高居住水平上贡献突出。毕竟公租房制度是一项较新的住房保障制度，从概念的提出到现在才短短五年时间。因此，制度还存在明显缺陷，由于在公共住房方面，境外起步较早，理论和实践方面较国内都更加丰富，随后本书选取德国的住房储蓄制度和中国香港的"公屋"制度为代表，阐述发达国家和地区的先进做法和经验，并得出相应启示，同时，提出六条帮助提升公租房制度实施效果的对策建议，依次是完善公租房法律法规、增加公租房房源的供应、健全公租房专业管理制度、探索多元化融资方式、强化社会组织的参与和监督功能以及制定合理的公租房准入与退出机制。

蒋锐（2016）首先界定了公私合营模式项目（public-private-partnership, PPP）的定义和本质特征，进而引申出公租房这一项目绩效内涵念及评价功能，从社会网络分析理论、可持续发展理论和利益相关者理论角度阐述了公租房公私合营模式项目绩效评价的理论基础上，从全寿命周期的角度出发，设计公租房公私合营模式项目绩效评价指标框架，对框架内涵、关键评价问题、评价指标以及评价证据一一分析。其次选取熵权法确定各评价指标的权重，在应用模糊综合评价理论方法对公租房公私合营模式项目绩效评价的基础上，运用结构方程模型构建了绩效提升路径模型。最后，以某项目为研究对象对其评价模型与提升路径模型进行实证研究分析。结果表明，项目 A 的绩效评价结果为"良好"，提升路径是提出改善项目地理条件，应扩大项目规模来提升项目空间布局、强化对专业监督部门的管理及改善项目周边公共交通规划；同时，也证明了其所构建的公租房公私合营模式项目绩效评价模型与提升路径的结构方程模型具有可行性和有效性，项目管理者可通过绩效评价结果与提升路径分析，为项目绩效的改进提供可靠依据。

苏晶（2016）参考国外成熟的公共租赁住房评价指标体系，采用因子分析法对北京、上海、深圳、重庆以及杭州的公共租赁住房政策进行了综合排名。结果显示，重庆市的公租房绩效在综合评估中得分最高，这与重庆市在实践中紧密结合当地实际制定相关公租房政策密不可分。其认为，公共租赁住房在我国的住房保障体系中有重要战略地位，未来我国公共租赁住房建设应完善国家立法，将住房保障纳入国家层面的法律保障，继续推动保障对象的公众化以及走运营管理社区化之路，最终发挥公共租赁住房在住房保障领域的重要作用。

王弈乔（2017）总结并分析了国内外学者有关保障性住房项目和绩效评价的研究成果，深入结合相关理论内涵，参考当前的项目实践情况，选取驱动力—压力—状态—影响—响应框架（driving force – pressure – state – impact response framework，DPSIR）概念模型为实施绩效评价指标体系的构建基础，诠释保障性住房项目内在指标间的关联性、动态性，旨在建立一套较为科学全面且具有可行性的实施绩效评价指标体系，采用层次分析法、关联分析法、对应分析法及系统聚类法结合使用的综合评价方法，突出评价的系统性；同时，在全国范围内选取具有代表性的地区作为保障性住房项目实施绩效评价样本，采集样本数据，进行实证分析，运用并检验指标体系与选取的评价方法，针对检验结果与我国保障住房建设现阶段存在问题的分析，结合有关理论基础，研究并提出促进我国保障住房项目实施绩效提升的措施。

吴伟（2018）基于供给侧改革的发展理念，借鉴产业经济学中的政府规制—市场结构、企业行为和经济绩效（R-SCP）研究范式，围绕完善公租房供给这一主线，重点研究三个问题，即公租房供给制度的优化、供给定价行为的改进和供给绩效的提升，以完善公租房供给，促进公租房的健康、可持续发展，使公租房在中国住房制度中发挥更重要的作用，让广大人民群众切实改善和提升居住水平、更有改革成果获得感。其基于供给视角，将公租房供给制度、供给定价行为、供给绩效评估纳入同一个研究框架。这一研究方法契合了当前国家发展战略，且有助于对我国公租房供给问题进行系统研究；在研究成果方面，指出公租房供给制度设计缺乏内生性经济可持续机制，提出了基于经济可持续的租金定价新模型，重构了公租房定价机制，并为有效解决我国公租房、廉租房实质性并轨难题提供了思路借鉴；在研究内容方面，公租房供给绩效研究内容比较新颖，目前相关理论和实证研究都较为缺乏。

钱福友（2019）以国外公共项目绩效评价和国内保障性住房项目绩效评价的相关研究成果为基础，依据社会保障、住房过滤和社会满意度等理论，结合我国保障性住房政策现状和自身特点，对绩效评价的 DEA 方法进行了比较可行性分析；通过梳理相关研究文献，参照专家访谈意见，筛选确立了保障性住房项目绩效评价输入输出指标体系，并对 DEA 方法的基本模型进行比较分析，选择投入导向的 CCR（三位运筹学家的名字缩写，即 A. Charnes & W. W. Cooper & E. Rhodes）模型，构建了保障性住房项目的绩效评价模型；选取 YZ 市内 21 个典型保障性住房项目作为实证研究样本，通过实地走访、满意度调查和查阅相关官方网站获取指标数据，设置软件参数，运用 DEA 模型得出了 21 个保障性住房项目的综合技术效率、纯技术效率和规模效率，根据运算结果对 21 个保障性住房项目进行了有效性分析、稳定性分析、效率值分析、规模收益性分析、DEA 无效的投影分析和指标重要性分析。结果表明，21 个决策单元中，联谊南苑等 14 个决策单元有效。在这 14 个有效决策单元中，杉湾花园项目有效稳定性最强。三种保障类型中，公租房的综合技术效率，有效稳定性和规模效率最高。影响保障性住房有效性的三个关键因素是教育设施、商业设施和公共交通便利度。这一分析结果证实了保障性住房项目绩效评价模型构建的合理性，基于此，钱福友（2019）提出了加强教育设施、商业设施和公共交通等基础设施的建设以及加大公共租赁住房建设力度、注意保障性住房建设的规模、提高投入资源的利用率等针对性建议。

刘贵文、张运生等（2013）通过问卷调查分析发现，公租房住户满意度等级为"一般满意"。其中，公租房住户满意度一级指标满意度由高到低依次为建筑环境、区位环境、租赁价格、邻里环境，其中建筑环境为"比较满意"，区位环境和租赁价格为"一般满意"，而邻里环境为"不满意"。主要原因还是在于地方政府"重建设，轻管理"，管理水平大大落后于建设速度，尤其是邻里环境重视不够，管理不到位。二级指标中的建筑质量、周边配套、户型结构、物业管理等指标对住户满意度均有显著性影响，并且其满意度均为"不满意"，住户反映较为强烈，相关问题亟待解决。

周薇（2014）以全面性、可行性、目的性、精简性与代表性为原则构建了不同类型保障性住房效率评价指标体系，以杭州市 500 多户保障性住房住户为例，从技术有效、纯技术有效和规模有效三个层次，将 DEA 数据包络分析法应用到廉租房、公租房、经济适用房三种类型保障性住房的绩效比较中，来分析不同类型保障性住房的绩效。结果表明，杭州市的廉租房、公租房效率较高，而经济适用房的效率则比较低，可见加大公共租赁房建设的优势明显。

（3）具体某一方面的绩效评价。

①环境性评价。关于公租房建设的设计，张怡、龚延风等（2011）认

为，江阴市敔山湾公租房项目在设计过程中采用了适用并具推广意义的绿色生态技术，以提高社会效益、经济效益和环境效益，达到节约能源、保护生态、实现可持续发展的目标。关于公租房建设与运营对生态环境的影响，赵杰等（2011）从土地利用、生物、水土流失和景观类型等方面分析了施工期和运营期项目对生态环境的影响，在此基础上提出了公租房建设中的景观生态建设和植被保护与恢复等生态保护及恢复的对策。

②投资效率评价。关于公租房建设项目的可行性，宋祥来（2011）采用 L 省 D 市的房地产开发项目案例、技术经济指标和市场数据，运用现金流模型和项目经济评价方法，分析不同公共政策对公租房项目经济可行性的影响，其结论是，单纯依靠现有的税收优惠政策和社会资金投资公租房项目无法实现盈利，必须有更多的公共政策支持。其中，租金补贴方式效果最好，但财政负担也是最重的；尽管政府直接投资模式的项目整体投资效益低，但对社会资金的财务杠杆作用大，投资方的财务评价结果最好，然而政府负担也很重；划拨土地用于公租房建设的政策具有最低的政策实施成本，其财务评价结果也逼近盈利的临界值；贴息政策的效果则接近于土地划拨政策。

③经济性评价。王琨等（2011）选取较早实施公共租赁住房的深圳，较具代表性的北京、重庆和上海四大中心城市，以其公租房政策演进为研究对象，分析比较自 2010 年 6 月以来各市在供给对象的范围、租金价格的确定、管理主体的确定等七个方面的发展变化。结果表明，四大中心城市公共租赁住房政策不断完善，更加详细，更具指导性。第一，在供给对象的范围方面，深圳和北京在向外来务工人员开放方面均有所放宽。第二，在租金价格的确定方面，北京已经明确表示，将采取分情况分层次收取租金的形式，不再一刀切。第三，在管理主体的确定方面，上海更进一步，已经酝酿在各区县成立独立和专职专业的运营机构，专门负责房源的筹建和管理。第四，在住房面世应具备的条件方面，重庆继深圳、北京之后明确提出今后新建的公租房必须进行装修。第五，在租赁期限的确定方面，上海将租赁总年限调整为"一般不超过 6 年"，给承租人以更长的缓冲期。第六，在资金来源方面，重庆已经展开多渠道筹资，且明确指出，不利用开发商的资金建造公租房，这与其他城市有很大差别。第七，重庆仍然坚持之前的政策，规定公租房可按经济适用房标准购买，退出租赁市场。

④公平性评价。关于公租房的分配制度方面，摇号是目前重庆公租房分配的唯一形式，由于不能区分谁更迫切地需要公租房的问题，不能更好地解

决分配公平的问题，潘雨红等（2011）在建立申请人状况的评价指标系统基础上，采用引入理想决策单元的数据包络分析模型，考虑申请人的困难状况对申请人进行评价和排序，以比摇号更公平的方式分配公租房，这在目前公租房数量较少的情况下有更现实的公平意义。

⑤适宜性程度评价。曾珍、邱道持等（2014）运用引力模型和 GIS 分析工具对重庆主城 9 区 21 个公租房规划点的适宜性程度进行分析。结果表明，这些规划点的总体适宜度较好；各个规划点的适宜性方向和程度存在差异；在空间分布上，呈现出"大分散、小集聚"的空间分布特征，即整体均匀分布，局部相对集中；评价结果与现实情况基本吻合。这说明，基于改进的引力模型构建的公租房空间布局适宜性评价体系和评价模型具有一定的准确性和可行性，但影响公租房空间布局适宜性的因素很复杂，如对各区中低收入者分布集聚度、产业集聚度、当地经济发展水平等因子尚未深入研究，由此造成在评价过程中个别点在某些因素方面出现与现实不太一致的现象。

张丁文（2015）认为，重庆主城区保障性住房存在选址绩效不佳问题。其根据保障性住房居民的基本需求，从经济绩效、设施绩效、交通绩效和环境绩效四个层面构建了保障性住房选址绩效评价体系，并利用地理信息系统空间分析技术，从中观层面对重庆主城区保障性住房进行评估，认为目前重庆主城区的保障性住房设施绩效较好，交通绩效和环境绩效得分较低，进而提出理想的保障性住房选址应获得经济效益与社会效益的均衡和最大化。

⑥分配公平性评价。王爱领（2013）首先从准入条件和轮候时间两方面，建立了公租房轮候排序多级评价指标，利用层次分析法确定各指标的权重；其次将基于模糊集合的逼近理想解的排序方法（即 technique for order preference by similarity to ideal solution，简称 Vague-Topsis 方法）推广至多级指标中，克服了传统 Vague-Topsis 方法一级指标 Vague 值确定的主观性，建立了多级综合评价模型；最后以公租房一次配租为例，说明改进的该方法在公租房轮候排序中的应用。该方法既考虑专家主观因素，也考虑了环境的客观因素，是一种比较科学的综合排序方法。该方法的不足是运算量大，构造决策矩阵过程相对复杂，如果能开发出相应的计算机软件，就可充分体现该方法的适用性和工程实用价值，有助于促进公租房资源的有效配置，这在目前公租房数量较少的情况下有更现实的公平意义。

2.1.2.4　公租房的监管

（1）监管体制。我国保障性住房中的寻租行为在经济适用房制度中，表现得尤为突出，而在廉租房、公租房等模式下，得到了一定的控制。但是，由于工作人员与违规租户得不到相应的法律惩治，管理过程松散，还有只重结果不重过程，只在乎向上级政府报告数据上的达标，而不注重实际效果的不良思想。很多其本身应负的责任没有承担起来，长此以往必将损害政府在人民群众心中的形象，对政府公信力产生恶劣的影响。当然，对已承租者也要有明确的法律、法规、规章来进行规制，适当采取一些惩罚措施，以期在双方共同努力下完成这项利国利民的事业（李阔，2012）。保障性住房制度下寻租行为产生的原因可归为以下几点。

①政府监管机制乏力与缺失。虽然有各种政策都规定了监督办法和程序，但没有严格意义上统一的住房保障法和监管体制。

②与保障性住房，特别是与经济适用房带来的利益相比，这种监管力度显得过于宽松，而通过欺瞒、假报等违法行为获取保障性住房的风险低（马靓，2011）。纪慧慧（2015）分析了我国保障性住房监管中存在的问题及成因，提出了建立配套监管机制等建议，如建立保障房配套监管制度。具体表现在以下几个方面：前期规划融资方面，在资金的投入和使用上要严格要求和监督地方政府优先建设保障房，保证保障房的前期资金供应顺畅；施工建设方面，要在各个环节中始终贯穿质量第一的原则，建立严格的质量标准，健全质量监控制度，建立严格的惩罚机制进行约束；分配和管理方面，要做到保障房申请标准和信息公开，实现保障房的合理分配；退出环节方面，建立严格完善的居民个人信用监管体制和信息档案系统，动态地监管居民的收入，严格审核其收入信息，还要提高保障房监管意识。政府应该把保障房建设纳入地方政绩考核，建立有效的激励机制，对保障房建设比较好的地方给予更多的优惠补贴政策，把保障性住房建设作为保障和改善民生的重点工作，并列入政府的重要议事日程，纳入政绩考核程序，建立考核问责机制，建立合理的奖惩机制，这样才能调动地方政府建设和监管保障房的积极性。

（2）对公租房建设和分配中存在问题的监管研究无改进机制。目前仅有几篇主要针对公租房建设过程中和分配中存在问题的监管研究，但未给出相关的监管机制和系统化的路径。刘晓琦（2015）以鞍山市保障性住房建设质量监管为例进行分析后认为，当前保障性住房工程建设质量监管方面主要存在质量监督部门较多、责权不明、缺乏监督质量主体行为的手段以及监管部门的监管方式和手段单一等问题，并提出了相关建议。张沈生、申浩月等（2015）分析了沈阳市保障性住房分配监管的现状，并针对存在的问题提出切实可行的对策。吴红杰（2015）认为，目前已经建立的监督管理制度中还存在不足之处，需要在后续公租房建设过程中对相关制度措施不断补充和完善，以形成切实完备、全程监管、责任明晰的政府造价监督管理标准化体系，确保公租房建设和管理制度能够平稳有序发展。王营（2011）认为，国务院提出单套公租房建筑面积划定 40 平方米限制，实际上是不希望公租房变相成为企业福利房，希望面积的缩小，可在一定程度上减少腐败和寻租的空间。刘玉峰等（2011）认为政府在公租房建设过程中存在诸多监督管理问题，并针对重庆某公租房建设过程中存在的问题与薄弱环节进行分析，还就加强政府在公租房建设过程中的监督管理提出一些建议。雷光辉（2011）认为，我国现行保障性住房项目实施随各地情况不同而不同，但都不外乎经济适用房、廉租房、公租房等几种。寻租行为却千篇一律地存在于各地方政府和企业之中。寻租行为易于滋生腐败，导致行政效率降低，市场紊乱，需要采取严厉措施进行遏制并加以有效地控制，应加强公众参与及多方监管和保障性住房建设体制和机制的创新。张遇哲（2011）认为公租房在四类保障房中门槛是最低的。外地户籍没有收入限制，本地人的收入限制也比其他三类保障房有所放宽，所有申请者都没有年龄方面的限制。公租房"低门槛"符合其过渡性住房的性质，有助于更好地解决住房保障体系中"夹心层"现象。不过，打开窗户，不仅阳光会照射进来，苍蝇、蚊子也可能成为"不速之客"。"低门槛"也带来了有钱人挤占公租房资源的担忧。

刘敏等（2011）发现部分地区违规分配公租房的案例频出，多部门审核屡屡失灵。因此，首先，要提高违法成本，规定对"骗租"家庭的罚款金额，并将"骗租"收益返还国家；其次，规范审批机制，明确每一级部门的具体审核内容，实行责任到人。此外，完善举报制度，鼓励公租房承租人群相互监督，让非法骗租者无处遁形。徐炉清（2011）认为，现有的住房保障信息管理系统建设滞后，不能及时监测保障对象经济状况变化和保障性住房使用情况，也未建立起有效的监管手段，因而亟须强化动态监管，构建相关的监管机制。王英等（2012）对比分析了发达国家和地区的住房保障监管制度，指出我国公租房运行中监管制度存在的问题，并提出了相应的完善建议。但其仅针对公租房分配环节和建设质量管理两大方面的监管问题提出了一些对策。

（3）公租房审计监督。2012 年开始，我国学术界开始研究城镇保障性住房审计，迄今为止共有 38 篇。从研究内容看，主要为城镇保障性住房审计、城镇保障性住房绩效审计和城镇保障性住房跟踪审计，具体包括审计目标和内容、评价与评价指标体现构建和应用等方面，从论文类型分布看，主要为硕士毕业论文；从研究方法看，主要采用案例分析方法或"规范 + 案例"方法。从年度分布看，2017 年最多为 11 篇，2018 年次之，仅有 8 篇（详见表 2 - 1）。

表 2 - 1　　　　2012～2020 年我国研究城镇保障性住房审计方面的
文献统计（截至 2020 年 10 月 4 日）　　　　　单位：篇

城镇保障性住房	篇数	研究方法			论文类型		年度分布							
		案例	规范	规范 + 案例	硕士	期刊	2013	2014	2015	2016	2017	2018	2019	2020
审计	4	2		2	4					1	1	1	1	
绩效审计	20	10	2	8	19	1	2	2	1	2	3	3	4	2
跟踪审计	13	6	1	6	13						7	4	2	
小计	37	18	3	17	36	1	2	2	1	3	11	8	7	2

注：2012 年只有 1 篇。
资料来源：本表由作者自行统计整理而来。

尹倩（2012）明确了公租房审计监督的概念及其理论基础，总结出公租房审计监督的缺陷，即缺乏制度环境、缺乏资金监管、监管重复、缺乏公平性监管、忽视项目评价以及缺乏政府责任考核标准；提出必须以政府审计为审计主体，同时借助内部审计和民间审计的辅助作用；构建了一个以公租房项目立项、资金落实、建设质量以及项目后续经营的收益和公平性为重点内容，并结合审计公告制度以及政府官员问责制度的审计监督实现途径；提出了如完善经济责任审计管理办法、设立公租房监督管理委员会等政策性意见，从而促进公租房项目的审计监督功能得到有效发挥。

2.1.2.5　政策建议

李喜燕（2010）认为由住房和城乡建设部等七部门联合制定的《关于加

快发展公共租赁住房的指导意见》引起了各种争论。该意见在实施中存在保障对象的落实、公租房的供应量、公租房的资金来源、公租房建设适用性、公租房的租金价格、公租房的公平配租、公租房流转、问责机制等各种困境，建议从保障对象、住房供给、资金筹集、适用机制、价格机制、配租机制、监管机制、责任机制等方面完善公租房相关制度。公租房应建立个人征信及激励惩戒制度这一监管机制，从建立家庭收入申报制度、建立个人资信档案制度是公租房动态监管的有效手段、针对公租房的退出管理难和骗租家庭的惩罚难问题等方面，设定相应的激励与惩戒制度。田军（2015）认为重庆市公租房的运行机制，重在解决建设资金来源问题，实现资金、土地供给等综合平衡及其保值增值，有效建立准入、退出机制，科学实现监管。推动重庆市公租房发展，应改革监管体制，创新运营机制和供给模式，完善保障机制，确立消费导向，健全支撑体系。

朱丽菲（2016）应用制度分析与发展（即 IAD）框架，并基于该理论构建政府、营利组织与非营利组织作为供应中心的保障房多中心协同供应体系。其主要内容包括：（1）界定我国保障房多中心协同供应的概念，从自然属性、社区特点和应用规则三个方面分析保障房多中心协同供应的外生变量，阐述保障房的供应现状。（2）设计基于前述框架的保障房多中心协同供应机制，明确了各供应中心的职能和责任边界，设计保障房多中心协同供应的行动情境，制定相应的七个规则制度，譬如，边界规则、身份规则、选择规则等，并从角色定位、行动情境、规则制度三方面分析影响供应机制的关键因素。（3）定性设计保障房多中心协同供应机制后，基于网络层次分析法（即 ANP 法）构建定量的保障房多中心协同供应的绩效评价模型，通过供应机制的关键因素分析、文献综述法和问卷调查法确定评价指标（包含 3 个一级指标、12 个二级指标），构建保障房多中心协同供应的绩效评价模型，并运用超级决策（super decision）软件计算各指标的权重。（4）运用保障房多中心协同供应定量评价模型，对南京市保障房四大片区项目进行实证分析。结果表明，南京市四大片区保障房项目多中心协同供应的综合得分 P = 79.559 分，即多中心协同供应的协同性一般。其中，一级指标中，供应主体的协同性、多中心协同效果较差。二级指标中，供应主体的融合度、约束机制、社会效益和保障房可持续性较差。该文基于 IAD 框架，从自然属性、社区特点、应用规则等方面阐述我国保障房的外生变量，定性设计保障房多中心协同供应机制，定量构建保障房多中心协同供应绩效评价模型，并以实证评估和改善现行的制定安排，为我国保障房多中心协同供应机制提供新的视野。

2.2　述　　评

2.2.1　研究内容方面

2.2.1.1　目前国内外关于公租房制度绩效评价缺乏全面系统和深入研究

美国的评价体系仅涉及设计和运行监管中的某几个方面，且实际仅使用了经营管理状况一个指标；其他国家或地区尚未发现相关研究。国内少量研究仅评价了某地区公租房政策的经济绩效、环境绩效或配租方法。关于公租房项目的融资方式、保障方式、建设质量的管理与监管，既不完善也缺乏共识，对处于长期中低收入的"夹心层"群体和符合退出条件的家庭在以后的住房导向上缺乏有效的制度设计与衔接，特别是退出家庭如何向经济适用房过渡、转轨以及相应的监管等研究极为欠缺。公租房的运行监管研究较少，更不用说将绩效评价与运行监管相结合的了。实际上，公租房的实施绩效直接与监管制度的运行效果紧密相关。其中，监管制度是公租房制度能否可持续发展的重要保障和必要条件，而监管必须伴随公租房的项目可行性分析、投融资、建设期和投入运行以及退出等各个阶段。如果，其中的某一个或几个阶段出现问题，都会像以往的其他保障房一样，产生不同程度的负面影响，进而阻碍公租房制度的健康、持续运行。

2.2.1.2　尚未发现站在国家层面研究其形成机理、绩效评价、监管及路径的文献

从我国"十二五"规划的目标、内容以及近年来的相关政策来看，公租房制度将成为我国稳定房地产市场，解决城市中低层居民和大学毕业生住房困境的一大宏观调控工具。在全国各地纷纷启动公租房项目建设的背景下，我国必须站在国家层面设计一套较为全面、客观以及容易操作的绩效评价体系和运行监管制度，制订相关的建设、监管法律法规，尤其是解决财务会计核算难题。既加强对政府投资资金的预算与绩效管理，同时又加强公租房建设企业的投资效果，以及财务信息的透明度。

2.2.1.3 目前国内外研究公租房审计监督的内容亟待系统和深化

国外的一篇文献侧重对公租房机构财务报表的审计，而国内要么是很短的规范性论文，要么是单案例研究，缺乏大样本和典型案例结合的系统研究，因而无法得到具有普遍意义的研究结论。

2.2.1.4 尚未发现将绩效评价与绩效审计监管结合研究的文献

目前除了没有将绩效评价与监管统一考虑，并有机结合起来研究的文献外，还没有将绩效评价与绩效审计监管结合研究的文献出现。因此，即使在美国等发达国家，其公租房运行监管至今依然存在种种问题。

独立审计制度作为解决委托代理关系、降低代理成本、减少信息不对称、发挥信号传递作用，甚至具有保险价值的一种制度安排，在公租房制度实施过程中同样可以发挥其特有的监管功能。其中，政府审计以其强制性与权威性，可以发挥高效的监督和治理功能处理公租房制度实施全过程中的寻租、贪污与腐败行为；独立第三方的中介审计则可以通过对公租房建设企业的财务报告等信息进行鉴证并针对其中存在的问题与不足，提出合理化建议，尤其是对作为政府投资对象和作为独立核算、自负盈亏的、追逐利益最大化的集合体——建设单位，即企业，若在遵循的会计准则、会计制度方面存在困惑与不足，可以提出相关、可靠的证据，同时还可以作为政府审计的辅助单位，协助政府审计机构深化审计效果，提高审计质量。实施公租房项目建设的建筑企业还要遵循企业内部控制制度和相关规范，尤其是应建立和完善内部审计与内部控制审计制度，最终为提高企业的经营效率效果、实施实现其经营和战略目标、保证财务会计信息的真实可靠以及合法性提供日常保证。

2.2.2 研究方法方面

鉴于公租房制度在国内外实施时间极为有限，加上相关资料的可得性较差，国内现有极少的公租房政策评价或监管研究且大多采取定性或单一的案例分析方法，缺乏定量与定性相结合的全面、深入研究，故其理论的科学性和指导实践的可行性均较差。因此，未来也需要引入与运用更多更科学的研究方法。

2.3 进一步研究方向

2.3.1 与其他保障住房制度比较

鉴于公租房的特殊性，将其与我国以往实施的经济适用房、廉租房制度进行比较分析，可从中吸取经验教训，使得公租房制度的实施绩效和运行监管更加高效，真正实现泽及民生的目标，进而保证该制度的可持续发展。

2.3.2 公租房绩效综合评价与协同监管长效机制的构建

2.3.2.1 绩效评价与监管体系构建的必要性

（1）由于公租房兼具准公共品和商品两大属性且价格极低，对大多数人具有极强诱惑，很可能导致寻租和腐败，故亟须科学评价其绩效并引入独立性强、可全程持续监管和改进的审计机构及其他第三方。

（2）公租房能否最大限度地实现其持续泽及民生等目标，主要取决于制度设计、实施和维护，其中绩效评价和运行监管是根本，故其绩效评价指标体系以及监管机制的构建、优化和完善尤为重要。

（3）从理论高度看，公租房作为全国"十二五"期间建设 3 600 万套保障房的主体和制度，存在政府与企业间的多重委托代理关系，故既须进行合规监管，又须评价和监管投融资、建设和运行绩效，尤其须监管其可持续性。唯有科学评价并持续监管公租房制度的实施绩效，才能真正实现民生目标。

（4）科学可行的公租房投融资、建设绩效评价与运行监管等制度保障，既可避免长期庞大的建设计划可能造成的巨额财政赤字，杜绝腐败行为，保证公租房制度满足中低收入群体的住房需求；又可推动房地产市场的良性发展，克服完全由政府或市场供给的单轨制缺陷。

2.3.2.2 公租房制度评价与监管的内容

公租房制度主要包括投资主体、建设和运营方式、租赁管理模式以及政府角色定位四大要素（宋祥来，2011）。在该分类的基础上，公租房制度的评价与监管可分为三类：第一类是对政府融资、投资和管理方面的评价与监管，该类可以归结为政府绩效管理的一个分支；第二类是对公租房建设、运行管理的评价与监管，该类则可以归为企业绩效评价与监管的一个重要组成部分；第三类，则是对政府与企业之间因公租房制度实施而产生的委托代理关系所可能引发的寻租及腐败等有碍公平、公正和效率的行为进行监管，尤其是在公租房分配、管理过程中可能产生的种种损害民生目标的行为。

2.3.2.3　公租房制度评价与监管的主要方法

（1）从审计治理视角，将绩效评价与常规审计结合起来，实施公租房投融资、建设和运行的全程审计和持续跟踪审计，并形成一种长效机制，实现审计实务创新，进一步推动审计理论创新。

（2）将审计监管与公租房管理部门的行业监管结合起来，同时建立独立的第三方监管体系，实现监管创新，真正实现公租房制度的可持续发展。

本章小结

本章针对我国目前正在进行的公租房住房政策实施活动，首先，从绩效评价和监管视角，回顾了国内外相关研究成果；其次，根据公租房制度的内容，将其与以往其他的保障房制度进行比较分析，以吸取经验教训；最后，构建绩效评价与监管体系的新思路，从而为实现我国公租房制度的可持续发展以及确保其始终贯穿民生目标提供一些科学可行的决策依据和参考。

第3章 公租房制度的绩效评价与监管概述

本章将在厘清公租房绩效评价与监管等相关概念以及对国内外公租房方面的实践和理论梳理的基础上，提出公租房制度绩效评价与监管的目标、内容、特点和实施模式以及分类。

3.1 公租房的相关概念

3.1.1 公租房的概念界定

3.1.1.1 公租房的内涵和外延

与公租房最相关的是公共住房这一概念体系。公共住房的定义很多，并有狭义和广义之分。狭义的公共住房是由中央政府或地方政府大规模投资建造的出租住房。最准确的定义是，公共住房是为了解决中低收入阶层居民的居住问题，由政府直接投资建造或由政府以一定方式对建房机构提供补助，由建房机构建设，并以较低价格或租金向中低收入家庭进行出售或出租的房屋（姚玲珍，2003）。目前，公共住房（即政策性住房）在中国有三种形式：廉租房、经济适用房和公租房。其中，廉租房主要是对低收入家庭，由政府组织建设或政策引导组织一批房源作为租赁房，按照家庭收入和负担能力实行反向递减补贴租金。廉租房的实施方式是以租金补贴与实物配租相结合，对最低生活保障家庭中的困难户全额补贴；对其他低收入住房困难家庭部分补贴，根据家庭收入和负担能力实行反向递减补贴。而经济适用住房，是政府提供政策优惠，限定建设标准、供应对象和销售价格，具有保障性质的政策性商品住房。其供应对象逐步由中等偏下收入住房困难家庭向有一定支付能力的低收入家庭过渡，并与廉租房对象衔接，其建设标准按照经国务院同意的经济适用住房管理办法的规定，单套建筑面积以 60 平方米左右为主（建设部课题组，2007）。

本书主要研究公租房政策的绩效评价与监管机制构建。公租房是公共租赁住房的简称，是指由政府提供政策优惠，限定建设标准和出租价格，面向城市中等偏下收入住房困难家庭出租的保障性住房。它是我国继经济适用房、廉租房住房建设之后面向"夹心层"群体租赁的一种保障性住房形式。最新的公租房概念包括了廉租房。本书采用这一较为广泛的定义。

3.1.1.2 公租房概念的制度背景

公租房的概念首次出现于 2009 年 3 月 5 日温家宝同志所做的政府工作报告中，其中提出要"积极发展公共租赁住房"。2010 年 5 月 3 日，国务院发布了《国务院办公厅关于促进房地产市场平稳健康发展的通知》和《国务院关于坚决遏制部分城市房价过快上涨的通知》，将公共租赁住房纳入保障性住房体系，加大了住房保障政策建设的力度。

2010 年 6 月 12 日，住房和城乡建设部等七部委又联合制定了《关于加快发展公共租赁住房的指导意见》（以下简称《意见》）。该《意见》指出："大力发展公共租赁住房，是完善住房供应体系、培育住房租赁市场、满足城市中等偏下收入家庭基本住房需求的重要举措，是引导城镇居民合理住房消费、调整房地产市场供应结构的必然要求。"该《意见》还明确提出："公共租赁住房供应对象主要是城市中等偏下收入住房困难家庭。有条件的地区，可以将新就业职工和有稳定职业并在城市居住一定年限的外来务工人员纳入供应范围。公共租赁住房的供应范围和供应对象的收入线标准、住房困难条件，由市、县人民政府确定。"至此我们国家已经形成了由经济适用房、公租房和廉租房构成的住房保障体系。在公租房的建设过程中，政府作为主体推动其发展。

3.1.2 公租房的实质与申请门槛

公共租赁房是用来解决买不起房人群住房问题的公共产品，实际上是一种升级版的廉租房。其租赁对象要比廉租房宽泛得多，廉租房的对象是生活极端困难的、特定小众人群。而公租房如果房源充足，它的租赁对象应当宽泛到所有申请租赁的人。家庭收入中等收入及中等收入以下，所有买不起商品房的家庭都有资格申请公租房。① 对公租房而言，作为流动性强的过渡性保障住房，其面向的是"城镇中等偏下收入住房困难家庭、新就业无房职工和在城镇稳定就业的外来务工人员"。

重庆市规定，年满 18 周岁，住房困难或无住房，具有租金支付能力者均可申请公租房，不受户籍限制，租金较低且稳定。租金只相当于同类商品房出租价格的 60%，只求收支平衡，保持相对稳定。重庆的规定几乎是面对所有人，而不是特定对象，属公益性质。

2010 年初，重庆市推出了公共租赁房建设这一重大民生工程，到 2020 年，全市建成 4 000 万平方米公共租赁房，其中，2010 年开建 700 万平方米，从而使得户型面积在 35 ~ 80 平方米的公租房，与廉租房、经济适用房、危旧房改造、城中村改造和农民工公寓一起，构成了重庆市保障性住房的"5 +1"模式。

目前，世界各国都有专门针对中等收入以下群体构建的公共住房保障体系，其基本上囊括了公共住房的各种形式。我国近年来提出的公租房制度正是在借鉴国际经验的基础上提出的。表 3 - 1 给出了目前世界各国或地区公共住房的表现形式。

表 3 - 1　　　　　　　世界各个国家和地区公共住房的表现形式

国家/地区	公共住房	供给对象	租赁市场
日本	公营住宅	低收入家庭，收入水平处于最低的 25% 的阶层	租赁
	公团住宅	中等收入家庭：月收入的下限标准额规定为房租的 4 倍，上限标准额以具体情况来定	可租可售
	地方政府供给公社提供的住宅	中等收入市民	租赁出售
新加坡	组屋	中低收入阶层	可租可售
中国香港	公屋	政府提供公共住房，提供廉价土地开发建设，分为供租住的屋村和供购买的屋苑，价格低廉，具有福利住宅性质	可租可售
中国	经济适用房	有一定支付能力、住房困难的低收入、中等偏下收入家庭	只售不租
	廉租房	住房困难的低收入家庭	政策性租赁（只租不售）
	最低收入家庭廉租住房制度	与最低生活保障制度对应的最低保障家庭中的住房困难户	

① 原有租赁廉租房的贫困家庭可以得到政府的补贴，这样可以降低划分经济收入水平的难度。

国家/地区	公共住房	供给对象	租赁市场
中国澳门	社会房屋	低收入家庭或有特殊情况的家庭	出租
	经济房屋	低下及中低产阶级可购买的价格受管制并低于市场价	出售
法国	社会住宅	低收入者	只租不售
西班牙	保障房	以贷款的方式向中低收入家庭提供	出租出售
美国	公共住房	供给占人口15%以下的中低收入家庭	出租为主
德国	福利住房	低收入家庭	出租
澳大利亚	公房	低收入者	出租
瑞典	公益住房	不一定是为低收入家庭提供，而是为所有公民提供	可租可售
英国	廉价公房	低收入居民	出租
	可负担住房	中低收入家庭	可租可售

资料来源：本表根据何丹、刘雅玮的《城市公共住房研究进展与述评》整理得来。

3.1.3 公租房的对象和目标

3.1.3.1 公租房的投放对象

"夹心层"这一群体是公租房的投放和解决对象。学界对"夹心层"这一概念有不同的界定，综合而言，"夹心层"一般指以下三个层次的群体。

（1）无力购买经济适用房，又不在廉租住房保障下的群体。

（2）无力购买限价房，又不在经济适用房保障下的群体。

（3）无力购买商品房，又不在限价房保障下的群体。

"夹心层"群体主要指刚毕业的大学生、外来务工人员等社会群体。本书研究的对象主要指第一类群体，即城市中中等偏下收入住房困难家庭，新就业职工和有稳定职业并在城市居住一定年限的外来务工人员。

3.1.3.2 公租房的目标

公租房旨在解决上述夹心层人员的住房问题，以改善我国现行保障性住房制度的不足，促进实现"居者有其屋"的目标，平抑市场房价，推动城乡统筹发展，促进国民经济持续健康发展，提高人民群众的整体幸福指数，使社会更加和谐。

3.1.4　公租房制度及其特点

3.1.4.1　公租房的相关概念

公租房是一个综合概念。公租房是政府主导、政府投资、政府管理、政府监管，但由企业实施、管理的项目和制度。具体而言，它可以指公租房项目，可以指公租房项目的相制度关政策规定、管理办法，还可以指公租房管理体系。

前述仅仅从实施主体、实施对象和实施方式等方面分析了其表现形式，但是对于其本身的特点还没有给出详细的刻画。从公租房项目本身和制度两方面看，一个项目主要包括融资、建设、出租和收回四个环节。相应地，本书认为其制度也应包括融资管理、建设管理、出租管理和收回管理。其绩效评价和监管也包括相应的四个环节。其中，监管主要包括财务监管和非财务监管两大部分。而财务监管主要是审计监管，而非财务监管主要是房屋管理局进行的环境保护、空间布局等的监管。公租房制度主要包括投资主体、建设和运营方式、租赁管理模式和政府角色定位四大要素（宋祥来，2011）。

3.1.4.2　公租房的三大特征

公租房具有的准公共产品属性、商品住房属性和强烈的民生导向三大特征使得公租房制度具有三大特征。

（1）民生导向。与公租房制度的最终目标一致，限于篇幅，不再赘述。

（2）公租房是一种政府与社会共同实施、共同监督的政策。公租房兼具准公共品和商品的复合属性，要求发挥政府和社会两方面的积极性，其中政府主要起引导、支持和监督作用，让社会资金在取得合理回报的前提下成为公租房建设和运营的主要力量。

（3）具有强烈的可持续发展特征。以公租房为主的住房保障体系建设不仅是我国"十二五"规划的一个重要任务，而且还将成为我国经济长期可持续发展一大重要内容。一个公租房项目，除了设计、可行性论证、审批、融资和建设期外，其使用期限一般在 70 年以上。而且随着我国人口的不断增长，唯有建设更多的公租房，才能满足不断增长的众多中低层收入者的刚性住房需求。因此，我国的公租房制度具有且必须具有较强的可持续性。

3.1.4.3 重庆市公租房制度的特殊性

重庆市公租房制度始终坚持"四公原则"（即"公有、公建、公营、公益"），即公租房项目的全程都由重庆市政府主导推进和进行后期管理。这与广州模式等有显著差异，因而其绩效评价与监管机制构建等也存在较大的差异性。

3.1.5 公租房小区的特征

公租房项目建成后，就形成了公租房小区。与其他小区相比，邓锋（2012）认为公租房小区有三个特征：一是租房者和买房者的混居；二是政府在公租房小区有着相当比重的经济利益；三是居民都是社会的收入中下阶层。因而，公租房后期管理和监管方面具有一些特殊性。

3.2 我国公租房的实施模式

根据公租房的定义，其实施模式也包括融资模式、建设模式、出租模式和收回模式四大方面。其中，融资模式主要包括：一是以德国为代表的政府主导与市场相结合的模式；二是以新加坡为代表的完全政府主导模式；三是以美、日为代表的政府有效控制引导，充分发挥市场机制的模式，以及重庆市公租房建设的以政府为主体的，财政支出为主力支撑的"1+3+N"融资模式（见表 3-2）。

表 3-2　　　　　重庆市公租房的"1+3+N"融资模式

	融资渠道	融资金额（亿元）	所占比重（%）
1	财政投入：中央专项、本级财政支出、土地划拨、税费减免等补助方式	720	50.07

	融资渠道	融资金额（亿元）	所占比重（%）
3	按 10% 的比例配套商业用房出售	300	20.86
	租售并举，可回笼资金	45	3.13
	剩余资金通过银行、非银行金融机构、公积金贷款、发行债券等方式融资	328	22.81
N	全国社保基金信托贷款	45	3.13
	合计	1 438	100

资料来源：根据重庆公共租赁房信息网数据整理。

其中，建设模式主要包括政府主导外包给国有建设单位或者其他建设单位。建成后的出租模式主要包括长期出租或低于 5 年的中短期出租。收回模式主要包括按照折旧年限使用到期收回、租出 5 年后收回以及其他收回方式。按照我国率先实施公租房的大型城市分，实施模式还可以分为重庆模式、广州模式、上海模式和北京模式等。

3.2.1　重庆与广州两种不同模式的比较分析

3.2.1.1　实施模式概况

（1）民生导向下公租房制度的实施方式——重庆模式。重庆的基本思路是：30% ~ 40% 的中等偏下收入群体，由政府提供的公共租赁住房和棚户区、城中村改造的安置房予以保障；60% ~ 70% 的中高收入群体由市场提供的商品房解决，并对高端商品房和投机性炒房采取相应的遏制措施，形成"低端有保障、中端有市场、高端有约束"的制度体系，逐步实现住房保障的全覆盖，即"双轨制"。其中，公租房建设是最关键的一环。重庆大幅度建设公租房，最根本的一条理由是建立市场供给与政府保障并举的"双轨制"住房体系。

按照《重庆市公共租赁住房管理暂行办法》的规定，凡年满 18 周岁，在重庆有稳定工作和收入来源及租金支付能力，单身人士月收入 2 000 元以下、家庭月收入 3 000 元以下的，就可申请公租房。这部分人主要包括"3 + 1"群体。其中，"3"是指家庭人均住房面积在 13 平方米以下的城市中低收入群体、进城务工及外地来渝工作的无住房人员、大中专学校和职校毕业在渝工作的无住房人员；"1"主要指重庆从国内外引进的特殊人才以及劳模等各种先进人物中的住房困难人员。因为，这类特殊人才可能在重庆居住 3～5 年，安排住公租房比较合适。从 2010 年起的 3 年内每年建设 1 000 万平方米公租房。后几年视社会需求再建 1 000 万平方米或更多面积的公租房。

（2）公租房建设的广州模式。广州市国土房管局于 2011 年 9 月 19 日公布，广州公租房将实行用人单位筹建公租房为主、政府提供公租房为辅的方式。这就是说，任何单位都可以自建公租房。不管是国企、民企，甚至外企，只要符合资金、地块条件，都可以自建公租房。政府放开单位自建公租房，是希望通过单位的力量，增加公租房供应，以满足中低收入家庭的住房需求，使更多市民早日实现安居梦。因此，企业单位只要有钱有地或者采取相互合作的方式，都可以加入自建公租房的行列。而且，为了避免出现"福利分房"的局面，将严格控制单位建房中的经济适用房数量，今后单位建设的保障房将全部是公租房，要确保这些房源不销售产权就能够流转给真正需要的群体。同时，社会力量和单位建成的公租房也会纳入全市公租房的统一管理，面向全社会统筹安排，只要符合入住条件就可入住。即使不是自家单位兴建的公租房，但符合入住条件，市民也可以入住别的单位兴建的公租房。

3.2.1.2 不同公租房制度实施模式的不同动机

不同的政府管理动机会产生不同的公租房建设制度，因而也会产生不同的社会效应。从形式上看，重庆模式属于政府主导下的运行模式，而广州模式则属于企业主导下的运行模式。正是两者的管理理念不同，导致两者在其中占据的地位不同，因而也发挥了不同的效应。主要表现在以下两方面。

（1）重庆地方政府主导公租房建设的理念与地位。城乡综合配套改革试点促使地方政府全力支持公租房建设。2007 年 6 月，重庆和成都获批成立成渝"全国统筹城乡综合配套改革试验区"，与浦东新区、滨海新区和武汉城市圈一起，形成了四大综合配套改革试验区。此后，中国土地上由东部沿海到中、西部内陆综合配套改革试验区的布局全部完成。而成渝实验区的主要目标是探索改变中国城乡二元经济结构的方式，希望能形成统筹城乡发展的体制、机制，促进城乡经济社会协调发展，最终使农村居民、进城务工人员及其家属在各个方面享有与城市居民一样平等的权利、均等化的公共服务和同质化的生活条件。

在此背景下，2010 年重庆启动了一场规模空前的户籍制度改革。当时其改革目标是，到 2020 年，重庆市户籍人口城市化率将升至 60% 左右。这意味近 1 000 万农村人口将转户进城。同时，户籍制度改革的核心问题——农村土地处置机制也正通过"地票交易"的试点方式进行。^① 在基础设施和公共服务还需大幅提升的情况下，能否顺利实现数以百万计的农村人口城市化，考验着重庆就业、居住、教育、医疗、养老等社会保障和配套体系的能力，同时伴随着一系列深层次的社会变迁。农民进城后，先要"安居"，然后才能"乐业"，住房保障必须要及时跟上。而重庆公租房建设与户籍制度改革的同步进行，一方面可以看作是"十二五"全国保障房建设一盘棋中的一部分，另一方面则是重庆统筹城乡综合配套改革的重要一环。对于重庆市政府来说，公租房这步棋必须走好，走活。而正是这种压力，转化成了重庆公租房建设强大的行动力。

（2）广州实施公租房制度的理念与地位。广州公租房实行的是通过用人单位筹建公租房为主、政府提供公租房为辅的方式。政府推出公租房专用地。尽管广州市公布公租房将实施单位自建为主的方式，但不少单位表示因为缺乏资金或者缺乏地块等条件。广州市国土房管局有关人士在接受记者采访时表示，广州市正在酝酿推出一批公租房专用地，采取政府筹建和单位自建相结合的方式，兴建一批公租房。推出的这批公租房专用地，将会采取政府筹建和单位自建的方式兴建。如果由政府筹建，将有可能交由政府住房保障部门负责；如果由单位自建，若地块属于政府地块，将由政府拍卖单位竞投，推出的地块地价也会比市场价低。

3.2.1.3 公租房建设对公共管理效果的影响

显然，重庆和广州采用了两种不同的公租房建设和运行模式。二者的相似之处都是政府提供土地，但是前者是政府主导，而后者则是由企业及市场主导。因而，其社会效应截然不同。2011 年 6 月 9 日，《重庆日报》相关报道披露如下。

---

① 即在优先保障农村发展用地需求的前提下，将转户居民自愿退出的宅基地及其附属设施用地复垦为耕地，验收确认后形成的指标在重庆农村土地交易所公开交易。

（1）政府主导下重庆模式的社会影响。

①确定公租房的性质。"公租房必须姓公"，这是重庆市政府一直强调的一句话，即保障房建设必须由政府主导、政府出头，协调、调动社会资源参与。在中国住房建设高速发展的十多年间，由于政府保障性职能的缺失而导致的问题，必须由政府承担解决。重庆的公共租赁住房项目布局在一二环线之间轻轨沿线或交通条件较好的 21 个大型聚居区中，3 年计划开工建设 4 000 万平方米公租房。公租房建设的这一目标，对重庆来说，意味着巨大的"地"和"钱"的压力。建设 4 000 万平方米公租房，需要土地 3 万亩，约需建设资金 1 000 亿元。

②土地问题。3 万亩，如此大规模的可征地以及巨额征地费用，对于负责行使城市土地使用权益的地方政府来说，难度不小。但重庆能拿出这么多公租房用地，胜在一个"早"字。2001 年，重庆就开始通过市政府直属的投资集团进行土地的一级开发，完成征地拆迁后将净地储备在政府手中。2002 年，重庆市政府就发现以往的供地模式很容易产生土地闲置，开发商圈地现象难以避免，于是明确要求国土部门以项目决定供地，没项目不能供地。每次批地的规模必须控制在 300 亩以内，避免开发商拿了大片土地却开发不完，造成土地闲置的现象。于是，土地储备就主要控制在政府而不是开发商手中，在长达十年的积累后，重庆市政府手中的土地储备量已达到 30 万。重庆拿出 3 万亩土地建公租房，这一部分的土地出让金就令政府减收 600 亿元，加上还要投入的 1 000 亿元建设成本，这一减一投与 2009 年重庆地方财政收入 1 165.7 亿元基本相当。

③资金问题的筹措。按照重庆市政府的设计，重庆市每年通过中央政府的专项补助、市级财政补助、土地出让收益的 5% 以及征收的房产税等投入公租房建设，占公租房建设资金的 30%，约 300 亿元。其余 70% 则通过融资解决。中央财政在重庆公租房建设上累计已投入资金 100 亿元。在别的城市难以进行下去的公租房社会融资，在重庆却非常顺利。

事实上，政府的态度很大程度上决定了公租房建设的可行性。由于重庆政府土地、资金等都能落到实处，社会资金对这个项目就有足够信心。据了解，公积金管理部门 2010 年提供给重庆公租房建设 30 亿元的贷款，2011 年又将投入 40 亿元；同时 45 亿元的社保资金也已到位，以国家开发银行为主的商业银行也提供了 300 亿元的商业贷款授信额度，且利率有所下浮；2011 年通过大型国企、保险机构等非银行内机构获得融资 500

亿元。

④公租房建设。在公租房建设上，重庆确保做到规划布局均衡、交通出行便利、配套设施齐全、居住环境宜居。在重庆内环与外环之间的上好地段，此前已规划好 21 个大型聚居区，此次公租房都分布在这 21 个聚居区中，与商品房"混建"，从而使公租房住户与整个城市和社会有机融合，避免出现"贫民窟"和人为造成社会割裂。公租房所在地段一般都有轨道交通支撑，周边城市配套设施较为完善。绿化率达 35% 左右，公建配置的建筑面积达 10%。套型建筑面积在 30 ~ 80 平方米，其中 60 平方米以下的占 85%，可满足不同类型人群和家庭人数的基本居住需求。与上海类似，在建设公租房等保障性住房方面，重庆与上海市政府采取了更为积极主动的介入方式。上海的公租房主要由国有房地产企业担当，这既考虑到国有企业社会责任的问题，也考虑到企业的盈利需要，因此在开发商获取土地之处，商品房和保障房建设要以捆绑打包的方式来推进。

⑤公租房分配上制定的相关政策。坚持广泛听取市民特别是受益对象的意见，既要坚持总的原则，又不拘于个别的条款，这体现了普遍性与特殊性的统一。如原规定入住公租房的人必须提交三种证明材料，现调为只要交其中一种证明，能说明有比较稳定工作即可。又如，参加工作三年以内的年轻公务员月收入只有 2 500 元左右，参加工作时间短，短期内没有能力买房，现也纳入申请范围，这真正体现了"在规则面前人人平等"的公理，彰显了社会财富分配公平公正的原则。

⑥设计和建立一套严密的监管机制、制度，如公租房制度实施的全程审计监督和信息公开披露制度等，确保公租房永远姓"公"，实施"封闭运转"，做到规范透明，确保资金平衡，实现良性循环，动态地让住房困难群体享用。重庆市公共租赁房管理局专司住房保障的规划、分配和监管等工作。按照重庆的设计，公租房的建设主体是市政府和各区县政府，公租房产权由重庆地产集团等国有投资集团或区县政府性投资公司持有，运行、维护、监管等则由政府房屋主管部门和住房保障机构负责。

对于公租房的入出等监管难题，重庆创新手段和模式，建立房管、民政、社保、工商、税务等多部门共享的信息平台，形成部门联动，提高审核准确度和效率，同时，及时向社会公开保障性住房房源信息，采用公开摇号方式进行配租，接受社会各界监督。重庆公租房建设，涵盖了过去的廉租房和经济适用房，实现公共租赁住房与廉租房、经济适用房的一体化。此后，重庆将不再单独集中新建廉租房，符合廉租房保障对象的家庭可申请租住公租房，租金按廉租房租金标准支付。公租房承租以 5 年为一租期，其间随时可退出。租满 5 年之后，需要续租的须提前 3 个月重新申请；符合条件的，也可按经济适用房标准购买，转换成有限产权的经济适用房。公租房只能卖给公租房管理局，回购价格以购房价加利息计算，然后再作为公租房流转使用，即"封闭运转"，可有效遏制以前经济适用房监管中出现的利益输送。

（2）企业主导下的广州模式。前述广州采取的是企业建设运营为主、政府为辅的公租房建设模式。单位自建公租房听起来很好，对于一些实力雄厚的公司来说可能不是问题，但对于经济效益较差的单位，没有或建房资金不足降低了公租房制度的实施效果。

3.2.2　重庆公租房建设模式对社会的影响

据 2011 年《重庆日报》报道，公租房入住率近半，配套设施逐步完善，取得了社会的广泛赞同。2011 年 9 月 13 日下午 4 点半，重庆渝北区"民心佳园"公租房小区，几部公交专线载着放学回来的孩童缓缓停靠在小区大门口。蜂拥而出的孩子们让安静的小区顿时热闹起来，嬉笑声、打闹声随着孩子们的奔跑像潮水一样蔓延开来。这是"民心佳园"每天上演的生活剧。这个重庆市首个公租房大型居住社区从 2011 年 6 月迎来首批居民入住至今，1.7 万套房源已全部分配完成，一期 25 栋住宅的 7 000 余户承租户陆续入住。而重庆另一个公租房小区"康庄美地"目前已有 200 余户居民入住，2011 年 9 月底还迎来 187 户居民签约入住。重庆第三个上市的公租房小区"康居西城"在 2011 年 10 月迎来首批 2 060 户集中签约。从 2011 年 3 月 2 日首次摇号配租以来，重庆已有近 1.2 万户、2 万多人签约入住公租房小区。同时，据调查，重庆市民对此反应都非常好。因而，真正体现了作为"顾客"对政府管理服务的认同。

据重庆市公共租赁房管理局负责人介绍，截至 2021 年 4 月，全市公租房累计分配 54 万套，140 余万住房困难群众实现"住有所居"，其中，进城务工人员、大中专院校及外来人员等新市民占 62%，新就业大学生和外来务工人员等新市民住房问题得到有效缓解，为全市经济社会发展提供了有力的住房保障支撑。

3.3　公租房制度的绩效、评价及监管

3.3.1　公租房制度的绩效

相应地，对于公租房的绩效评价和监管也因实施模式的不同而应该有所不同。具体地，应该按照相应的实施模式制定不同的评价指标体系和监管机制体系与运行模式。

3.3.2　公租房制度的绩效评价

3.3.2.1　绩效评价的定义

根据彼得·罗希梦的定义，绩效评价是采用社会研究的程序，在一定的组织和政治环境下，系统地调查存在改善社会环境和条件的社会干预项目的绩效。蔡立辉将绩效评估定义为根据能力、效率、公共责任、服务质量和公众满意度等方面的分析和判断，对政府部门在管理过程中的投入、产出、中期成果和最终成果所反映的绩效进行评定（Tune，2010）。从人力资源管理角度来说，绩效评价是对员工在特定时期内对组织所做的贡献进行评价的过程，分别从质量和数量两方面对员工工作的优缺点进行详细地记录的行为（Kreklow & Rigging，2005）。从企业管理角度来说，绩效评价是企业对其拥有的资源在使用、管理与分配的过程中产生的效果进行的评定，可以正确评定企业的价值、衡量企业管理者的业绩、实现资源的优化配置；从公共管理角度来说，绩效评价是对政府部门产出的产品能在多大程度上满足社会大众需要的评定。

一项政策的过程是否完整，除了科学地制定政策和有效地执行政策外，还需要对政策实施进行跟踪调查，以确定政策的价值，并及时反馈，这种活动就是政策绩效评价。政策实施绩效评价的实质是要根据政策绩效内涵，对政策的价值进行判断的活动。如果一项政策的绩效评价没有明确的绩效内涵，该政策就没有评价的意义，政策绩效评价就失去了方向（戴维·奥斯本，2004）。因此，明确政策内涵是我们进行评价的关键。进行绩效评价就是要对政策的实施效果进行评价和划分等级，明确不同绩效等级的具体绩效要求

就是绩效内涵。

3.3.2.2 公共租赁住房政策绩效（以下简称"公租房制度绩效"）的内涵

本书将公共租赁住房政策绩效界定为各地在一定时期内对公共租赁住房政策实施的效率和效果进行评价，集中表现在公共租赁住房的建设绩效、公共租赁住房的分配绩效和公共租赁住房政策实施产生的社会稳定绩效三个方面。其中，公共租赁住房的建设绩效能直接反映公共租赁住房政策的实施效率，评价公共租赁住房的建设绩效可以用建设指标、用地指标以及反映资金状况的指标来衡量。公共租赁住房的分配绩效反映了从构建以社会公正为基础的政策评价体系目标，这也是公共租赁住房政策初衷和本质的体现。公共租赁住房政策带来的社会稳定绩效。社会稳定即通过维持社会长期及包容性的增长，确保增长效益为大众所广泛共享，实现全社会共同分享经济发展成果。政策实施后能否对社会产生正面影响是考察这一政策的合理性的必要因素。公共租赁住房政策的绩效评价应该是全方位的评价，应构建一个多层次的评价指标体系，以全面反映公共租赁住房政策的实施绩效。

3.3.2.3 公租房（建设）制度优劣的评价标准

评价公租房制度优劣的重要标准是筹集的建设资金能否被有效利用（谢永康、杨刚等，2014；谢永康、梁旭等，2014）。公租房制度的执行效果一般体现在公租房的实物配租效率、公租房的实际住房补贴效率和公租房租金核减程度等上，因此，谢永康、杨刚等（2014）以及谢永康、梁旭等（2014）在评价我国城市公租房制度效率时，将财政支出资金、土地出让金收益、公积金增值收益和社会资本投入资金作为 DEA 的投入因子，将公租房实物配租效率、公租房的实际住房补贴效率和公租房租金核减程度作为产出因子。其中，公租房财政支出资金是指政府根据公租房政策，由中央财政部门和地方财政部门将国家的财政资金按预算计划对公租房建设进行支出。

本书认为，公租房绩效评价是绩效评价发展到一定阶段的评价类型，是参与公租房的相关主体（包括政府部门、建设单位、项目直接受益方，广泛的潜在或者间接受益的相关方）或者第三方（独立或相对独立的机构、专家或学者）利用专门的绩效评估方法，依据一定的评估标准和程序，基于特定的预期目标，客观、系统地对整个参与公租房项目部门（政府机构、公用事业单位、国有企业和基金会）的经济性、效率性、效益性和公平性进行评估，目的在于通过有效的评价过程，增强参与公租房项目活动的透明性，明确公租房项目的合理性，提高公共服务质量，从而为实施监督和采取纠正措施的有关各方决策提供有效的价值信息，促进公租房能真正地发挥其利国利民的功效。

其中，公租房制度运行效率就是指政府部门在公租房制度实施全程的成绩和表现，包括考虑经济、效率、效果三方面的公益性民生工程（李白云，2015）。公租房运行效率评价，是指对公租房项目的投入产出比进行测度，根据测算结果进行客观、综合比较，通过纵向、横向对比分析，判别公租房项目从准入到退出，一系列环节涉及的各项被测指标的有效性，是否存在公共福利资源浪费现象，然后找出阻碍运行效率的原因及改进方向，为未来的投资、建设提供政策参考，从而提高投资回报率，减少社会福利资源浪费。公租房作为由政府主导、市场化运作的公益性民生工程，打的旗号是"不以赢利为目的，但必须赢利的可持续发展工程"。

3.3.3　公租房制度的监管

3.3.3.1　公租房制度监管的定义与分类

管理是社会组织中，管理者为了实现预期的目标，以人为中心进行的协调活动。监管有监视、看管的意思。管理重在管与协调，不是一种强制性措施。而监管是一种含有强制性措施的含义。监管是不同部门之间的监督管理。管理是同一部门由上至下的体制规范。对于公租房监管目前还没有一个公认的定义，本书认为可以从以下方面进行理解公租房监管。

（1）按照对公租房建设政策监管主体的不同，公租房制度监管可分为上级监管、社会监管、独立第三方监管、法律监管和媒体舆论监管与举报等。

（2）按照对公租房建设政策的监管内容，公租房制度监管可以分为造价监管、建设质量监管、收入与分配监管、进入与退出机制监管等。

（3）按照对公租房建设政策采取监管手段的不同，公租房制度监管可分为审计监管、财政监管、税务监管、工商监管、质量部门监管和环境保护部门监管等。

（4）按照对公租房建设政策的监管是否定期以及是否公开，公租房制度监管还可以分为定期监管和不定期监管，公开监管与非公开监管等。

（5）公租房监管体系是监管主体、对象、内容，监管手段、监管法律法规、政策与管理办法，以及监管机制、体制和部门的总称。

（6）按照对公租房建设政策的监管主体与被监管部门的关系，公租房制度监管还可以分为内部监管和外部监管。如果将其与审计监管结合起来，还可以进一步分为外部审计监管与内部审计监管等。目前，内部监管方面，重庆市公租房专门建立了公租房管理局，并制定了相关的管理办法。外部审计监管方面，重庆市审计局于 2010～2011 年对重庆市首批公租房项目逐一进行了审计，并提出了相应的改进建议。

3.3.3.2 公租房制度的审计监管

由于审计监管与其他监管相比，具有独立性强，专业性强以及公信度高等特点，加之以往研究公租房审计监管的文献很少。现实中，相关的审计监管也没有实现全覆盖和持续性，因此，本书重点研究公租房审计监管。公租房项目审计是指审计机构或审计人员接受委托，依据国家有关法律、法规和规章的规定，运用恰当的审计方法，对以政府为主体投资的公租房项目的财务收支以及相关管理活动的真实性、合法性以及效益性进行审查并评价，并对审查结果做出结论并公示的一种经济监督活动。其基本内涵主要包括以下方面。

（1）公租房项目审计的实施主体是接受政府委托的审计机构或审计人员，它主要包括政府审计机构，或者在政府审计机构工作的审计人员。

（2）公租房项目审计对象是政府为满足社会公众的需要解决公众住房问题而投资兴建的公租房项目，而不是其他以经济收益为主要目标的工程项目。其审计对象不仅包括公租房建设过程，还包括公租房建成后的后续经营活动。

（3）公租房项目审计的目的是在对公租房项目财务收支审计的基础上对项目的社会效益和经济效益进行审查和评价，以揭示公租房项目管理过程中存在的问题并提出相应的整改意见，从而保障项目实现其民生目标。

（4）公租房项目审计的本质是一种经济监督活动，这与审计的职能是一致的，即通过审计监督与评价，促进政府部门加强管理，提高项目管理水平和投资效益，更好地为社会服务（尹倩，2011）。

3.3.4 公租房制度的绩效评价与监管

以往的研究均将公租房的绩效评价与监管割裂开来研究，因而实施效果仍有极大的提升空间。本书拟将两者结合起来研究，以充分发挥两者的集成和共振共生作用，以及相互促进作用。

3.3.4.1　公租房制度绩效评价与监管的目标

公租房制度绩效评价与监管旨在确保公租房项目实施全程达到前述公租房政策实施的初衷，即公租房的目标就是公租房制度绩效评价和监管的最终目标。其具有不定期、内容复杂、标准不统一、时间长等特点。

3.3.4.2　公租房制度绩效评价与监管的模式

其实施模式具有灵活多变等特点，按照实施主体可以分为独立第三方评价与监管、内部监管与评价以及两者结合等方式。其中，独立第三方评价与监管主要有国家和各级政府主导下的政府审计，以及会计师事务所接受（国家审计部门或财政部门）委托进行的独立审计。内部监管与评价主要包括财政部与住建部联合主导下的专项资金、项目绩效评价以及省、市、县级财政与住建部门主导下的资金、项目绩效评价等。

与其他研究公租房绩效评价的文献不同，本书研究的公租房绩效评价主体是审计部门，即将绩效评价和审计结合起来，进行公租房绩效评价和审计的整合，简称整合绩效评价与绩效审计。其中，绩效评价和绩效审计的内容也与以往的3E、4E不同，而是5E1C，即除了传统的4E（即效率、效果、经济性、适当性），还包括即环境性和可持续性。具体内容将在后面展开论述。

本章小结

本章重点阐述了公租房绩效评价与监管的相关概念、分类，并对公租房建设的重庆模式和广州模式进行了比较分析，发现政府应在公租房制度的实施、建设、运行全程中发挥主导作用。重庆公租房建设模式或许还有很多值得进一步探索的空间，能否走远、走好也有待时间和实践的检验，更需要绩效评价与监管机制、体制的尽快跟进与全程动态配套实施。进一步地，为了凸显本书的创新和特色，本章专门对公租房制度的绩效、绩效评价的内涵与标准及其在本书中的相关含义做了较为具体和精准的界定。

第4章 公租房制度的经济学、社会学理论基础

本章分别从制度经济学、福利经济学和社会学等视角，通过制度约束、供求关系以及多重利益博弈等方面分析公租房制度民生导向的经济学和社会学基础，以及公租房制度产生的制度渊源和社会诱因。

4.1 公租房制度的经济学理论基础

由于公租房是政府主导、政府投资、政府管理、政府监管，但由企业实施、管理的项目和制度，因此，其既涉及制度经济学的相关理论，也涉及福利经济学的相关理论支撑。本节将对此展开较为深入的分析。

4.1.1 公租房制度的制度经济学理论基础

新制度经济学是用经济学的方法主要研究人、组织、社会之间的行为关系和规则等制度问题的经济学。它侧重于交易成本的经济学研究，除了正统经济理论的三大柱石——天赋要素、技术、偏好外，制度是新制度经济学的第四大柱石。新制度经济学提出了两个有意义的命题：第一，制度是重要的；第二，制度现象将影响经济理论工具的分析。它常用的理论主要包括行为假定、交易费用理论、产权理论、企业理论和制度变迁理论等。

4.1.1.1 新制度经济学的行为假定

（1）人类的行为动机是双重的。一方面人们追求财富最大化；另一方面，又追求非财富最大化（人们往往在财富与非财富之间进行权衡，寻找均

衡点，实现非财富价值不能总以牺牲个人财富为代价）。非财富最大化行为包括利他主义、意识形态、自愿负担等，非财富最大化往往具有集体主义行为偏好。

（2）人与环境的关系，即有限理性（人不能对稀缺的世界做出正确的反映）。事实上资本带有盲目性的特点。换言之，人或许是理性的，但人的行为并不一定是理性的，新制度经济学对人的假设进行纠正，补充了传统的经济学缺陷，提出了解决办法。

（3）人的机会主义倾向。即人具有随机应变、投机取巧、为自己谋求更大利益的行为倾向。人的机会主义的二重性主要有与冒险、寻找机遇、创新联系，其对立面是保持现状，把成本、费用转嫁给他人，损人利己。同样地，公租房制度实施的双方，即管理者和被管理者、房屋出租对象也都具有上述倾向。因此，上述理论对我国公租房制度的绩效评价及监管，尤其是两者之间存在的合作与非合作博弈，以及主观博弈等奠定理论基础。

4.1.1.2 交易费用理论

交易费用是新制度经济学最基本的概念，科斯（1937）认为，交易费用应包括度量、界定和保障产权的费用，发现交易对象和交易价格的费用，讨价还价、订立合同的费用，督促契约条款严格履行的费用等。交易费用理论表明，交易活动是稀缺的，市场不确定性导致交易是有风险和代价的，也有如何配置资源的问题，即经济效率问题。所以，一定的制度必须提高经济效率，否则旧的制度将会被新的制度所取代。我国公租房制度从隶属于各级政府的行政事业单位到独立的企业法人，也是一种制度的变迁和改进，其制度原因就是采取独立法人的制度可以提升资源配置的绩效，更可以改善公租房制度实施的公信力，从而有利于其良好品牌声誉的构建。因此，从这个意义上而言，交易费用理论可以为公租房制度的绩效评价及监管提供较为坚实的理论支撑。

4.1.1.3 产权理论

（1）产权的实质。产权本质上是一套激励与约束机制，它的一个基本功能是影响和激励行为。产权经济学是从产权结构或产权制度的角度研究资源配置效率，即如何通过界定、变更产权安排，创造或维持一个交易费用较低、效率更高的产权制度。产权理论认为，私有企业的产权人享有剩余利润占有权，产权人有较强的激励动机去不断提高企业的效益。因此，在利润激励上，民营企业比传统的国有企业强。没有产权的社会是一个效率绝对低下、资源配置绝对无效的社会。

（2）产权理论与公租房制度的关系。重庆公租房模式与广州公租房模式分别代表了两种不同产权主导下的制度路径，从而为这一理论提供了最佳注脚。其中，前者的产权属于国家，而后者则由投资建房的任何企业所有，因此，会导致资源配置效率的不同，进而在绩效评价和监管方面也可能存在诸多不同。后面将对此详述。

4.1.1.4 制度变迁理论

（1）制度变迁理论的主要内容。该理论是新制度经济学的一个重要内容，其代表人物是诺斯。他强调，制度创新和制度变迁的冲动，通过一系列制度（包括产权制度、法律制度等）构建把技术创新的成果巩固下来，使得人类社会长期经济增长和社会发展成为可能。在决定一个国家经济增长和社会发展方面，制度具有决定性的作用。制度变迁的原因之一就是相对节约交易费用，即降低制度成本，提高制度效益。所以，制度变迁可以理解为一种收益更高的制度对另一种收益较低的制度的替代过程。

（2）制度变迁理论与公租房制度。对于我国的公租房制度而言，其是从最初的经济适用房、廉租房演变等制度演变而来，这当然属于制度创新和制度变迁的范畴。这一变迁的演进轨迹推动了我国房地产市场和宏观经济的健康持续发展，以及社会的和谐，人民的幸福感和满意感等的提高，并将随着后者的演进而不断演化。

4.1.1.5 制度与价格

任何制度的运行都需要成本，价格机制也是一种制度，其运行同样如此，但价格机制有其显著的优越之处。任何一个社会，人们都不是自给自足的，人与人之间既合作又竞争，因为资源相对于人类的需要来说总是不足，所以竞争和稀缺是同义的。如果没有一定的规则或称为产权或称为制度，人们是无法走出霍布斯丛林困境的。然而，即便产权确定了，却有着多种不同的表现形式来表达产权人的需要，竞争的产权规则本身就是千差万别的。这些方式中，价格机制只是其中的一种，其绩效最高，成本最低。

对于我国的公租房制度而言，其最大的特点就是利用公租房的低价格，来平抑房地产市场日益激烈的价格竞争。在我国的房地产市场价格竞争具有不同的特征，商品房对高端客户采取高端价格，廉租房和经济适用房面对的是低收入人群，而公租房则面对是二者之间的较低收入人群，他们既买不起商品房，又达不到廉租房和经济适用房的条件，因而与二者共同构成了我国房地产的供给体系，满足了所有人群的住房需求。

4.1.2　公租房制度的福利经济学理论基础

4.1.2.1　福利经济学

福利经济学是研究社会经济福利的一种经济学理论体系，由英国经济学家霍布斯和庇古于 20 世纪 20 年代创立。庇古在其代表作《福利经济学》《产业变动论》《财政学研究》中提出了"经济福利"的概念，主张国民收入均等化，且建立了效用基数论等。福利经济学是从福利观点或最大化原则出发对经济体系的运行予以社会评价的经济学。福利经济学的主要内容是"分配越均等，社会福利就越大"，主张收入均等化，由此出现了"福利国家"。国家在国民收入调节过程中作用的加强，出现了使国民收入呈现均等化趋势。福利经济学研究的主要内容有：社会经济运行的目标，或称检验社会经济行为好坏的标准；实现社会经济运行目标所需的生产、交换、分配的一般最适度的条件及其政策建议等。

福利经济学的主要特点是：以一定的价值判断为出发点，也就是根据已确定的社会目标，建立理论体系；以边际效用基数论或边际效用序数论为基础，建立福利概念；以社会目标和福利理论为依据，制定经济政策方案，最终实现帕累托最优。帕累托最优状态是指这样一种状态，任何改变都不可能使任何一个人的境况变好而不使别人的境况变坏。如果使每个人的福利都减少了，或者一些人福利增加而另一些人福利减少，这种改变就不利。

4.1.2.2　福利经济学与公租房制度

公租房作为一种准公共产品，具有社会福利的性质。如果说房地产对个人来说也是一种收入的话，那么公租房制度的建立在某种程度上就是一种收入均等化的体现。至少，对于同样买不起房的夹心层而言，其是一种收入和福利的均等化，从而在整体层面实现了极大程度的社会福利最大化。公租房制度的最终目标是达到一种帕累托最优，即任何新的改变都不可能使任何一个人的境况变好而不使别人的境况变坏。

4.1.3 公租房制度的厂商理论基础

4.1.3.1 厂商理论

厂商理论也被称为市场理论、厂商均衡理论，它是研究影响资源配置和分配的厂商行为的理论，也是微观经济学的组成部分。其中，厂商是市场经济中生产组织的基本单位，它主要指个体工商户、合伙公司、股份公司等，而生产相同产品的同类厂商则组成一个行业。厂商理论研究不同市场条件下的厂商均衡条件与价格、产量的决定。不同市场条件包括市场的结构、市场组成的特点和市场的竞争程度。所谓市场，是买者和卖者进行交易的场所，或者说市场反映了一群买者和卖者之间的交易活动。市场的概念既是抽象的又是具体的。

（1）研究对象。市场结构是指影响厂商行为的市场组成特点，或者说是某种市场本身所组成的竞争特点，它包括一个行业中厂商的数量、资源的流动、厂商产品的差异性与替代性等。不同的市场结构会影响厂商的行为，从而影响厂商的产量与价格决定。从整个市场的买卖关系看，市场结构可以分为四种类型。从卖方看，有完全竞争、完全垄断、垄断竞争和寡头垄断；从买方看，有完全竞争、完全专买、专买竞争和寡头专买。

（2）厂商理论中的产量、价格、收益、成本和利润确定。厂商为了使利润达到最大化，将根据利润最大化原则，即 $MR = MC$ 时去进行生产，所以在厂商理论中的所有市场结构条件下，产量都由 $MR = MC$ 的交点确定，这是一个基本的出发点。厂商理论中的价格仍由供求均衡确定，是供求曲线的交点，但这时供给曲线与原来有所不同。这时由于产量已经由 $MR = MC$ 确定，所以供给曲线已不是一条向右上方倾斜的线，而是一条垂直于横轴的线。这时既定的产量就是既定的供给量。厂商理论中的总收益由 $TR = AR \times Q$ 决定，总成本由 $TC = AC \times Q$ 决定。厂商理论中分析的利润是超额利润，或者说是净利润，这个利润是总收益减去总成本后的利润，即 $P = TR - TC$。如果 $TR - TC = 0$，就不存在超额利润。相反，如果 $TR - TC > 0$，则厂商有超额利润存在，超额利润是通过市场竞争获得的。

4.1.3.2　厂商理论与公租房制度

虽然公租房制度由国家主导甚至地方政府投资，但是公租房制度的实施离不开私有企业，具体表现在建设和后期管理中总有私有制的企业参与其中。因此，厂商理论也同样适用于公租房制度，尤其是对于其中追逐利润最大化的私有企业而言，更需要完善的绩效评价和完善的监管制度。其中，公租房的产量、价格、收益、成本和利润也遵循厂商理论中的 $TR - TC = 0$，即不存在超额利润。这是由其本身具有公共产品等特殊属性决定的。这一原则也是对公租房项目和后续管理等的进行评价和监管的一大标准，具体原因详见第 4.2 节中公租房制度的社会学理论基础部分。

4.2　公租房制度的社会学理论基础

4.2.1　新公共管理理论的分析架构

在现代国家，政府扮演着双重角色，即"社会福利的提供者"与"经济稳定和增长的主舵手"。政府在社会保障、社会公平、教育平等、医疗保健、环境保护等方面依然承担着不可推卸的责任，仍然支配着巨大的社会资源。社会要求政府"花费更少、做得更好"，更有效地使用公共财政资源。对此，政府必须积极从内部管理上挖潜，寻找新的管理理念和管理工具，提升政府的管理能力。私营企业优良的管理绩效和先进的管理方法，自然就成为政府进行管理创新的改革选择。西方国家的政府改革鼓吹市场化和效法私营企业管理，最终导致新公共管理典范的诞生而不同于传统的政府管理模式。

公共管理是以政府为核心的公共部门整合社会的各种力量，广泛运用政治、经济、管理和法律等方法，强化政府的治理能力，提升政府绩效和公共服务品质，从而实现公共福利与公共利益。公共管理作为公共行政和公共事务广大领域的一个组成部分，其重点在于将公共行政视为一门职业，将公共管理者视为这一职业的实践者。新公共管理（new public management，NPM）是 20 世纪 80 年代以来兴盛于英、美等西方国家的一种新的公共行政理论和管理模式，也是近年来西方规模空前的行政改革的主体指导思想之一。它以现代经济学为自己的理论基础，主张在政府等公共部门广泛采用私营部门成功的管理方法和竞争机制，重视公共服务的产出，强调文官对社会公众的响应力和政治敏锐性，倡导在人员录用、任期、工资及其他人事行政环节上实行更加灵活、富有成效的管理。在公共选择和交易成本理论与新管理主义理论的基础上，发展出不同方向的新公共管理的理论。

该理论以顾客为导向，奉行顾客至上的全新价值理念。新公共管理完全改变了传统模式下政府与公众之间的关系，政府不再是发号施令的权威官僚机构，而是以人为本的服务提供者，政府公共行政不再是"管治行政"而是"服务行政"。公民是享受公共服务的"顾客"，政府以顾客需求为导向，尊崇顾客主权，坚持服务取向。

新公共管理关注政府项目实施的有效性，表现出一种目标导向的趋势，行政权力和行政行为从属和服务于"顾客"的满意度这一中心。政府以提供全面优质的公共产品、公平公正的公共服务为其第一要务。在新公共管理看来，政府是负责任的"企业家"，而公民是其尊贵的"顾客"。这是公共管理理念向市场法则的现实复归。作为"企业家"的政府并非以营利为目的，而是要把经济资源从生产效率较低的地方转移到效率较高的地方，"由顾客驱动的政府是能够提供多样化和高质量的公共服务的政府"。对公共服务的评价，应以顾客的参与为主体，注重换位思考，通过顾客介入，保证公共服务的提供机制符合顾客的偏好，并能产出高效的公共服务。

4.2.2　公租房制度与公共管理理论的关系

4.2.2.1　公租房的公共产品性质与公共管理理论

公租房的功能是动用国家公共资源，缓解高房价对困难群体造成的购房压力，以政府调控这只"看得见的手"，弥补市场这只"看不见的手"所带来的缺陷，通过调配房地产市场，让"三类群体"，即农民工、新生代大学生、无住房和家庭住房面积人均 13 平方米以下的城市原居民租得起住房。对我国各级政府的公租房制度而言，公租房永远姓"公"，它的属性是一种公益事业，是一项民生工程。因此，它理应是中低收入群体的保障房，而不能变成名企精英的专用房，尤其是公租房应当是面向社会的保障房，而不能是某些国企和行政事业单位员工的"特权房"。可见，公租房很大程度上具有公共产品的性质，其商品属性则退居其次。

4.2.2.2　公租房的社会学基础

公租房的社会属性，应体现公平。因为公平是公租房的生命线。由于公租房兼具准公共品和商品两大属性于一身，尤其是其质量较高，价格极为低廉，因而对大多数人具有强烈的诱惑性，从而导致寻租和腐败的产生，最终影响民生目标的实现。因此，公租房制度能否达到最大限度地、可持续地泽及民生的目标，主要取决于制度设计、实施和维护。

在现代国家，政府可以通过公租房制度达到扮演双重角色的目的，即通过分配公租房达到"社会福利的提供者"与通过公租房投资、建设成为"经济稳定和增长的主舵手"。政府通过公租房制度的有效实施可以在社会保障、社会公平、教育平等、医疗保健、环境保护等方面承担不可推卸的责任，支配巨大的社会资源。社会要求政府在公租房制度实施全程中"花费更少、做得更好"，更有效地使用公共财政资源。对此，政府在公租房制度实施全程必须积极从内部管理上挖潜，寻找新的管理理念和管理工具，提升政府实施公租房制度的管理能力。而私营企业优良的管理绩效和先进的管理方法，自然地成为政府在公租房制度实施中进行管理创新的改革选择。西方国家的政府改革鼓吹市场化和效法私营企业管理，最终导致新公共管理典范的诞生不同于传统的政府公租房制度管理模式。

公租房制度的实施可以充分运用新公共管理的主张，即在政府的等公共部门广泛采用私营部门成功的管理方法和竞争机制，重视公共服务的产出，强调文官对社会公众的响应力和政治敏锐性，倡导在人员录用、任期、工资及其他人事行政环节上实行更加灵活、富有成效的管理。在公租房制度推出、建设和实施和后续管理过程中，应始终坚持以社会公众的需求为导向，奉行顾客至上的全新价值理念。

4.3　公租房制度的过滤理论基础

4.3.1　过滤理论和住房消费梯度理论

4.3.1.1　过滤理论

过滤理论最初由伯吉斯提出，用于对住房市场经济运行链条的模拟与分析。后来，霍模·霍亚特（1939）对过滤模型加以研究，指出较高收入群体会受到对新产品偏好的驱动，使得社会更富裕的群体搬向新的城郊，原来的区域会被较穷的阶层所居住，在此过程中会产生一系列的空房，使得特定收入的群体能够住进质量较原来高的住房中。20 世纪 60 年代，劳瑞更明确了过滤现象的概念性，指出过滤主体是住房而非各收入阶层，产生原因在于住房老化和新住房的产出，"住房过滤就是住房在其生命周期内价值的变化"。1974 年，丹尼斯·J. 斯威尼提出了第一个住房过滤模型。近年来，国外关于过滤模型研究，呈愈益偏重于住房福利的研究趋势（田军，2015）。

4.3.1.2 住房消费梯度理论

住房梯度消费是指根据消费者自身的年龄、收入来确定自己的住房消费层次，满足自身的住房需求。该理论主要包括以下几个方面。

（1）住房梯度消费的构成。从结构和功能的理论系统来看，城市住宅消费由消费主体和住房消费对象两大因素共同决定。商品房的质量、面积及其价格差异都对形成商品住房梯度价格产生直接影响。

①价格是影响这个系统的决定性因素。住房价格问题，是目前居民商品住房消费市场中的关键问题，它影响和制约着其他方面住房消费的问题。房价问题的关键是商品住房的消费主体和住房消费对象在商品住房价格问题上的尺度逐渐扩大。商品住房的消费主体按照经济学的知识来思考，依据国外房地产市场进步的经验，结合居民的工作收入、市场需求结构等多方面因素，可以认为居民对住房的需求是刚性的，房价仍可能存在很大的上涨空间。商品住房消费对象根据他们各方面的能力购买住房，但给其自身生活带来了很大压力。依据总的经济规律来看，当卖方和住房价格的上涨出现巨大差异时，商品房的营业额及其成交量会大大降低。但是，我国商品住房价格和数量之间的关系就没有完全遵循上述经济规律。

②居民消费结构的阶层化。价格是集中在商品住房市场的价格宏观体系，并重点表现于宏观社会阶层结构。住房消费梯度本质上是一种社会分层结构的基本要求，只有梯度住房消费才可以满足不同层次消费者的需求。总之，住房消费系统肯定不是只有让少数几个人能买得起住房，最终的结果是让所有居民都有适合自己的住房。

（2）住房梯度消费的支撑因素。从房地产市场消费行为看，买卖双方的交易行为就能形成消费系统。然而，住房具有公共产品的属性，包括政府控制下的土地资源及其财政支持，因此，住房梯度消费体系不仅是一个多方面因素支持的系统，而且其内在因素的联系也相互影响。构建住房梯度消费体系的目标本身实际上构成了住房梯度消费体系的内容，一个完整的住房梯度消费体系包括两个层面的内容：宏观层面，形成以住房所有权拥有的商品住房消费为主、其他商品住房消费为辅的商品住房消费体系；微观层面，形成价格梯度化、面积梯度化、档次梯度化、类型梯度化的新建商品住房消费体系。

随着住房商品化的不断深入与住房消费意识的逐渐提高，商品住房梯度消费体系构建的重要性和紧迫性更清晰，兴建新的住房梯度消费体系被人们所接受与尝试。在中国的现代化进程，随着市场经济体制的不断健全，住房梯度消费体制从根本上改变我国城市住房消费体系，以后会成为持久稳定的城镇住房消费体系。

4.3.2　公租房制度与过滤理论、住房梯度理论的关系

住房过滤理论对我国保障房制度进行了理论阐释，住房消费梯度理论则用于分析住房的消费发展过程。住房作为一种特殊的商品，因其耐用性、异质性和住房消费者的异质性，产生了住房过滤过程。同时，"梯度"即分层次递进，住房的梯度消费即指住房的消费呈分层次进行的状态。住房过滤和梯度消费理论表明，处于不同收入阶层的消费者对住房的需求呈梯形分布，在住宅商品化和市场化过程中，这种梯形差别往往是通过住房供给结构、住房需求结构和存量住房的档次结构等诸多方面来体现的。对于公租房而言，虽然不是商品住房，但不同承租人的消费需求依然有较大差异，因此，公租房项目的选址、住房规模、租金等依然适用于住房梯度消费理论。

辜胜阻、李洪斌（2013）强调，鼓励租房、引导居民住房梯度消费是一项复杂的系统性工程，需要充分发挥政府和市场两只手的作用，合理规划租赁房的结构，协调好社会租赁房与公租房的关系，扩大公租房在保障房中的比重，加大对建设公租房的资金保障和土地供给，并做好建成后分配和管理等工作。还有学者从消费者效用、住房金融、住房公积金改革等方面分析了我国保障性住房发展现状及政策演变，构建了公租房住户的效益、成本和效率评价等梯度消费模型。田东海等则比较借鉴研究了欧、美、日等国家或地区的基本经验，总结了保障性住房的基本模式、经验教训及最新发展趋势。

此外，关于公租房规划建设、典型案例等方面的研究成果亦十分丰富（田军，2015）。

4.4 公租房制度的统筹城乡发展理论基础

4.4.1 统筹城乡发展理论

城乡统筹发展是指改变"城市工业、农村农业"的二元思维方式，将城市和农村的发展紧密结合起来，统一协调，全面考虑，树立工农一体化的经济社会发展思路，以全面实现小康社会为总目标，以发展的眼光，统筹的思路，解决城市和农村存在的问题。

迄今为止，国内对统筹城乡发展对策思路的研究，主要涉及统筹城乡发展的重点、关键、阶段性和切入点等方面。张宏宇（2005）认为城乡统筹应该考虑到农村公共品的供给、资源的有效利用、工业化与农业化和城市现代化之间的关系以及劳动力流动与产业转移之间的关系，站在政策性高度对城乡统筹进行理论性的分析。杨涛、罗必良（2006）认为城乡统筹问题的实质是农村收入相对较低的问题，解决农民低收入就必须提高农业效率问题，而提高农业效率就必须减少农村劳动力和对农业、农村进行支持，借此最终实现城乡统筹。上述从不同角度的研究都说明了一个问题，即城乡统筹发展，改变城乡二元经济结构的根本途径是工业化和城市化。

城乡统筹发展的专门对策主要包括统筹城乡的社会保障制度、统筹城乡的财政政策、统筹城乡的收入分配、统筹城乡的就业政策等。季建林（2003）指出，统筹城乡收入分配的重点问题是农民收入低、农民增收困难，为此政府可以取消农业税和农业特产税、以中央财政来支付农村教育科研、建立全国统一的农产品市场、创建有利于农村劳动力向非农产业转移的条件等。马克和（2006）从税费改革的角度提出，给予农民与城市居民同等的国民待遇，彻底废除农村税收负担，建立统筹的金融市场，为农民提供资金。张业圳（2007）认为，农村教育供给不足，农村教育供求结构不良是造成乡滞后于城的主要原因之一，因此，统筹城乡教育发展需要通过完善城乡的财政给付体制和加强城乡教育交流才能完成，最终实现一体化的现代性公民教育。

在城乡统筹发展的模式研究方面，对于城乡统筹的路径是实现学界并无异议，但是关于以何种模式来实现学界仍有争议。黄晋太认为中国有几种模式可以选择：资源型工业化模式（以山西晋城、吕梁为代表）、技术型工业化模式（广东的惠州、佛山、东莞，浙江的宁波、温州、绍兴，江苏的苏南沿江等为代表）和加工工业化模式（以东北地区、中部各省份和西部省份为代表，需要充分利用种植业、养殖业、经济林业和山区土特产的资源优势，大力发展生活日用品加工型产业，发展绿色经济产业化体系）。刘家强、唐代盛和蒋华（2006）总结了四种模式：珠三角"以城带乡"的模式，上海"城乡统筹规划模式"、北京"工农协作，城乡结合"的发展模式以及苏南"乡镇企业为动力"的发展模式。四种模式都以城镇化为战略核心，以城带乡，以工业化带动城镇化发展。实现城乡统筹发展的主要途径主要包括以下四个方面：（1）体制和制度创新是城乡统筹发展的根本途径；（2）城镇化健康发展是城乡统筹发展的有效途径；（3）发展和壮大县域经济是城乡统筹发展的有效载体；（4）建设社会主义新农村是城乡统筹发展的集中要求和具体实践。

4.4.2　公租房制度与统筹城乡发展理论的关系

公租房制度的建立完善，有助于城乡统筹发展目标的实现，即有助于确保统筹城乡社会保障制度、统筹城乡财政政策、统筹城乡收入分配、统筹城乡的就业政策等。

公租房制度的建立完善，有助于不同地区城乡统筹发展模式的尽快实现。如珠三角"以城带乡"的模式，上海"城乡统筹规划模式"和北京"工农协作，城乡结合"的发展模式，苏南的"乡镇企业为动力"的发展模式。因为这四种模式都是以城镇化为战略核心，以城带乡，以工业化带动城镇化发展。而公租房制度可以迅速将这种模式的核心，即人力资源长期固定下来，从而有利于城乡统筹模式发挥有效作用。事实上，2011 年度审计署审计报告中写道：（1）各省区市已经初步建立了以廉租住房和公共租赁住房为主，经济适用住房和限价商品房为辅的分层次、多结构的基本住房保障体系，逐步将住房困难的中低收入家庭、新就业职工和外来务工人员纳入保障范围，并全面开展了各类棚户区改造，为解决困难家庭住房矛盾提供了制度保障。（2）保障性安居工程资金支出快速增长，推动了城镇化建设进程。18 个省区市保障性安居工程支出由 2009 年的 664.73 亿元增加到 2 210.56 亿元，增长 2.33 倍；新开工各类保障性住房 394.13 万套，完成棚户区改造 248.29 万套（户），在拉动内需、缓解房价过快上涨、加快城市建设等方面发挥了积极作用。此后近 12 年的审计报告均证明了这一点（详见后面第 6 章相关内容）。

4.5　公租房制度的监管治理理论基础

4.5.1　审计监督治理理论

审计监督是党和国家监督体系的重要组成部分。党的十八届三中和四中全会对审计工作提出了新要求，赋予了新使命。其作为国家治理现代化的基石和重要保障，唯有用铁的纪律锤炼过硬的审计队伍，积极推动全面从严治党落到实处，才能更好地履行宪法赋予的法定职责，实现审计监督全覆盖，提高审计监督效能，为推进"四个全面"的战略布局发挥应有的作用，为中国梦的实现助力护航。2020 年 1 月 10 日，党的十九届四中全会召开，开启了"中国之治"新境界。审计机关要紧紧围绕全会精神，依法履行审计监督职责，在服务新时代国家治理中体现审计担当，为促进我国制度优势更好转化为治理效能发挥基石和保障作用。在此背景下，审计监督职责和治理功能具体体现在如下方面。

4.5.1.1　以提升政治站位为根本，始终坚持党对审计工作的统一领导

党的领导制度是国家的根本领导制度。在国家治理体系中，根本和关键就在于坚持党的集中统一领导。审计机关首先是党的机关，是政治机关，必须旗帜鲜明讲政治，始终坚持党对审计工作的集中统一领导。地方各级审计委员会要健全和完善党领导审计工作的制度和工作机制，强化对审计领域重大工作的顶层设计、统筹协调和督促落实，更好发挥审计委员会把方向、谋大局、定政策、促改革的能力和水平。

4.5.1.2　审计机关要提升政治站位，树牢"四个意识"，坚定"四个自信"，做到"两个维护"

要把党的创新理论贯穿始终，自觉运用习近平新时代中国特色社会主义

思想武装头脑、指导实践、推动工作；把党的领导贯穿始终，坚决贯彻落实党委对审计工作的决策部署，严格执行重大审计工作请示报告制度机制；把党的决策部署贯穿始终，审计工作安排、审计计划制定和审计项目实施都要围绕党中央和地方党委的部署来确定和开展；把加强机关党的政治建设贯穿始终，认真落实不忘初心、牢记使命的制度，加强基层党组织建设、党风廉政建设，推进党建工作与审计工作深入融合，不断推进全面从严治党向纵深发展。

4.5.1.3　以保障制度执行为主业，进一步聚焦审计监督重点

制度事关根本，关乎长远。国家治理体系和治理能力就是一个国家的制度和制度执行能力的集中体现，两者相辅相成，缺一不可。审计是国家治理的重要基石和保障，在保障制度落实、推进制度优势更好转化为国家治理效能中，审计大有可为。审计机关要坚决维护制度权威，聚焦坚持和完善支撑中国特色社会主义制度的根本制度、基本制度、重要制度开展监督，推进审计全覆盖，揭露和查处制度执行过程中存在的有制度不执行、执行有偏差、上有政策下有对策、阳奉阴违等问题，坚决查处和移送重大违纪违法问题线索，保障制度落实，进而增强全社会的制度意识，使尊崇制度、执行制度蔚然成风。

重点围绕党的领导制度体系，紧盯重点领域、主要环节和关键少数加强审计监督，坚决同一切影响党的先进性、弱化党的纯洁性的问题作斗争，揭示和反映违反中央八项规定精神、"四风"隐形变异、形式主义官僚主义和重大违纪违规问题，促进党的路线方针政策和重大决策部署贯彻落实，切实维护党中央权威和集中统一领导；围绕坚持和完善社会主义基本经济制度、生态文明制度体系，聚焦促进解决发展不平衡不充分问题、提升发展质量和效益、决胜全面建成小康社会、坚决打赢三大攻坚战等，加大重大政策措施跟踪审计力度，推动经济社会高质量发展、人与自然和谐发展；围绕坚持和完善中国特色社会主义行政体制、统筹城乡的民生保障制度、共建共治共享的社会治理制度，深化财政审计、金融审计、企业审计、民生审计、投资审计、涉外审计，促进公共资金安全绩效，维护和保障民生民利，推进国家治理、社会治理；围绕构建一体推进不敢腐、不能腐、不想腐的体制机制，持续深化领导干部自然资源资产离任审计和经济责任审计，将领导干部遵守和执行法律法规制度等情况作为审计重要内容，推进审计监督与纪检监察、组

织人事、巡视巡察的贯通协作，形成监督合力，促进依法行政、规范用权。

4.5.1.4　以促进制度完善为目标，充分发挥审计建设性作用

制度兴，国家兴。《中共中央关于全面深化改革若干重大问题的决定》（以下简称《决定》）提出，着力固根基、扬优势、补短板、强弱项，构建系统完备、科学规范、运行有效的制度体系。当前，我国在制度建设方面取得了显著成效，但也存在一些不衔接、不完善、不稳定的问题。审计具有天然的专业优势，不仅要"查病"，更要"治已病、防未病"，既要通过审计监督保障制度落实，充分发挥制度优势，又要揭示经济社会发展中的重大风险隐患，反映制度本身操作性不强、与实际情况有出入、结构性矛盾等问题，提出防范化解风险、加强制度建设、深化改革的建议，从而堵塞制度漏洞、促进制度完善、推进制度创新，织密"制度的笼子"，提高国家治理水平。

要树立整体系统思维，从统筹项目计划入手，推进审计成果的统筹融合，在更高视野、更宽范围、更多角度、更深层次发现问题；从宏观角度加强审计成果综合分析，突出对倾向性和普遍性问题的分析研究，反复出现的问题从规律上找原因，普遍出现的问题从体制上找对策，补齐改革发展中的制度短板、体制机制上的管理短板；促进建立审计查出问题整改长效机制，督促有关部门从制度层面整改审计发现问题，与时俱进完善和发展制度；建立健全协调贯通机制，促进信息交流和资源共享，拓展审计成果外部运用渠道，让更多高质量高水平的审计报告、信息进入党委、政府视野，服务宏观决策。

4.5.1.5　以提高审计干部治理能力为核心，努力打造高素质专业化审计队伍

制度落实和制度创新，关键在人。《决定》把提高治理能力作为新时代干部队伍建设的重大任务，为当前审计干部能力建设明确了目标：要结合习近平总书记对审计干部提出的"立身立业立信"要求，落实"忠诚、干净、担当"好干部标准，加强干部队伍建设，通过加强思想淬炼、政治历练、实践锻炼、专业训练，推动广大审计干部树牢制度思维，做制度执行的表率，严格按制度履行职责、行使权力、开展工作，以真抓实干作风服务群众、推动发展；树立正确用人导向，健全选人用人机制，把制度执行力和治理能力作为干部选拔任用、考核评价的重要依据，为敢担当、有作为的干部提供平台，对制度落实不力、工作懈怠、违反制度的，追究责任，营造干事创业良

好环境；进一步加强干部教育培训和作风纪律建设，提高审计人员的政治能力、专业能力、宏观政策研究能力、审计信息化能力，努力建设一支信念坚定、业务精通、作风务实、清正廉洁的高素质专业化审计干部队伍。

4.5.2　公租房制度与审计监督理论的关系

公租房制度作为我国十多年来着力推动的一项惠民政策和政治制度，同样需要审计监督的保驾护航。据前述，审计监督的一大功能之一就是以促进制度完善为目标，充分发挥审计建设性作用。事实上，我国自公租房制度推出后的次年，就开始对公租房这一国家重大政策进行了持续性或跟踪审计监督。2007 ~ 2019 年，已历时 13 余载，而且每一年都发现了各种问题，并提出了整改建议（详见后面），从而让我国的公租房制度愈加完善。这也从另一个角度证明了审计在公租房制度实施中具有不可或缺和举足轻重的作用。当然，由于各种原因，审计监督和治理功能尚待进一步完善。

本章小结

本章在介绍我国公租房制度的福利学经济学理论基础、厂商理论基础、新公共管理理论基础、过滤理论、梯度理论基础、城乡统筹发展理论以及审计监督治理理论的基础上，分别阐述了公租房制度和这些理论之间的关系，并分别分析其与这些理论之间的关系，从而为后面具体运用这些理论进行全面深入阐述和分析奠定了较好的理论基础。

第5章 民生导向下公租房制度实施绩效的影响因素分析

本章重点运用多重委托代理理论，分别从制度设计、融资、供应链以及建设工程质量和造价，如预算等成本管理与投入运行中的出租管理等方面，逐一分析了公租房制度实施绩效的主要影响因素和形成机理。

5.1 多重委托代理关系对公租房制度的影响

5.1.1 多重委托代理关系理论

5.1.1.1 多重委托代理关系理论

多重委托代理关系是指一个行为主体（即委托人）根据某种明示或隐含的契约，指定、雇佣另一些行为主体（即多个代理人）为其服务，同时授予后者一定的决策权利，并根据后者提供的服务数量和质量对其支付相应的报酬。其中，多个代理人又称团队，它是指一组代理人各自独立选择努力水平，但共同创造一个产出。其中，每个代理人对产出的边际贡献都依赖于其他代理人的努力，但每个代理人是否努力以及努力程度如何都是不可独立观测的。

由于在非对称信息情况下，委托人不能观测到每个代理人的行为，只能观测到相关变量，这些变量由每个代理人的行动和其他外生的随机因素共同决定。因而，委托人不能使用"强制合同"来迫使代理人选择委托人希望的行动，而激励兼容约束则可以发挥作用。于是，委托人的目标是选择满足代理人参与约束和激励兼容约束的激励合同，以最大化自己的期望效用。非对称信息情况与对称信息时的最优合同不同，代理人的收入随似然率① （likeli-hood ratio） 的变化而变化。较高的似然率意味着产出有较大的可能性来自偷懒的行为。相反，较低的似然率表示产出更有可能来自努力的行动。由于分配原则对似然率是单调的，因此，谬葛饶姆 （Milgrom，1981） 使用此原则的前提是似然率对产出是单调的，即单调似然率 （monotone likelihood ratio property，MLRP）。

5.1.1.2　多重委托代理关系中的预算模型

鉴于多重委托代理关系中，多个代理人所构成的团队工作将导致个人的偷懒行为 （shirking）。因此，为了使监督者有积极性监督，监督者应该成为剩余的索取者 （阿尔钦、德莫塞茨，1972）。霍姆斯特姆 （Holmstrom，1982） 的证明如下。

（1） 团队工作中的偷懒行为可以通过适当的激励机制来解决。委托人的作用并不是监督团队成员，而是打破预算平衡 （breaking budget） 使得激励机制得以发挥作用。

（2） 满足预算平衡约束时的努力水平严格小于帕累托最优的努力水平。即只要坚持预算平衡约束，帕累托最优是不可能达到的，原因是人们所熟悉的 "搭便车" （free-rider） 问题，所以，要引入索取剩余的委托人以打破预算平衡，实现 "团体惩罚" 或 "团体激励"，以消除代理人的搭便车行为。又因为每个人都害怕受到惩罚也渴望得到奖金，每个人都不得不选择帕累托最优努力水平。但是，通过纳什均衡达到帕累托最优是有前提条件的，即代理人的初始财富足够大。因此，委托人的监督只有在团队规模很大、代理人和委托人都面临初始财富约束和代理人是风险规避时才是重要的。

5.1.1.3　多重委托代理关系中的合作模型

从团队工作的 "优势" 方面考虑的经济学家是伊藤 （Itoh，1991），在他的模型里，委托人要考虑的问题是，是否应该激励每个代理人除了在自己的工作上努力外也花一定的精力来帮助同伴。他的模型证明，如果代理人自己工作的努力和帮助同伴付出的努力在成本函数上独立，但在工作上互补，用

---

① 似然率度量了代理人选择偷懒时，特定可观测变量发生的概率与给定代理人选择勤奋工作时，此观测变量发生的概率的比率表示，对于一确定观测变量，有多大程度是由于偷懒导致。

激励机制诱使"团队工作"是最优的。即使代理人对来自别人的帮助的最优反应是减少自己的努力（"战略替代性"），但是如果所导致的努力下降会大大地降低努力水平的效用成本，诱使"团队工作"仍然是最优的。委托人诱使专业化的激励机制是每个人的工资只依赖于自己的工作业绩，诱使高度团队工作的激励机制是每个人的工资主要依赖于团队产出。最后，决定团队工作是否最优的两个主要因素是代理人之间战略的依存（互补还是替代）程度和他们每个人对工作的态度。

5.1.1.4　多重委托代理关系中的评估模型

如果几个代理人从事相关的工作，其中一个代理人的工作能够提供另一个代理人工作的信息。那么，每个代理人的工资不仅要依赖自己的产出，还要考虑其他代理人的产出。这就是"相对业绩评估"，其目的是排除外生的不确定性，让代理人的努力程度表现得更加直观。相对业绩评估很普遍，特别是在组织内部有关奖励方面的问题（如内部提拔）方面。事实上，在劳动力市场上，相对评估直接或间接地发挥了很重要的作用。相对业绩评估中一个很重要的方法是"锦标制度"（rank-order touraments）。它最早由莱兹尔和柔森（Lazear & Rosen，1981）提出，并由格林和斯陶科（Green & Stokey，1983）进一步发展而来。在锦标制度下，每个代理人的所得依赖于他在所有代理人中间的排名，但是与他的绝对表现没有直接关系。虽然，用锦标制度作为工资的基础在基本的委托代理模型中不是最优的制度设计。但是，它有自己的优势：该制度很容易操作，还可以解决委托人的道德风险问题（Carmichael，1984；Malcomson，1984a；Bhattacharya，1983）。

5.1.1.5　多重委托代理关系中的监督模型

一般而言，只要存在委托代理关系就无法避免监督问题。事实上，在非对称信息情况下，委托人对代理人信息的了解程度可以由其自己选择。例如，委托人通过雇佣监工或花更多的时间和精力，可以在一定程度上更多地了解代理人的信息，从而加强对其激励和监督。但是，由于信息的获取又是有成本的，于是，委托人面临着选择最优监督力度的问题。

虽然古典经济学家认为，工资取决于工人的边际生产率。但发展经济学家却发现，在发展中国家，两者的关系似乎正相反，即边际生产率取决于工资，而且这种现象在发达国家也存在。斯隆（Solow，1979）、夏皮柔和斯蒂格利茨（Shapiro & Stiglitz，1984）将较高的工资解释为企业为防止工人偷懒而采取的激励方法。这是因为：（1）当企业不能完全监督工人的行为时，工人偷懒被发现，工资越高，被解雇的机会成本越大。因此，较高的工资有利于减少工人偷懒的倾向性。（2）代理人的边际生产率越高，监督带来的边际收益越高，委托人监督的积极性也越高。（3）代理人努力的边际成本越高，任何给定激励下的努力供给越低，且给定代理人行为在观测信息方差下最优的激励越低，监督的边际收益也越低，委托人监督的积极性自然也越低。（4）监督越困难，监督的边际成本越高，委托人监督的积极性也越低。因而，更愿意采用高工资来作为激励工人的方法。

5.1.1.6　多重委托代理关系中的动态模型

最早研究委托代理动态模型的是瑞德讷和如宾斯坦（Radner，1981；Rubbinstein，1979）。他们的重复博弈模型证明，如果委托人和代理人保持长期的关系，贴现因子足够大（即双方有足够的信心），那么，可以实现帕累托一阶最优风险分担和激励，即在长期的关系中，委托人可以相对准确地从观测到的变量中推断代理人的努力水平，代理人不可能用偷懒的办法提高自己的福利。长期合同部分向代理人提供了"个人保险"（self-insurance），委托人可以免除代理人的风险。即使合同不具法律上的可执行性，出于声誉的考虑，合同双方都会各尽义务，即隐性激励机制可以达到显性激励机制同样的效果。

当代理人的行为很难，甚至无法证实，显性激励机制很难实施时，长期的委托代理关系就有很大的优势，这种长期的委托代理关系可以利用"声誉效应"（reputation effects）来维持。明确提出声誉问题的是法玛（Fama，1980）。他认为，在竞争的市场上，经理的市场价值取决于其过去的经营业绩，从长期来看，经理必须对自己的行为负责。因此，即使没有显性的激励合同，经理也有积极性努力工作，因为这样做可以改进自己在经理市场上的声誉，从而提高未来的收入。侯姆斯陶姆（Holmstrom，1982）模型化了法玛的思想。虽然该模型是在一些特殊情况（经理人是风险中性，不存在未来收益贴现）下建立起来的，但它证明了声誉效应在一定程度上可以解决代理人问题，而且经理的努力程度随着年龄的增长而递减，因为随着年龄的增长，努力的声誉效应越小。这就解释了为什么越是年轻的经理越是努力的现象。

5.1.2 多重委托代理理论对公租房制度的影响

民生导向下的公租房是政府投资、委托其他单位建设、管理的，用于解决中低层收入者居住条件的住房，因而在中央政府与地方政府之间，地方政府与被委托的投资部门之间、地方政府与建设单位、管理单位之间都存在着委托代理关系，进而建设者、管理者与更具体的施工、管理工人之间也存在着委托代理关系，从而形成了多重委托代理关系网络。

其中，对于中央政府而言，地方政府、建设单位和管理单位等既是代理人，又是委托人，即具有双重角色。虽然公租房具有民生导向的特征，其终端是公共产品和公共服务对象，但是其生产过程和管理过程则具有私有特征，由部分团体来进行。因此，在社会主义现代市场经济中，由于逐利性的存在，他们不可避免地会出现道德风险和逆向选择，即各种寻租行为和腐败。具体地，公租房制度中存在的多重委托代理关系如图 5 - 1 所示。

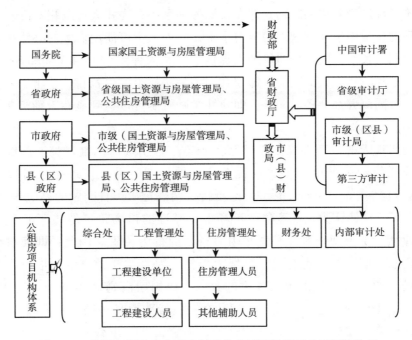

图 5 - 1　我国各级政府公租房制度的多重委托代理关系网络体系

图 5 - 1 显示，在我国公租房制度中有五条大的委托代理链条，其中最重要的一条是国务院（代表中央政府）—省级政府—市级政府—县（区），即国务

院委托各个省级政府进行公租房制度的推进工作，省级政府再委托市级政府进行相关的具体工作安排，市级再委托县区级实施相关工作；第二条委托代理链条是国务院委托国土资源部门进行公租房项目的建设和后期管理，即国务院—国家国土资源管理局—省级国土资源管理局公共住房管理局—市级国土资源管理局及公共住房管理局—县（区）级国土资源管理局及公共住房—下属的各个处室。同时，同级政府负责还负责本级辖区内的公租房项目推进与实施工作。

　　特别需要说的是其中的工程管理处还需要委托工程建设单位，进而委托工程建设人员以及工程质量管理部门及相关人员；而住房管理处则需要委托相关的管理人员。第三条链条是，国务院通过财政部门给公租房项目划拨一定的资金，即国务院—财政部—省财政厅—市财政局—县区财政局；第四条是国务院—审计署—省级审计厅—市级审计局—县区级审计局—外部独立第三方审计机构—内部审计部门，对公租房制度的实施绩效进行审计。这四大委托代理关系链条的最终委托人是国务院，其中每条链条的中间部门均充当了委托人和代理人双重角色。这四条链条之间也存在着横向的委托代理关系，从而形成了纵横交错的多重委托代理关系网络。其中，纵向和横向的每个委托人和代理人之间都构成了一个网格。

　　这里以重庆市公租房管理局网站 2020 年 5 月 29 日公布的信息为例，该局主要负责研究起草公共租赁房配套政策，研究公共租赁房建设资金投融资措施，具体实施公共租赁住房专项规划、年度计划，组织实施公共租赁房房源储备、投放计划，承担公共租赁房项目监督管理、公共租赁房申请对象审核配租、信息统计和分析等工作，指导区县公共租赁房业务工作。内设机构8 个，即综合处、计划财务处、工程管理处、住房管理处、审核配租处、社区协调处、资产管理处、信息管理处。

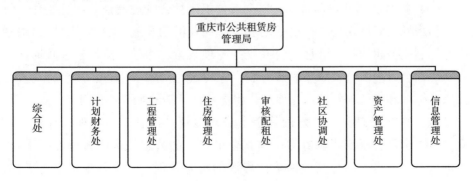

图 5 - 2　重庆市公租房管理局机构构成

其中，各部门的具体职能如下。

（1）综合处：负责文电、会务、机要、档案等机关日常运转工作；承担党群工团、人事、保密、信访、接待、新闻宣传、政务公开、纪检监察、机关财务及资产管理等工作；负责综合性、全局性材料的起草；负责公共租赁房政策法规的起草和涉法事务的处理。

（2）计划财务处：编制各类公共租赁住房工作年度计划，负责公共租赁房项目认定审批；编制公共租赁房资金计划，统计公共租赁房的投资情况和投资完成情况；研究公共租赁房建设资金投融资措施；负责公共租赁房资金的筹集、落实、分配和管理等工作；承担有关公共租赁房租金确定方面的工作。

（3）工程管理处：负责编制公共租赁房项目建设、项目竣工计划；负责组织公共租赁房项目设计审查、招投标等前期工作；负责监督检查公共租赁房工程项目建设进度和质量；负责组织公共租赁房项目竣工验收工作。

（4）住房管理处：负责编制公共租赁房房源储备、投放计划，并组织实施；组织审计政府出资的公共租赁房项目；负责公共租赁房的修缮管理工作；负责租金的收取管理和房屋维修经费的使用管理；对委托的房屋管理机构的监督管理；负责公共租赁房信息化建设，统计、分析、报送、提供公共租赁房发展动态和信息；受理对房屋管理机构的信访、举报，并组织查处；承担公共租赁房工作的监督检查。

（5）审核配租处：负责对主城区公共租赁住房申请对象的审核、建库、轮候、配租工作；负责公共租赁住房保障对象的续租和退出管理工作；负责组织主城区公共租赁房项目销售、交易审核和回购工作；负责公共租赁房申请对象的信息更新和档案管理。

（6）社区协调处：调研、规划全市公租房社会管理及公共服务工作，统筹公租房社会管理用房、社区活动场地布局及活动开展；协调并会同市级相关部门制定公租房社会管理及公共服务专项政策，指导、监督辖区政府履行公租房社会管理及公共服务职责；制定完善公租房服务内容、社会管理及公共服务标准和考核评价体系，促进公租房社区管理的规范化和制度化。

（7）资产管理处：统筹做好全市公租房资产的核定、管理和保值、增值；负责全市公租房房源筹措；建立全市统一的公租房资产管理数据平台；负责全市公租房房源与其他保障性房源的统筹管理；负责公租房出售工作；配合价格管理部门实施公租房价格管理；指导监督公租房配套商业运营管理。

（8）信息管理处：主要承担公租房信息化建设规划、系统开发与应用、日常运维、安全监管、技术培训等职责。

显然，多重委托代理关系网络的网格越多，形成的信息不对称的地带就越多，各个层级的代理人和委托人寻租和腐败的机会相对就会大一些。在相关法律法规和监管机制不健全的情况下，最终可能导致公租房制度实施的绩效不尽人意，甚至相去甚远，详细分析见后面。

5.2　融资、供应链、建设质量和成本等对公租房制度的影响

5.2.1　融资对公租房制度的影响

公租房从实践上补充和完善了现有保障性住房的结构体系，使我国住房市场供应格局呈现多层次、多目标的综合配套形态。前已述及，与其他保障住房类似，公租房兼具准公共品的属性和极为低廉的价格以及其他优惠政策，这种物美价廉的优质资源不可避免地导致其会出现寻租和腐败。其中，融资阶段可能的寻租行为主要是资金寻租。房地产企业对资金的渴求，加上国有银行自身的软预算约束，使得寻租活动在银行信贷领域蔓延（雷光辉，2011）。

5.2.1.1　重庆公租房融资模式的现状

2010 年 7 月 29 日，重庆市公共租赁房管理局（以下简称"重庆市公租房管理局"）挂牌成立，它是全国首个公共租赁住房管理局。重庆市公租房管理局负责研究起草公共租赁房配套政策，研究公共租赁房建设资金投融资措施，具体实施公共租赁住房专项规划、年度计划，组织实施公共租赁房房源储备、投放计划，承担公共租赁房项目监督管理、公共租赁房申请对象审核配租、信息统计和分析等工作，指导区县公共租赁房业务工作。随着重庆三年（2010~2012 年）4 000 万平方米的公租房建设的进行，如何解决公租房建设的 1 400 多亿元一直是媒体和公众议论的焦点，无疑是对重庆的一个考验。重庆政府提出公租房永远姓"公"，坚持公租房建设以政府为主体的，财政支出为主力支撑的"1 + 3 + N"融资模式（见表 5 - 1）。

表 5 - 1   重庆市首批公租房建设项目的"1 + 3 + N"融资模式

融资渠道	融资金额（亿元）	所占比重（%）
财政投入：中央专项资金、本级财政支出、土地划拨、税费减免等补助方式	720	50.07
按10%的比例配套商业用房出售	300	20.86
租售并举，可回笼资金	45	3.13
剩余资金通过银行、非银行金融机构、公积金贷款、发行债券等方式融资	328	22.81
全国社保基金信托贷款	45	3.13
合　计	1 438	100

　　资料来源：根据重庆市公共租赁房管理局网站数据整理。

　　表 5 - 1 显示，重庆市首批公租房项目建设的资金来源可以用"1 + 3 + N"融资模式概括。其中：（1）"1 + 3 + N"融资模式中的"1"是指政府的财政投入。它包括中央专项、本级财政支出、土地划拨、税费减免等方式，融资额为 720 亿元，占据了首批公租房建设总额的半壁江山。其中，财政投入 720 亿元中包含了重庆市土地储备 3 万多亩，相当于 300 亿元。（2）"1 + 3 + N"融资模式中的"3"是指公租房的租售资金和各种债务性融资（即通过银行、非银行金融机构、公积金贷款、发行债券等方式融资）。其中，2010 年 6 月 7 日，华夏银行正式成为重庆公租房建设贷款银行，授信总额 16 亿元。2010 年 9 月 27 日，华夏银行发放首笔贷款 6 377 万元，这是国内银行发放的第一笔公租房贷款。随后，交通银行、工商银行和建设银行纷纷介入公租房建设，分批次提供贷款。这部分资金通过以下三个部分进行还本付息：一是收取租金平衡利息；二是销售配套商业设施，所得收入用于公租房建设；三是重庆市政府规定，租住公租房 5 年之后，可按照成本价卖给承租人，收回一大部分公租房建设支出。（3）"1 + 3 + N"融资模式中的"N"是指通过全国社保基金信托贷款。2011 年 7 月 13 日，全国社保基金理事会以信托产品形式，为重庆市提供 45 亿元贷款，专项用于公租房建设。

5.2.1.2　重庆现行公租房融资模式面对的挑战

　　稳定的资金来源是建立公共租赁住房制度的根本保证，直接关系到重庆市公共租赁住房制度的覆盖面和持续发展问题。因此，拓宽传统的财政融资渠道,寻找公共租赁住房的多元化资金筹集方式,对于缓解政府的财政压力和保证公共租赁住房制度的贯彻实施和持续发展,具有重要的实际意义,是一个亟待解决的问题。其中,资金来源渠道不稳定是制约公共租赁住房制度实施的关键。表5-1显示,重庆的公租房融资模式逐渐趋于多元化,不过从公租房的融资结构来看,财政支出所占比例过大,融资结构还不够合理,从而存在融资风险。具体表现在如下方面。

(1) 公租房融资结构不够合理。鉴于公租房兼具公共物品和商品属性,政府财政支出是必不可少的资金来源。从融资金额来看,重庆市计划财政投入的资金量相当大,达到720多亿元,占整个计划投资的50.07%,所占比重过高,大量占据了财政资源,而且没有利用市场机制的高效调节作用,从而不利于公租房建设的持续的良性循环发展。

(2) 政府还款压力大。在重庆市公租房项目现有的融资渠道中需要偿还的部分主要包括:①来自银行、非银行金融机构的贷款、公积金贷款、发行的债券和全国社保基金信托贷款。②按10%的比例配套商业用房出售,租售并举的资金。虽然,租售并举理论上可以回笼资金,但是回收资金总是有个时间差,这个时间差最长的可能比建设公租房的周期还要长。

(3) 资金流持续的动态平衡。由于公租房建设的投资周期较长,如何实现资金流持续的动态平衡是一个亟待解决的问题。如果想通过建设公租房"赚钱",必然寸步难行。重庆市公租房制度始终坚持"四公原则"(即"公有、公建、公营、公益")。这四大原则看似不难,但如何保证公租房建设可持续发展,却非易事。资金是一个回避不了的话题。纵观全国,公租房建设普遍存在的问题有:①资金筹集压力大,地方财力有限,银行贷款很难,无法回收成本,大规模建设公租房,资金难以平衡。②公租房作为公益产品,租金低廉,与市场化开发形成冲突,投资回报率低,难以吸引社会资本。③倾向于将营建主体让位给社会。重庆市公租房建设的融资模式没有社会资本进入,其公租房该如何实现资金平衡?

目前,重庆市主要有以下三个渠道:①按10%的比例配建商业设施,以市价出售,可回笼资金400多亿元。②承租5年后,出售约1/3有限产权的公租房,可回收资金400多亿元。③每年收取的租金,扣除维护和管理费用后仍有盈余,可用于平衡贷款利息。"这样一来,公租房就可以实现整个资金体系的动态平衡。"

2011年8月,重庆市曾经对2 344户公租房家庭的调查显示,有意愿购买有限产权公租房的占 65.1%，有 76.55% 的承租户愿意在本社区经营商业，远高于政府预想。在首批建成的民心佳园第一次招商会上，100 多个商铺竟然吸引了近 6 000 人登记报名。如果确保资产封闭运转重在体现保障属性，资金开放筹措重在确保建设所需，两者结合就能实现阳光建设与市场化运营的有机统一，公租房的资金平衡就有制度保障。

（4）相应的财税政策、法律法规不健全。在重庆公租房又好又快的建设过程中，相应的法律法规没有跟上建设的步伐，例如，法律保障与财税扶持政策的持续执行，有利于打通保障性住房建设的投融资渠道，进而减少中间环节的运营成本；各类基金参与公租房建设资金的进入、运营、退出的机制；政府资金参与公租房建设的相关运营、监督审计、退出制度等。

5.2.1.3 公租房融资环节的寻租行为

从重庆公租房融资结构可以看出，各类金融机构贷款也占据了相当大的比率，达到 22.81%。在这种格局下，在公租房建设的中后期，政府财政可能承受巨大的还款压力，这样的融资还贷模式说明了通过负债融资的进行公租房建设具有一定程度的挑战性，融资模式存在一定风险。

5.2.2 供应链对公租房制度的影响

公租房项目从融资、建设到营运管理涉及的主要供应链包括土地的获取、工程物资的采购、人工的雇佣、质量管理和出租出售及小区的管理等。其中，重庆市的公租房建设用地的筹集方式除了政府划拨，还采取了户籍制度改革和地票制度相结合的创新办法。重庆市规定，即将进入城市的农民工，要求其出让农村宅基地，宅基地整理后将进入土地交易所，作为重庆市的土地储备，以地票形式进行交易，该交易所得作为宅基地补偿归农民工所有。2010年重庆市城区开工建设的公租房六个片区都是使用此政府划拨的已有储备用地。根据前述委托代理理论，可以合理推测其中的寻租行为主要包括以下两个方面。

5.2.2.1 土地一级市场的寻租行为

公租房的性质是保障性住房，其本质上是公益性质，因而其资金获取、土地获取是有别于普通的房地产项目的，应该是由政府为主导的非市场行为。

在公租房建设项目的供地方面，沿用了 20 世纪 90 年代初政府将国有土地从无偿行政划拨和低价协议出让逐步转向有偿"招、拍、挂"出让的方法，从而大大增加了国有土地经营收入。在公租房建设项目的征地方面，政府仍沿用低补偿的土地征用制度，以较低成本将农民集体所有的土地变为国有。这种土地市场供需的双轨制导致的最直接、最明显的后果就是土地市场的寻租化（雷光辉，2011）。同样地，重庆市的公租房项目也主要采取无偿划拨的方式，因而存在一定的寻租和腐败的空间。

5.2.2.2　采购环节的寻租行为

重庆市的公租房工程项目属于政府采购范围，由此也引发了形式多样的寻租行为，即供应商利用合法或非法手段获得特权以占有租金的活动。这种政府采购中的寻租过程实际上是一种由权到钱的交易过程。因此，必须对其进行外部监管才能避免公租房中的种种腐败，进而保证公租房制度可持续发展。

5.2.3　住房建设质量对公租房制度的影响

公租房的生命周期总体上可分为建设和运营两大阶段。其中，建设阶段是指公租房的建设主体从获取资金、土地一直到公租房建设完成的全过程，它主要包括资金获取、土地获取、开发建设三项内容。运营阶段是公租房建成达到入住标准一直到使用寿命终结的阶段。公租房的开发建设则与普通的项目建设无异，所以也会存在偷工减料等降低成本以及损害建设质量等委托代理风险和逆向选择。具体主要体现在以下方面。

5.2.3.1　公租房的建设质量是决定该制度能否可持续发展的重中之重

公租房项目建设材料的质量和施工质量是影响公租房项目建设质量的两大重要因素。这一方面取决于施工和监理人员的素质，另一方面取决于对施工质量的把关。公租房的施工方作为利益最大化的经纪人，无疑会争取最低造价以降低成本，甚至不惜丧失建设质量。从声誉效应模型角度看，在竞争的市场上，建设单位的经理就是代理人，其市场价值取决于其过去的经营业绩。从长期来看，经理必须对自己的行为负责。因此，即使没有显性的激励合同，经理也有积极性努力工作，因为这样做可以改进自己在经理市场上的声誉，从而提高未来的收入。

但是，实践操作中，重庆市公租房项目建设都是政府指定的，即主要由重庆地产集团及重庆城投公司承担。其中，地产集团提供土地，城投公司提供融资平台，负责资金的筹措。而真正的建设单位则是公开招标。前述两大集团及建设单位均并非竞争市场，而且没有统一的建设质量标准。经理人的收入与工程项目质量基本无关，即该类项目不是竞争市场，但是声誉模型成立的前提是竞争市场环境，因而声誉模型及声誉效应就可能发挥不出应有的作用，建设单位的经理有较大的动机降低工程质量。

5.2.3.2　公租房建设的安全、环保与公租房制度可持续发展

（1）公租房制度的可持续发展体现在安全方面。要想真正持续确保公租房项目的民生导向，必须使公租房的建设设计、实施和管理都综合考虑地质、空间布局、气候条件等，以确定施工材料、施工专业机构和人员以及施工工期，并预防地震、火灾、水灾等突发事件。这就需要提前进行工程考察、可行性分析、工程设计方案的制定和施工过程中的跟踪审计。

（2）公租房制度的可持续发展还体现在环保方面。香港特区公租房建设通过制定以关怀为本和顾客为本的政策，修建健康、舒适居所，减少碳排放；并在管理和招评标检查等环节注重环保、安全、道德操守（冯宜萱，2010）。因此，为真正贯彻公租房的民生导向，为人民的福祉着想，公租房的建设材料、施工、污水其他固体和气体垃圾的排放等配套措施都需从环保角度考虑，不能为了节省成本使用对人体、环境有害的材料。因此，除了政府有关部门制定相关法律外，还需独立第三方审计对环保材料、环保施工、污水、垃圾处理以及低碳能源的运用进行审计，以实现公租房建设与环境的协同发展。

5.2.4　建设成本对公租房制度的影响

公租房项目的建设成本主要包括建设用地成本、相关税费，建设直接成本（工程物资、人工、机器设备和利润等）。图 5 - 1 显示，公租房项目建设属于多重委托代理关系中的第二大链条，即从国务院—国家国土资源管理局—省级国土资源管理局公共住房管理局—市级国土资源管理局及公共住房管理局—下属的各个处室。特别需要说的是，其中的工程管理处还

需要委托工程建设单位，进而委托工程建设人员以及工程质量管理部门由工程管理处委托给其他建设单位进行。那么，根据前述多重委托代理理论可以推测：作为独立法人机构的建设单位，无疑也会尽可能地降低建设成本，如果没有全面、持续和恰当的监管，建设单位的偷工减料、以次充好等行为就会不可避免。

根据重庆市公共租赁房管理局网站上的资料，重庆市至 2011 年规划要开工的项目有 17 个，2012 年 13 个，现已经完工入住的至少有 15 个。其中，首批开建的 1 个项目包括两个宿舍园区，合计征地面积 7 258 亩，建筑面积达 1 239.7 万平方米。新建公租房选址皆在城市主干道、交通便利道路附近，并同时考虑了公建配套的学校、社区服务设施、商业用房、体育设施、停车位等在内。而且各公租房项目都在网上进行了公示，除了几个未讲明公租房设计面积的项目之外，其他项目都明确说明了公租房设计的面积规划。其中最小面积至少为 33 平方米，最高面积不超过 80 平方米。公租房建设都以高层电梯房的形式，有利于节约城市土地使用面积。

根据委托代理理论的动态模型可以推测，每一批公租房项目的建设质量，尤其是第一批公租房项目的建设质量通过声誉效应对公租房制度的影响重大。为了确保公租房项目的建设质量，重庆市采取三种措施控制公租房建设成本：一是公租房的建设用地实行土地划拨方式，降低土地对建设成本的提升；二是减免相关税费，以降低税费带来的建设成本增加；三是公租房建设要由国企承担，严控利润点，降低建设直接成本。

5.3　投入运营管理绩效对公租房制度的影响

5.3.1　投入运营管理绩效的含义

公租房的运营阶段主要包括准入管理、配租管理、租赁管理、退出管理、出售管理、监督管理等内容。公租房项目的运营成本主要包含管理费用和财务费用，对于财务费用（主要是贷款利息）政府给予了低息的优惠政策。因此，假设运营成本只含管理费用。那么，投入运营管理绩效最重要的就是让管理费用达到最低水平的同时，不降低房屋使用者及利益相关者的权益和福利。

5.3.2 投入运营管理绩效的评价标准

公租房的概念可以分为公租房制度、公租房项目和公租房小区。有时候，公租房建设与公租房制度和公租房项目混同使用。事实上，公租房制度是一种政策设计，是无形的。其实体是公租房项目，项目完工投入使用后则是公租房小区。基于公租房制度的民生导向，其最终绩效应该是承租人的满意度。要想达到这一终极目标，可以从不同角度将其细分。如果按照建设项目的全程，可以将其分解为以下几个阶段的分目标：融资阶段、投资阶段、建设阶段、投入运营阶段。由于投入运营管理的绩效取决于前面的三个阶段，因此，本书仅仅研究投入运营管理阶段的绩效，并将其视为公租房制度的绩效标准。

按照常规的绩效评价方法，政府投资项目的实施绩效的评价标准主要是5E，即对经济活动的经济性（economy）、效率性（efficiency）、效果性（effectiveness）、适当性（equity）和环境性（environment）五大目标进行分析、评价的总称。其中，经济性评价，是从各种经济活动的经济性目标着眼，审核评价被审计单位对各项经济资源的利用是否节约合理，并找出不节约不合理的原因。效率评价，是审核被审计单位的各项经济活动效率性目标的实现情况，如生产能力是否得到充分使用，各项经济责任或经济契约的履行情况是否有效。效果评价，是审核被审计单位各项计划和目标的执行结果，并与预期结果进行比较，分析其出现差异的原因，为以后编制计划和制定目标提供资料和依据。适当性，则涉及事前经济效益的评价，即指预计资金所占（所花费）同预计资金所得相比是否有利，如有利则为适当。环境性是指影响经济效益的外部环境，诸如政治稳定、经济形势良好、民主法制健全、交通运输便利、资源丰富、管理机制健全、规章制度完备、职工素质良好以及生态环境平衡等有利环境，反之，则为不利环境。以上五种绩效评价的英文单词首字母都是"E"，故称"5E"评价。

鉴于重庆市公租房的"五公"原则，其属于政府投资项目无疑，因此，也适用于上述评价标准。

5.3.3 公租房项目运营管理绩效对公租房制度的影响

公租房建设的根本目的在于解决社会中间层的住房问题，公租房能否真正实现功能关键在于公租房的运营管理，因而公租房项目的运营管理绩效对公租房制度的持续推进具有举足轻重的作用。由前述多重委托代理理论中的声誉理论可知，如果从首批开始入住公租房的居民开始，有部分人认为公租房的建设质量、小区管理、周边环境及配套设施、公共交通以及商业环境存在较大问题，则会一传十、十传百，最终导致公租房建成后没有人住，最终成为失败的制度设计。因此，必须持续保持公租房项目的投入运营绩效在最好水平，才能确保该制度设计的良好初衷和服务民生的最终目标。

本书作者曾经对居住在公租房小区的部分居民进行过问卷调查，结果表明，大部分居民对所住的公租房都比较满意。但是，部分公租房的建设质量存在较大问题，例如墙壁粉刷、屋顶防漏水、门窗质量等都存在一定问题，尤其是后续的修缮管理也没有及时跟进，从而影响了后续潜在公租房申请者的及时跟进。

5.4　外部监管对公租房规划、建设、准入和退出的影响

5.4.1　公租房制度的外部监管

公租房是涉及广大人民群众利益的公益性项目，在实施过程中政府部门充当监督者，履行其为人民服务的宗旨；同时，公租房项目又是一个牵涉巨额利益的工程，政府作为业主将参与项目实施全程，即政府在其中充当了双重角色。因此，寻租就不可避免，腐败也成为威胁公租房制度可持续发展的重要阻碍因素。其中，公租房运营阶段的寻租行为主要是监督寻租。理论上，政府相关部门的工程监督以及企业监督都将起到不可忽视的作用。监督严格使工程项目的实施变得更"阳光"，相关部门及企业的寻租就可能步履维艰。但同时因"变通"的监督能给建设相关行政部门带来寻租利益，进而使得寻租在监督机构与企业及相关行政部门间发生（雷光辉，2011）。前述刘敏等（2011）发现，部分地区违规分配公租房的案例频出，多部门审核屡屡失灵。主要在于以下原因。

5.4.1.1　公租房相关的制度不健全

制度是导致公租房项目实施和管理过程中寻租的最主要原因。首先最严

重的是建设监督，如何使公租房项目办成"阳光工程"，建设监督的职责是重点。其次是出租和配售监督，以及后续的经营管理监督。由于我国公租房制度的大规模推行是 2010 年之后开始的事情，此前并没有相关的法律制度和实践经验，只有国外的经验，但是也需要一段时间的消化和吸收。因此，客观上给不法者造成了可乘之机。

5.4.1.2 权—钱交易的经济效益

权—钱交易的经济效益好坏是决定公租房项目实施过程中寻租多寡的关键。与企业的寻租不同，政府相关部门与企业及行政部门内部出现寻租却是一种有悖政府职能中的公益性原则的活动，且严重损害了政府形象，阻碍了社会公平，影响了民心向背，扰乱了社会和谐。其根本的治理思路是，只有当政府与企业间寻租活动的风险成本高于甚至远高于寻租利益时，政府腐败才有可能被遏制，政府寻租才有可能被有效控制。

5.4.2 外部监管对公租房规划、建设、准入和退出等制度的影响

图 5 - 1 显示，公租房制度多重委托代理关系的第四条是国务院—审计署—省级审计厅—市级审计局—外部独立第三方审计机构，根据情况，可结合内部审计机构共同对公租房制度的执行工作绩效进行审计。

目前，重庆市公租房制度的监督与管理公租房的管理结构较为齐全。重庆市国土资源和房屋管理部门下设重庆市公共租赁住房管理局为公租房管理的正式机构，专负责保障性住房规划、分配与监管的工作，实行融资与管理分离管理模式。另外，重庆市公租房专门设立了重庆市公租房信息网，将公租房运营过程中涉及的各类资料和信息都呈现于此网站上。

众所周知，审计具有公司治理和政府治理等功能。同样，对政府投资项目而言，审计也可以发挥啄木鸟等的作用。由于重庆市公租房项目投资主要属于政府投资性项目，因此，自然归属于政府审计的监管范围内，理所当然地需要审计及时跟进。需要指出的是，重庆市审计局于 2010 ~ 2011 年对首批完工的几个公租房项目进行审计，也发现了一些问题，提出了整改建议，在客观上对公租房制度的有效实施提供了坚实保障。

本章小结

　　本章首先阐述了多重委托代理理论及其相关的六大模型，其次分别从制度设计、融资、供应链以及建设工程质量和造价，如预算等成本管理与投入运行中的出租管理、外部监管等方面，同时结合重庆市公租房项目的实施现状与不足，较为全面地分析了公租房制度实施绩效的主要影响因素，从而为后面的进一步分析和经验检验奠定了较为坚实的理论基础。

第6章 民生导向下公租房制度的绩效评价与监管体系构建

本章首先分析了我国2007~2018年近13年来省级、市级、县级和乡镇级不同级别政府公租房制度的实施效果及监管机制的现状、不足和其成因；其次运用项目逻辑模型构建了公租房制度的绩效评价体系和绩效审计的5E1C模型（即效率、效果、经济性、环境性、公平性和可持续性，下同），从而为保障全国公租房制度的持续健康发展提供现实证据。

6.1 我国公租房制度绩效评价的现状与不足

6.1.1 传统的公租房绩效评价指标体系比较分析

6.1.1.1 我国公租房绩效评价指标体系出台的制度背景

2015年2月25日，为提高城镇保障性安居工程财政资金使用效益，建立健全绩效评价机制，更好实现城镇保障性安居工程建设目标，根据《中华人民共和国预算法》等有关规定，财政部、住房和城乡建设部联合出台《城镇保障性安居工程财政资金绩效评价暂行办法》，并要求省级财政部门、住房和城乡建设部门应当加强本地区财政资金的绩效评价工作，根据实际情况制定本地区的绩效评价实施细则，并报财政部、住房和城乡建设部备案。绩效评价的内容如下：资金管理，包括省级财政部门、住房和城乡建设部门申请中央财政城镇保障性安居工程专项资金（以下简称"中央专项资金"）是否及时、基础数据是否准确，省级财政部门、住房和城乡建设部门向市（县）财政下达中央专项资金是否及时，省级财政部门是否安排补助资金，以及资金管理是否合法合规等；项目管理，包括城镇保障性安居工程质量、规划计划的制定、规划计划和政策公开、开工和基本建成情况公开、保障对象公开，以及地方报送绩效评价报告的及时性和完整性等；项目效益，包括城镇保障性安居工程带动经济社会发展情况、开工情况、基本建成情况、低收入住房保障家庭租赁补贴发放情况、当年符合分配入住条件的公共租赁住房和城市棚户区改造安置住房的分配入住情况等。

为做好重点财政支出绩效评价工作，进一步提高城镇保障性安居工程财政资金使用效益，更好实现城镇保障性安居工程建设目标，根据《中华人民共和国预算法》《财政支出绩效评价管理暂行办法》《中央对地方专项转移支付绩效目标管理暂行办法》《中央对地方专项转移支付管理办法》等有关规定，2017 年 1 月 22 日对 2015 年的文件进行了第一次修订。2020 年 6 月 25日，财政部、住房和城乡建设部又出台了最新的《关于城镇保障性安居工程财政资金绩效评价办法》，对以往前两次的文件进行了修订。

2020 年 6 月 18 日，审计署官网公布了《国务院关于 2019 年度中央预算执行和其他财政收支的审计工作报告》。审计结果表明，在财政收支压力较大的情况下，财政部等部门加强统筹管理，强化政策与预算衔接，注重结构调整和预算绩效。对审计指出的中央决算草案个别事项编报不完整等问题，财政部在编制决算时已做了调整。但财政管理的制度机制还不够完善，有些基础性工作不够扎实，资金使用绩效也需进一步提高。

6.1.1.2 我国各级政府公租房绩效评价指标体系的案例分析

以往国内外实践和理论构建的绩效评价指标体系主要有效率、效果、经济性三个方面的评价，即 3E 审计或 5E（即还包括公平性和环保性），但由于没有进一步的统一标准和相关法律的有效保证，因而缺乏相关可操作性。对于民生导向下的公租房项目而言，由于评价指标体系中没有嵌入旨在确保公租房项目民生导向的可持续性这一指标，所以没有达到应有的效果。实际上，我国各级政府制定的评价标准大致与前述财政部和住建部的规定一致，但在具体指标的量化和分值安排上稍有不同。从表 6－1 和表6－2 中可以看出，现有不同层级政府关于公租房项目绩效评价标准不一、详略不同。

表6-1　　　　　**2017 年某市公租房专项（项目）资金绩效评价指标表**

一级指标	二级指标	三级指标	指标解释	评价要点与量化标准	得分
投入（20分）	项目立项（12分）	项目立项规范性（4分）	项目的申请、设立过程是否符合相关要求，用以反映和考核项目立项的规范情况	①项目是否按照规定的程序申请设立；②所提交的文件、材料是否符合相关要求；③事前是否已经过必要的可行性研究、专家论证、风险评估、集体决策等	4
		绩效目标合理性（4分）	项目设定的绩效目标是否依据充分，是否符合客观实际，用以反映和考核项目绩效目标与项目实施的相符情况	①是否符合国家相关法律法规，国民经济发展规划和党委政府决策；②是否与项目实施单位或委托单位职责密切相关；③项目是否为促进事业发展所必需；④项目预期产出效益和效果是否符合正常业绩水平	4
		绩效指标明确性（4分）	依据绩效目标设定的绩效指标是否清晰、细化、可衡量等，用以反映和考核项目绩效目标的明细情况	①是否将项目绩效目标细化分解为具体的绩效指标；②是否通过清晰、可衡量的指标值予以体现；③是否与项目年度任务数或计划数相对应；④是否与预期确定的项目投资额或资金量相匹配	4
	资金落实（8分）	资金到位率（4分）	实际到位资金与计划投入资金的比率，用以反映和考核资金落实情况对项目实施的总体保障程度	资金到位率 = (实际到位资金/计划投入资金) × 100%。实际到位资金：一定时期（本年度或项目期）内实际落实到具体项目的资金。计划投入资金：一定时期（本年度或项目期）内计划投入具体项目的资金	4
		到位及时率（4分）	及时到位资金与应到位资金的比率，用以反映和考核项目资金落实的及时性程度	到位及时率 = (及时到位资金/应到位资金) × 100%。及时到位资金：截至规定时点实际落实到具体项目的资金。应到位资金：按照合同或项目进度要求截至规定时点应落实到具体项目的资金	4

续表

一级指标	二级指标	三级指标	指标解释	评价要点与量化标准	得分
过程（30分）	业务管理（10分）	管理制度健全（3分）	项目实施单位的业务管理制度是否健全，用以反映和考核业务管理制度对项目顺利实施的保障情况	①是否已制定或具有相应的业务管理制度；②业务管理制度是否合法、合规、完整	3
		制度执行有效性（3分）	项目实施是否符合相关业务管理规定，反映和考核业务管理制度的有效执行情况	①是否遵守相关法律法规和业务管理规定；②项目调整及支出调整手续是否完备；③项目合同书、验收报告、技术审定等资料是否齐全并及时归档；④项目实施的人员条件、场地设备，信息支撑等是否落实到位	3
		项目质量可控性（4分）	项目实施单位是否为达到项目质量要求采取了必需措施，反映和考核项目实施单位对项目质量的控制情况	①是否已制定或其有相应的项目质量要求或标准；②是否采取了相应的项目质量检查、验收等必需的控制措施或手段	4
	财务管理（20分）	管理制度健全性（5分）	项目实施单位的财务制度是否健全，用以反映和考核财务管理制度对资金规范安全运行的保障情况	①是否已制定或具有相应的项目资金管理办法；②项目资金管理办法是否符合相关财务会计制度的规定	5
		资金使用合规性（7分）	项目资金使用是否符合相关的财务管理制度规定，用以反映和考核项目资金的规范运行情况	①是否符合国家财经法规和财务管理以及有关专项资金管理办法的规定；②资金的拨付是否有完整的审批程序和手续；③项目的重大开支是否经过评估认证；④是否符合项目预算批复或合同规定的用途；⑤是否存在截留、挤占、挪用、虚列支出等情况	7
		财务监控有效性（8分）	项目实施单位是否为保障资金的安全、规范运行而采取了必要监控措施，反映和考核对资金运行的控制情况	①是否已制定或具有相应的监控机制；②是否采取了相应的财务检查等必要的监控措施或手段	8

续表

一级 指标	二级 指标	三级 指标	指标解释	评价要点与量化标准	得分
产出 （30 分）	项目 产出 （30 分）	实际 完成率 （7 分）	项目实施的实际产出数与计划产出数之比，用以反映和考核项目产出数量目标的实现程度	实际完成率=（实际产出数/计划产出数）×100%。 实际产出数：一定时期（本年度或项目期）内项目实际产出的产品或提供的服务数。计划产出数：项目绩效目标确定的一定时期（本年度或项目期）内计划产出的产品或提供的服务数	6
		完成 及时率 （7 分）	项目实际提前完成时间与计划完成时间的比率，用以反映和考核项目产出时效目标的实现程度	完成及时率[（计划完成时间－实际完成时间）/计划完成时间]×100%。实际完成时间：项目实施单位完成该项目实际耗用的时间。计划完成时间：按照项目实施计划或相关规定完成项目所需时间	
		质量 达标率 （8 分）	项目完成的质量达标产出数与实际产出数之比，用以反映和考核项目产出质量目标的实现程度	质量达标率=（质量达标产出数/实际产出数）/100%。质量达标产出数：一定时期（本年度或项目期）内实际达到既定质量标准的产品或服务数量。既定质量标准是指项目实施单位设立绩效目标时依据计划标准、行业标准、历史标准或其他标准而设定的绩效指标值	
		成本 节约率 （8 分）	完成项目计划工作目标的实际节约成本与计划成本的比率	用以反映和考核项目的成本节约程度	3
效果 （20 分）	项目 效益 （20 分）	经济效益 （3 分）	项目实施对经济发展带来的直接或间接影响情况		3
		社会效益 （3 分）	项目实施对社会发展带来的直接或间接影响情况		3
		生态效益 （3 分）	项目实施对生态环境带来的直接或间接影响情况		
		可持续 影响 （4 分）	项目后续运行及成效发挥的可持续影响情况		4
		社会公众或 服务对象 满意度 （6 分）	社会公众或服务对象对项目实施效果的满意程度	社会公众或服务对象是指因该项目实施而受到影响的部门（单位）、群体或个人。一般采取社会调查的方式	6

表 6 - 2　　　　　　　　　**某县 2019 年财政专项资金绩效评价指标体系**

评价指标		评分标准	地区评价 得分
一级指标	二级指标		
资金管理 (25 分)	资金筹集 (10 分)	地方财政安排补助资金用于城镇老旧小区改造 (5 分);没安排 (0) 分。企业、居民等社会筹资占改造项目资金比 20% 及以上 (5 分);未达到目标,每低四个百分点扣 1 分,最多扣 5 分	
	资金分配 (5 分)	资金管理办法健全规范 (2 分);资金按规定时间分配下达到市 (县) 财政部门或项目单位 (2 分),资金分配结合本地区特点,有针对改善老旧小区居民居住条件 (1 分)。否则扣减相应分数	
	资金使用 管理 (10 分)	建立了预算执行、绩效监控机制 (2 分);编制了绩效目标、及时开展绩效评价工作 (3 分)。否则扣减相应分数。无违规违纪情况 (5 分);通过审计、财政等部门检查存在资金截留、挪用等违规违纪行为,或经群众举报、新闻媒体曝光,经查实存在违规违纪行为的,每发现 1 项扣 0.5 分,最多扣 5 分。对性质恶劣、有重大不良影响的违规违纪项目一次性扣 5 分	
项目管理 (10 分)	政策公开 (5 分)	相关管理相关政策、年度计划等信息及时对外公开的 (5 分);每少公开 1 项扣 0.5 分,最多扣 5 分	
	评价报告 报送及时、 完整性 (5 分)	按时报送绩效自评表、绩效评价报告且内容完整的 (5 分);报送逾期每 1 天扣 1 分,最多扣 5 分	
产出效益 (60 分)	改造户数 目标完成率 (20 分)	项目实际开工量大于或等于年度责任目标的 (20 分);未达到目标的,每低一个百分点扣 1 分,最多扣 20 分	
	改造面积 目标完成率 (20 分)	项目实际开工量大于或等于年度责任目标的 (20 分);未达到目标的,每低一个百分点扣 1 分,最多扣 20 分	
	改造楼栋 目标完成率 (5 分)	项目实际开工量大于或等于年度责任目标的 (5 分);未达到目标的,每低一个百分点扣 1 分,最多扣 5 分	
	改造小区 目标完成率 (5 分)	项目实际开工量大于或等于年度责任目标的 (5 分);未达到目标的,每低一个百分点扣 1 分,最多扣 5 分	
	工程质量 (10 分)	工程质量符合标准的 (10 分);通过住房城乡建设、监察等部分检查存在工程质量问题,或经群众举报、新闻媒体曝光,经查实存在工程质量问题的,每发现 1 项扣 1 分,最多扣 10 分	
满意度 (5 分)	老旧小区 居民满意度 (5 分)	满意度指标达 80% 以上的 (5 分);低于 80%,每低一个百分点扣 1 分,对群众信访未及时处置的,一次扣 1 分,最多扣 5 分	
合计			

（1）市级公租房（项目）资金绩效评价指标体系。表6-1显示，2017年某市财政专项（项目）资金绩效评价指标体系共分三级指标。其中，一级指标分别为投入（20分）、过程（30分）、产出（30分）和效果（20分）四大部分。二级指标中，关于投入的主要包括项目立项（12分）和资金落实（8分）两个部分，关于过程的则包括业务管理（10分）和财务管理（20分）。产出的二级指标还是该指标，只是三级指标细化为实际完成率（7分）、完成及时率（7分）、质量达标率（8分）和成本节约率（8分）。效果的二级指标与产出类似，只有较为详细的五个三级指标，即经济效益（3分）、社会效益（3分）、生态效益（3分）、可持续影响（4分）和社会公众或服务对象满意度（6分）。另外，该指标体系还给出各级指标的分值，以及含义、目的和计算方法，但是该指标体系对于最重要的指标——效果，却未给出具体的计算方法或衡量标准，这是最大的问题之一；同时，缺乏对绩效评价信息质量的要求，项目资金及后续房屋分配等环节相关内部控制缺乏应有的设计。因此，该指标体系需要进一步改进。

（2）县级公租房（项目）资金绩效评价指标体系。表6-2给出了某县2019年财政专项资金绩效评价指标体系，该体系共分三级指标。其中，一级指标分别为资金管理（25分）、项目管理（10分）、产出效益（65分）和满意度（5分）四大部分。二级指标中，资金管理主要包括资金筹集（10分）、资金分配（5分）和资金使用管理（10分）三个部分，项目管理则包括政策公开（5分）和评价报告报送及时、完整性（5分）。产出效益的二级指标分为改造户数目标完成率（20分）、改造面积目标完成率（20分）、改造楼栋目标完成率（5分）、改造小区目标完成率（5分）和工程质量（10分）五个。

显然，该体系与前述市级评价指标体系相比，稍显粗糙。主要体现在：①只有两级指标，且各级指标的分类较为粗糙；②大部分指标均为定性指标；③每级指标的分值分配看起来似乎不太均衡和合理。

（3）我国市、县级公租房专项资金绩效评价指标体系比较。表6-3表明，关于公租房绩效评价指标体系如下。

表6-3　　　　我国市、县级公租房专项资金绩效评价指标体系比较

一级指标		二级指标			三级指标	
市级	县级	市级	县级		市级	县级
投入 （20分）	资金管理 （25分）	项目立项 （12分）	资金筹集（10分）		项目立项规范性（4分） 绩效目标合理性（4分） 绩效指标明确性（4分）	无
			资金分配（5分）			
			资金使用管理（10分）			
		资金落实 （8分）	政策公开（5分）		资金到位率（4分） 到位及时率（4分）	
过程 （30分）	项目管理 （10分）	业务管理 （10分）	评价报告报送及时性和完整性（5分）		管理制度健全（3分）	
		财务管理 （20分）			制度执行有效性（3分） 项目质量可控性（4分） 管理制度健全性（5分） 资金使用合规性（7分）	
产出 （30分）	产出效益 （60分）	项目产出 （30分）	改造户数目标完成率（20分）		实际完成率（7分） 完成及时率（7分） 质量达标率（8分） 成本节约率（8分）	
			改造面积目标完成率（20分）			
			改造楼栋目标完成率（5分）			
			改造小区目标完成率（5分）			
			工程质量（10分）			
效果 （20分）	满意度 （5）分	项目效益 （20分）	老旧小区居民满意度（5分）		经济效益（3分） 社会效益（3分） 生态效益（3分） 可持续影响（4分） 社会公众或服务对象满意度（6分）	

①市级和县级均设有四个一级指标，但具体内容和分值设置有所不同。其中，市级单位的一级指标体系较为详细，分为投入（20分）、过程（30分）、产出（30分）和效果（20分）。县级的一级指标体系较为笼统，主要包括资金管理（25分）、项目管理（10分）、产出效益（60分）和满意度（5分）。二者在产出和效益或效果方面较为类似，但对满意度的划分从属关系有所差异。从广义上看，满意度应属于效果，但是从狭义看，它又是重要和特殊的效果。差异特别鲜明的是，二者对分值的设置差异也很大：市级分值设置较为均衡，但县级却大不相同，尤其是产出效益指标分值高达60分。

②市级和县级公租房绩效评价指标体系差异较大。市级和县级公租房绩效评价指标体系均设有二级指标，但具体指标的设置数量、内容的详细度划分和具体分值的度量有较大差异。其中，市级的二级指标共有 6 项，分别为项目立项（12 分）、资金落实（8 分）、业务管理（10 分）、财务管理（20 分）、项目产出（30 分）、项目效益（20 分）。县级的二级指标有 11 个，分别为资金筹集（10 分）、资金分配（5 分）、资金使用管理（10 分）、政策公开（5 分）、评价报告报送及时性和完整性（5 分）、改造户数目标完成率（20 分）、改造面积目标完成率（20 分）、改造楼栋目标完成率（5 分）、改造小区目标完成率（5 分）、工程质量（10 分）和老旧小区居民满意度（5 分）。但是，县级的二级指标缺乏财务管理这一非常关键的指标。因为，如果项目管理只评价业务绩效，而不评价财务绩效，最终会影响其经济性、效率和效果。

③县级的评价指标体系相对简单。市级和县级关于公租房绩效评价指标体系中，仅市级设有 19 个三级指标，县级没有设立三级指标。显然，县级的评价指标体系相对粗略和浅显。

另外，无论是市级还是县级指标体系，均未设置关于存在问题的数量、影响程度和改进建议等方面的量化指标，因此，在客观上亟待改进和优化。

6.1.2 吉林省 2019 年公租房专项资金绩效评价报告解析

按照《关于报送 2020 年城镇保障性安居工程有关情况的通知》的要求，吉林省对各市（州）、县（市）（以下简称市县）报送的 2019 年城镇保障性安居工程专项转移支付资金绩效自评情况进行了审核汇总，具体见表 6-4。

表 6-4　　　　　吉林省 2019 年公租房专项转移支付绩效自评报告

按照《关于报送 2020 年城镇保障性安居工程有关情况的通知》要求，我们对各市（州）、县（市）报送的 2019 年城镇保障性安居工程专项转移支付资金绩效自评情况进行了审核汇总，现将有关情况报告如下：

一、绩效目标分解下达情况

（一）中央财政下达预算和绩效目标情况

2019 年中央财政下达我省城镇保障性安居工程专项转移支付资金 366 656 万元。其中，用于公租房保障和棚户区改造 124 145 万元，用于城镇老旧小区改造 162 511 万元，用于长春市发展住房租赁市场 80 000 万元。

绩效目标：一是公租房保障和棚户区改造方面，包括发放住房租赁补贴 86 595 户，棚户区改造 31 139 套；二是城镇老旧小区改造方面，包括改造老旧小区面积 1 566.71 万平方米，住宅

续表

218 681 户、楼栋 3 713 栋和小区 831 个；三是长春市发展住房租赁市场方面，包括筹集约 2.8 万套租赁住房房源（新建和改建租赁住房房源约 2 万套、盘活存量房源 0.8 万套），培育 3 家以上专业化、规模化企业，进一步健全住房租赁市场制度和体制机制。

（二）省内分解下达预算和绩效目标情况

收到中央财政下达的专项转移支付后，我们按照资金管理办法，在收到文件 30 日内全部下达市县，同时将绩效目标一并分解落实到市县。

二、绩效目标完成情况

（一）资金管理情况

1. 资金筹集情况。2019 年，我省各级财政共筹措城镇保障性安居工程资金 1 007 251 万元。其中，中央财政转移支付资金 366 656 万元；省级财政安排城市棚户区改造奖补资金 5 000 万元，市县财政筹集 635 595 万元（公租房保障和棚户区改造 569 398 万元，老旧小区改造 26 197 万元，长春住房租赁市场 40 000 万元）。

2. 资金使用情况。从各地情况看，各市县能够做到专款专用，并根据项目进度拨付资金，推动了保障性安居工程项目建设。

3. 资金管理情况。市县财政部门在预算执行中，组织资金使用单位定期对预算和绩效目标执行情况进行跟踪分析；年度终了，会同住建部门开展绩效自评工作，实现了预算绩效全过程闭环管理。

（二）项目管理情况

1. 政策公开情况。全省城镇保障性安居工程管理相关政策、保障性安居工程项目年度计划和资金分配下达情况等信息均在网站发布，面向社会公开，让广大群众及时了解有关情况，接受群众监督。

2. 评价结果报送情况。我们认真组织评价及相关数据的报送工作。绩效评价报告内容较为全面、完整，体现了吉林省城镇保障性安居工程资金使用及项目管理情况。

（三）产出效益情况

1. 公租房保障和棚户区改造。一是开工目标完成率。2019 年，我省棚户区改造计划任务数 3.11 万套，实际开工 3.38 万套，完成计划的 108.6%。二是租赁补贴发放目标完成率。2019 年，我省计划发放租赁补贴 8.6595 万户，实际发放租赁补贴 10.9489 万户，完成计划的 126.4%。三是工程质量情况。各地住建部门切实加强工程质量管理，落实工程质量终身责任制，结合全省工程质量和施工现场标准化管理检查，每年开展两次以上专项检查，重点检查五方主体质量终身责任制落实情况、工程项目实体质量情况等，全面提高棚改回迁安置住房质量，确保全省城市棚改工程质量。

2. 城镇老旧小区改造。一是改造户数目标完成率。2019 年，我省老旧小区改造计划任务 218 681 户，实际开工 198 989 户，完成计划的 91%。二是改造面积目标完成率。2019 年，我省老旧小区改造计划任务 1 566.7 万平方米，实际开工 1 374.42 万平方米，完成计划的 87.73%。三是改造楼栋目标完成率。2019 年，我省老旧小区改造计划任务 3 713 栋，实际开工 3 255 栋，完成计划的 87.66%。四是改造小区目标完成率。2019 年，我省老旧小区改造计划任务 831 个小区，实际开工 744 个小区，完成计划的 89.53%。五是工程质量情况。已开工工程项目均符合工程质量标准，未发现质量问题。

3. 长春市住房租赁市场试点。一是新建、改建开工目标完成率。按照《长春市 2019 年中央财政专项资金用于发展住房租赁市场绩效目标考核方案》要求，长春市新建、改建项目力争实际开工量不少于 40 万平方米、9 000 套的目标。截至目前，2019 年实际开工 9 500 套，实际开工率 105.56%。二是盘活存量目标完成率。按照《长春市 2019 年中央财政专项资金用于发展住房租赁市场绩效目标考核方案》，2019 年度长春市筹集盘活存量房源保底目标为 40 万平方米、0.5 万套。

截至目前，通过组织国有平台公司开展存量住房清理工作，对剩余回迁安置房源、两横三纵安置调串房进行摸查清理，共筹集盘活项目50个，总面积约40.29万平方米，房源5 173套，盘活完成率103.46%。三是培育专业化规模化企业目标完成率。2019年，国家下达长春市培育3家以上专业化、规模化企业。经努力，长春市2019年已初步形成以润德集团、城投集团为代表的国有住房租赁公司和以万科、伟峰为代表的民营住房租赁公司发展租赁市场的经营模式，培育专业化规模化住房租赁企业达到了3家，完成计划数量。四是住房租赁管理服务平台建设。其中，第一，建立住房租赁管理服务平台并逐步实现与住房租赁企业和房地产经纪机构数据联网；第二，奖补项目纳入住房租赁管理服务平台管理，有效实现从项目建设到奖补资金管理的全流程动态监管；第三，建立住房租赁企业和房地产经纪机构数据库，正逐步完善存量房源基础数据库，实现对各企业房源基本信息的收集、审核管理；第四，网签备案率，长春市住房租赁监管服务平台正在建设完善中，满足审批条件的租赁住房房源正逐步纳入平台管理，新增房源和住房租赁合同网签备案率达到了100%；第五，租金涨幅。2019年长春市住房租赁价格指数增幅6.3%，未超过城乡居民人均可支配收入7%的涨幅。

（四）居民满意度情况

1. 公租房保障和棚户区改造。通过公租房保障和棚户区改造，低收入住房困难家庭居住条件和居住环境得到了根本性改善，大幅提升了群众的生活质量，使人民群众住有所居、安居乐业，对促进社会和谐稳定起到了重要作用。

2. 城镇老旧小区改造。由于各地完工项目较少，同时受近期疫情影响，各地尚未开展居民满意度调查。在打分时，我们暂按达到满意度指标赋分，待实际开展满意度调查后，视实际情况再酌情赋分。

3. 长春市住房租赁市场。长春市通过多渠道筹集房源，满足不同群体租赁需求，切实增强城市柔韧性和城市新市民幸福感。新市民、年轻人、农民工等租住租赁住房的满意度达到95%以上。

三、偏离绩效目标的原因和下一步改进措施

（一）公租房保障和棚户区改造方面，全面完成年初计划和制定的绩效目标

（二）老旧小区改造方面，未能全面完成年初绩效目标，在产出指标上得分较低

主要原因是国家在10月份下达补助资金后，各市县根据补助资金情况，经充分征求居民意见后，重新调整和完善了改造计划和实施方案，履行相关审批手续后已近年末。受东北地区地理环境和冬季气候因素的影响，冬季无法施工。下一步工作，我们将针对出现的问题积极改进。一是加快工作进度，在完成2020年改造任务的同时，全面完成2019年老旧小区改造任务。二是结合工程建设项目审批制度改革，建立老旧小区改造工程审批"绿色通道"，缩短工程审批时限。三是建立项目管理制度和日常调度工作机制，及时掌握各地工程进展情况，加强工作督导。四是将老旧小区改造工作纳入省政府对各市县政府的绩效考核，纳入民生工程管理；同时，建议国家在2020年分配资金时，充分考虑我省实际情况，不宜将2019年绩效考核打分作为绩效评价因素。

（三）长春市发展住房租赁市场方面

长春市在筹集房源上有偏差，虽然完成了申报试点城市时提出的各项目标，但未完成国家调整后的绩效目标。主要原因是国家在11月将绩效目标调整为筹集房源2.8万套（新建、改建房源2万套，盘活存量0.8万套）后，长春市本着积极的态度，认真落实国家新增的绩效目标，目标落实后已接近年末。东北地区冬季无法施工，加之疫情防控限制了民工流动，致使未能完成国家调整后的绩效目标。下一步工作，我们将协调有关部门对拟出让地块加快推进招拍挂工作，全力保障新建项目早开工、早落地、早见效，确保完成既定目标任务。同时，深入挖掘现有存量房盘活、改建潜力，全面开展摸底调查，全面统计市内闲置的住宅楼、商业和工业用房，以及剩余的棚改回迁房，加大筹集房源力度。

续表

四、绩效自评结果

　　按照绩效量化指标考核打分，公租房保障和棚户区改造绩效自评分数 100 分。其中，资金管理 25 分，项目管理 10 分，产出效益 60 分，居民满意度 5 分。城镇老旧小区改造绩效自评分数 64 分。其中，资金管理 20 分，项目管理 10 分，产出效益 29 分，居民满意度 5 分。长春市住房租赁市场试点发展绩效自评分数 98 分。其中，资金管理 20 分，项目管理 15 分，产出效益 58 分，居民满意度 5 分。

　　资料来源：根据 2020 年 7 月 14 日吉林省财政厅官网公开的文件《吉林省城镇保障性安居工程专项转移支付 2019 年度绩效自评报告》整理。

　　表 6－4 给出了吉林省 2019 年公租房专项转移支付绩效自评报告主要内容。该报告共分四大部分：绩效目标分解下达情况、绩效目标完成情况、偏离绩效目标的原因和下一步改进措施以及绩效自评结果。报告的重点部分，即第二部分，对绩效目标完成情况，进一步按照资金管理、项目管理、产出效益和居民满意度这四个二级指标以及具体的项目类别分别进行了深入评价。值得赞赏的是，第三部分，对偏离绩效目标的原因和下一步改进措施分别给出了较为详细的分析和对策建议。因而，有较大的现实意义。至于第五部分，给出了详细到一级指标的绩效自评结果。但是，该指标体系过于简单，也未设置财务管理、是否存在重大违法违规行为等二级指标，以及相应的三级指标，更别说进行相关评价了，同时，虽然对偏离绩效目标的原因和下一步改进措施进行了分析和阐述，但原因均为外部环境影响，未涉及内部因素。事实上，从哲学上看，外因虽然占一部分因素，但内因通常占主要因素。另外，相关改进措施也极为简单，操作性不强。

　　总之，无论公租房绩效评价指标体系的构成还是原因分析、措施以及评价结果，均有较大的提升空间。

6.1.3　青岛市 2017 年公租房专项资金绩效评价报告解读

　　笔者从青岛市自然资源和规划局官网下载了其 2018 年 7 月 17 日公开发布的 2017 年度保障性安居工程专项资金绩效评价报告并对该报告进行了分析。

6.1.3.1　专项资金绩效目标完成情况

　　（1）专项资金设立情况。住房保障是重要民生工程，也是长期工程，需坚持财政资金投入，为解决符合条件居民住房困难问题做好资金保障。为加快解决符合条件群体的住房困难问题，按照国家有关要求，2007 年起，青岛市政府已连续 11 年直接投入市级财政资金用于住房保障，城镇户籍低收入家庭的住房困难问题得到有效缓解。该项资金主要用途为面向符合条件的低收入户籍家庭发放租赁补贴，面向实物配租户籍家庭发放物业费等费用补助，面向实物配租后期管理单位拨付管理费和维修费以及大中修维修费用（含突发状况下的应急维修）、市本级住房保障管理工作经费及保障房建设经费。

（2）年度绩效目标完成情况。2017 年度绩效目标为通过发放租赁补贴及实物配租方式解决 6 000 户低收入家庭的住房困难问题，通过发放物业费等费用补助缓解 14 000 余户实物配租家庭的经济负担，通过拨付管理费、维修费以及大中修维修费用切实做好实物配租公租房项目后期运营管理工作，使低收入家庭入住后真正享受到住有宜居。2017 年度青岛市共完成住房保障 7 052 套（户），其中，配租公租房 2 393 套，配售限价商品住房 240 套，发放租赁补贴 4 419 户，完成任务目标 117.5%，为 14 439 户实物配租家庭发放物业费补贴，完成任务目标 103%。

6.1.3.2　专项资金项目绩效情况

（1）2017 年专项资金预算批复情况。依据青岛市财政局《关于批复2017 年度有关支出预算的通知》批复青岛市自然资源和规划局 2017 年度市本级政府住房基金支出 2 750.58 万元。

（2）2017 年项目安排情况。

①项目概况：2017 年度安排项目共计两大类 13 项，其中，青岛市住房保障中心承担保障性住房后期管理支出 3 项及住房管理工作经费 5 项，青岛市房屋修缮工程质量监督管理站承担住房管理工作经费 2 项，青岛市物业管理办公室承担住房管理工作经费 1 项，青岛市自然资源和规划局本级承担住房管理工作经费 2 项。

②各项目绩效情况：保障性住房后期维护管理支出预算批复资金1 971.98 万元，预算执行 1 971.98 万元，缓解 14 000 余户实物配租家庭的经济负担，切实做好实物配租公租房项目后期运营管理工作，使低收入家庭入住后真正享受到住有宜居。住房管理经费项目中廉租住房网络维护费、保障性住房政策宣传费、限价商品住房周边商品房评估费、经济适用住房公开销售费、公共租赁住房修缮费预算批复 232.85 万元，预算执行 232.85 万元，

完成了对现有廉租住房网络系统的维护、保障性住房政策的定期宣传、限价商品住房周边商品房价格的评估，本年度达到销售条件的经济适用住房对外公开销售以及河马石和康居公寓公共租赁住房项目的维修，为青岛市保障性住房工作顺利展开提供了有效的资金支持。通过持续推进住房保障工作，可以不断提高群众对政府住房保障工作的满意度，住有所居、安居乐业的良好局面将日益巩固和发展，有利于社会更加和谐稳定。房屋使用安全管理电子信息系统建设及维护费预算批复资金 67.3 万元，预算执行 67.3 万元。该项资金的使用使得房屋使用安全信息系统数据库逐步完善，提高了青岛市房屋使用安全管理信息化水平，实现了青岛市房屋使用安全信息的互联互通、信息共享，加强了对房屋使用安全的动态监控，同时可为政府房屋征收拆迁、规划改造等提供决策依据。房屋使用安全培训项目的预算安排数为 8 万元，预算执行数为 8 万元。房屋专项维修资金系统升级改造支出预算批复资金 65 万元，预算执行 65 万元。

在原有维修资金系统基础上，使用流程、票据管理模块、物业网站、数据清理模块、胶南数据库整合等模块进行了升级及性能优化，降低了人民群众办理业务的难度，进一步促进业务办理的合理性、完善性和高效性。河马石人才公寓项目修缮预算批复资金 300.85 万元。预算执行 300.85 万元，河马石人才公寓是青岛市组织部引进各领域高端人才的居住地，其中不乏医学、科技、教育等领域的顶端人才和专家学者。通过河马石人才公寓维修，彻底解决了室内居住长期存在的安全隐患，有效避免了个人财产损失；在"尊重知识，尊重人才"的大社会环境背景下，为青岛市进一步引进人才、提供良好的条件方面提供了保障。干部住房信息查核报送系统预算批复资金 104.6 万元，预算执行 104.6 万元，该项目服务于领导干部个人有关事项报告房产信息查核工作，纵向实现与省住建部门联网，实现了干部住房核查任务的网络下达与结果报送，横向实现了与市组织部门的对接，建设了专用办公场所，确保了省、市两级领导干部个人房产信息查核工作的高效、安全运行，取得了较好的应用效果。

6.1.3.3　对该绩效评价报告的分析

（1）该报告的主要组成部分包括专项资金绩效目标完成情况和专项资金项目绩效情况。其中，专项资金绩效目标完成情况部分分别从专项资金设立情况和年度绩效目标完成情况两个方面进行较为概括的介绍。专项资金项目绩效情况则分别从 2017 年专项资金预算批复情况和 2017 年项目安排情况展开评价。其中，以 2017 年项目的安排情况为重点，进一步从项目概况和各项目绩效情况展开说明。而各项目绩效情况则占了该报告的大部分篇幅，具体从后期维护管理支出、住房管理经费、房屋使用安全管理电子信息系统建设及维护费、房屋使用安全培训项目和河马石人才公寓修缮项目的预算批复与实际实施等方面逐一展开叙述。

（2）该报告存在诸多问题。整体而言，该报告的篇幅不长，评价说明较为简单、明了。但缺乏明确的评价标准，以及更为详尽的具体评价。虽然该报告详细到几个主要项目，但只是从资金使用方面对这几个项目的预算与实施情况进行了简单的叙述，最后得出的评价结论说服力欠佳。另外，该报告没有指出该年度公租房项目中存在的问题与改进措施。

6.1.4 忠县 2019 年公租房专项资金绩效评价报告评析

6.1.4.1 绩效评价报告的主要内容

2020 年 7 月 22 日，重庆市忠县财政局官网的公告显示，2020 年 3 月 12 日，重庆顺达会计师事务所有限责任公司给忠县 2019 年城镇保障性安居工程财政专项资金出具了绩效评价报告。其主要内容如下。

表 6 – 5 重庆市忠县 2019 年公租房财政专项资金绩效评价报告

为加强财政资金管理，提高资金使用效益，根据财政部、住房和城乡建设部《关于印发〈中央财政城镇保障性安居工程专项资金管理办法〉的通知》和重庆市财政局、重庆市住房和城乡建设委员会《关于报送 2019 年城镇保障性安居工程绩效评价有关情况的通知》文件的精神，我公司受贵中心委托，对忠县 2019 年城镇保障性安居工程开展财政专项资金绩效评价，于 2020 年 3 月成立绩效评价工作组开展绩效评价工作。现将评价情况报告如下。

一、项目基本情况

2019 年忠县城镇保障性安居工程包含廉租住房及公共租赁住房、公共租赁补贴、城市棚户区改造、城镇老旧小区改造，2019 年未新建廉租住房及公共租赁住房，发放公共租赁补贴 41 户，完成棚户区改造 2 848 户、城镇老旧小区计划改造 1 694 户。

（一）廉租住房及公共租赁住房

忠县从 2008 年开始实施保障性安居工程，截至 2019 年底，忠县实有保障性住房 4 799 套，建筑面积 27.42 万平方米。（1）实际建设保障性住房 4 754 套，建筑面积 27.10 万平方米（其中，配套的商服用房 1.45 万平方米，车库 2.80 万平方米，幼儿园 0.18 万平方米，社区用房 0.0498 万平方米），已全部竣工交付使用；（2）购买移民安置房 45 套（建筑面积 0.2974 万平方米）作为廉租住房，于 2008 年 10 月分配入住。忠县超额完成市级下达的廉租住房及公共租赁住房建设计划 4 185 套。截至 2019 年 12 月 31 日，4 799 套保障性住房已全部分配。

续表

市财政局下达忠县 2019 年廉租住房及公共租赁住房专项资金 1 290.00 万元，本级财政 2019 年未安排资金，2018 年度廉租住房市级补助结余资金 1 768.66 万元。截至报告日，忠县财政局共拨付专项资金 1 074.66 万元，系 2018 年市财政预算安排的专项资金，2019 年市财政局下达的专项资金 1 290.00 万元县财政局尚未预算安排。

（二）城市棚户区改造

2019 年忠县棚户区改造计划 2 600 户，实际完成 2 848 户、23.70 万平方米（其中：货币安置 154 户，银山安置点项目开工建设安置房 404 套、4.2383 万平方米；乌杨新区棚户区改造项目二期集中居住房开工建设安置房 2 290 套、20.5355 万平方米），超额完成任务。

市财政局下达忠县 2019 年棚户区改造专项资金 15 086.00 万元，县财政局预算安排 15 086.00 万元。2019 年度县财政局实际拨付棚户区改造专项资金 5 516.00 万元，其中：拨付 2017 中央预算安排的资金 1 845.00 万元，拨付 2018 年市财政预算安排的资金 2 171.00 万元，拨付 2019 年市财政预算安排的资金 1 500.00 万元。

（三）城镇老旧小区改造

重庆市财政局于 2019 年 8 月下达 2019 年第四批保障性安居工程（老旧小区改造）配套基础设施中央预算内资金 1 127.00 万元，2019 年 11 月忠县财政局预算安排忠州街道东坡小区、十字街小区、园艺小区等 3 个小区改造配套基础设施工程资金 1 127.00 万元；重庆市财政局于 2019 年 11 月下达忠县 2019 年城镇老旧小区改造项目资金预算 2 112.00 万元，改造小区 5 个，改造楼栋数 85 栋，改造户数 1 694 户，改造面积 8.804 万平方米，忠县财政局对此笔资金尚未作出预算安排。截至报告日，县财政局未拨付城镇老旧小区改造专项资金。

2019 年城镇老旧小区改造项目均在实施前期计划工作阶段，截至报告日，忠县已完成 4 个老旧小区改造动员会和征求意见工作。

二、绩效评价工作情况

（一）评价主要目的

通过对项目实施以及财政专项资金使用情况的调研和评价，客观反映项目的实施状态、财政资金使用效益，总结项目成功经验，科学研判项目实施以及资金使用过程中存在的难题和局限，为委托方进一步提升预算管理水平、提高公共服务质量、优化公共资源配置提供决策参考，为以后年度类似项目专项资金安排、政策制度建设、预算绩效的推进提供必要的借鉴。

（二）评价政策依据

1. 财政部《关于印发财政支出绩效评价管理暂行办法的通知》；

2.《重庆市财政专项资金绩效评价管理暂行办法》；

3.《中华人民共和国预算法》《中华人民共和国预算法实施条例》的相关规定；

4. 预算绩效管理相关规定；

5. 财政部、住房和城乡建设部《关于印发中央财政城镇保障性安居工程专项资金管理办法的通知》；

6.《重庆市财政局　重庆市住房和城乡建设委员会关于报送 2019 年城镇保障性安居工程绩效评价有关情况的通知》；

7. 与项目相关的报表、账簿和会计凭证等文件资料；

8. 其他相关依据。

（三）评价重点内容

重点评价该项目的资金管理、项目管理、产出效益和服务对象满意度。评价区间为 2019 年度。

（四）评价方式方法

评价方式分为现场评价和非现场评价，本项目采取现场和非现场评价相结合的方式实施评价。

现场评价是指评价人员到项目现场采取勘察、询查、复核等方式，对有关情况进行核实，对所掌握的有关资料进行分类、整理和分析，提出评价意见。非现场评价是指评价人员在对被评价项目单位提供的有关资料进行分类、整理和分析的基础上，提出评价意见。绩效评价方法有成本效益分析法、目标比较法、因素分析法、最低成本法、公众评判法等，具体实施方法如下。

1. 查证法：通过书面及口头，核查项目资料是否真实、合理，从而对项目做出初步的判断和评价。

2. 比较法：通过对绩效目标与实施效果、历史与当期情况、不同部门和地区同类支出的比较，综合分析绩效目标实现程度。

3. 公众评判法：通过专家评估、公众问卷等对专项资金使用效果进行评判，评价绩效目标实现程度。

4. 座谈法：了解项目实施的基本情况、取得的绩效以及发现的问题，对项目实施的总体情况进行座谈。

5. 成本效益分析法：将一定时期内的支出与效益进行对比分析，以评价绩效目标的实现程度。

6. 因素分析法：通过综合分析影响绩效目标实现、实施效果的内外因素，评价绩效目标实现程度。

（五）评价指标体系

本次绩效评价指标体系参照《忠县 2019 年城镇保障性安居工程财政资金用于公租房保障和棚户区改造绩效评价指标表》《城镇保障性安居工程财政资金用于城镇老旧小区改造绩效评价指标表》执行。整个指标体系分为资金管理（25 分）、项目管理（10 分）、产出效益（60 分）及服务对象满意度（5 分）4 个一级指标，附件 1 设置了 9 个二级指标、附件 2 设置了 11 个二级指标。

三、绩效评价指标分析情况

本报告按照《忠县 2019 年城镇保障性安居工程财政资金用于公租房保障和棚户区改造绩效评价指标表》，从资金管理、项目管理、产出效益、服务对象满意度 4 个一级指标和 9 个二级指标逐一分析。由于忠县 2019 年城镇老旧小区改造项目均在实施前期计划工作阶段，县财政局也未拨付专项资金，故本次未对《忠县 2019 年城镇保障性安居工程财政资金用于城镇老旧小区改造绩效评价指标表》进行评价打分。

（一）资金管理

1. 资金筹集。城镇保障性安居工程项目所需资金，一是上级财政拨入，重庆市财政局根据当年实际情况下达预算通知书，县财政局根据上级资金下达情况并结合忠县实际情况，向项目实施单位下达资金文件，项目实施单位根据实际需求情况向县财政局申请资金。二是县财政局从国有土地出让净收益的 10% 中提取用于保障性安居工程建设所需的资金。2019 年度县财政未安排资金用于公租房保障和城市棚户区改造。

2. 资金分配。市财政局下达忠县 2019 年城镇保障性安居工程廉租住房及公共租赁住房、棚户区改造财政专项资金共计 16 376.00 万元（其中：廉租住房及公共租赁住房 1 290.00 万元，棚户区改造 15 086.00 万元），本年本级财政未安排资金。2019 年项目实际可供分配资金共计 18 644.66 万元（其中：廉租住房及公共租赁住房 1 290.00 万元，棚户区改造 15 086.00 万元，2018 年廉租住房及公共租赁住房市级补助资金结余 1 768.66 万元，2018 年棚户区改造中央预算内资金结余 500.00 万元）。2019 年度县财政局共拨付城镇保障性安居工程专项资金 6 590.66 万元（其中：廉租住房及公共租赁住房专项资金拨付 1 074.66 万元，城市棚户区改造专项资金拨付 5 516.00 万元）。

2019 年县财政局向项目实施单位安排城镇保障性安居工程用于公租房保障和棚户区改造资金预算共计 16 286.26 万元（含 2018 年廉租住房市级补助资金 1 074.66 万元和 2018 年住房公积金增值收益支持廉租住房建设预算资金 125.60 万元），预算结余 15 444.40 万元，详见表 1。

表 1　忠县 2019 年城镇保障性安居工程财政资金用于公租房保障和棚户区改造资金明细表

序号	文号	预算收入	预算安排	余结	预算单位	备注
一	廉租房及公租房	3 058.66	1 200.26	1 858.40		
1	本年资金	1 290.00		1 290.00		
①	渝财综〔2019〕48 号	769.00		769.00		
②	渝财综〔2019〕67 号	521.00		521.00		
2	以前年度资金	1 768.66	1 200.26	568.40		
①	渝财综〔2018〕70 号 忠财综〔2018〕12 号	1 074.66	1 074.66		忠文化	
②	渝财综〔2018〕114 号 忠财综〔2019〕1 号	694.00	125.60	568.40	住保中心	
二	棚户区改造	15 086.00	15 086.00	13 586.00		
1	本年资金	15 086.00	15 086.00	13 586.00		
①	渝财建〔2019〕96 号 忠财建〔2019〕42 号	1 000.00	1 000.00	1 000.00	通旺公司	未拨
		1 000.00	1 000.00	1 000.00	通瑞公司	未拨
		632.00	632.00	632.00	临港新城	未拨
②	渝财建〔2019〕79 号 忠财建〔2019〕15 号	2 264.00	2 264.00	2 264.00	临港新城	未拨
③	渝财建〔2019〕125 号 忠财建〔2019〕25 号	3 460.00	3 460.00	3 460.00	临港新城	未拨
④	渝财建〔2019〕127 号 忠财建〔2019〕26 号	2 906.00	2 906.00	2 906.00	临港新城	未拨
		500.00	500.00		通旺公司	
		500.00	500.00		忠文化	
⑤	渝财建〔2018〕351 号 忠财建〔2019〕12 号	2 824.00	2 824.00	2 324.00	通旺公司	
三	合计	18 144.66	16 286.26	15 444.40		

　　3. 资金使用管理。县财政局对保障性安居工程财政资金建立了预算执行、绩效监控机制，编制了绩效目标并及时开展绩效评价工作，通过对棚户区改造及廉租住房及公共租赁住房建设、管理相关单位的资金使用情况进行抽查并向相关单位了解询问，未发现资金截留、挪用等违规违纪行为。

　　（二）项目管理

　　1. 政策公开。忠县通过忠县人民政府门户网站、网络媒体，及时对城镇保障性安居工程管理相关政策、专项资金管理办法、绩效评价办法、保障性安居工程项目年度计划等信息进行了公开；同时，通过忠县人民政府网、忠州日报、公告栏对分配结果、拆迁补偿方案等信息进行了公示，如 2019 年 5 月 29 日在《忠州日报》第 3 版上刊登了"忠县 2018 年度第二批保障性住房实物配租资格审查合格名单公示"、2019 年 6 月 19 日在《忠州日报》第 3 版上刊登了"忠县 2018 年度第二批保障性住房家庭摇号实物配租名单公示"以及在相关居委会、居民区公告栏张贴拆迁补偿方案等。

2. 评价报告报送的及时性和完整性。县财政局及时组织开展了保障性安居工程绩效评价工作，并在规定时间内按要求及时、完整上报绩效评价结果。

（三）产出效益

1. 开工目标完成率。廉租住房及公共租赁住房：忠县从 2008 年开始实施保障性安居工程，上级计划下达 4 185 套。截至 2019 年底，忠县廉租住房及公共租赁住房建设工程共建设保障性住房4 754 套，已全部竣工交付使用，忠县房地产管理所于 2008 年在忠州镇红星移民小区乐天路购买移民安置房 45 套，至此，忠县实有保障性住房共计 4 799 套。忠县超额完成市级下达的廉租住房及公共租赁住房建设计划 4 185 套。棚户区改造：根据《重庆市住房和城乡建设委员会关于下达2019 年城市棚户区改造目标任务分解的通知》，下达忠县城市棚户区改造考核任务 2 600 户。忠县实际完成 2 848 户、23. 70 万平方米，其中货币安置 154 户，银山安置点项目开工建设安置房 404套、4. 2383 万平方米；乌杨新区棚户区改造项目二期集中居住房开工建设安置房 2 290 套、20. 5355 万平方米，完成考核任务 109%。忠县银山安置点和忠县乌杨新区棚户区改造项目二期集中居住房项目于 2019 年 12 月已开工建设，目前正在进行基础施工。

2. 租赁补贴发放目标完成率。县住保中心上报并经住建部确认的 2019 年度计划发放补贴户数为 40 户，经查，2019 年实际向符合补贴发放条件的申请人发放补贴 41 户，实际发放补贴户数占计划发放补贴户数的比例为 102. 50%。

3. 工程质量。廉租住房及公共租赁住房：2019 年未新建廉租住房及公共租赁住房，截至 2019年，忠县廉租住房及公共租赁住房建设工程共建设保障性住房 4 754 套，已全部竣工交付使用，均已通过建设、设计、勘察、监理及县规划和自然资源局等单位的验收，现场勘察未见较大质量问题，但经现场及电话问卷等回访，发现房屋普遍存在厕所防水质量较差、挨厕所的墙面渗水脱落较严重、厕所水龙头和水箱质量功能较差、部分厕所顶部漏水、下水管道渗水、小区粪污排气孔臭味严重等瑕疵。城市棚户区改造：2019 年城市棚户区改造项目货币安置 154 户已全部兑现，忠县银山安置点和忠县乌杨新区棚户区改造项目二期集中居住房项目于 2019 年 12 月均已开工建设，目前正在进行基础施工，建设单位已委托设计单位、监理单位、勘察单位、全过程控制单位等对工程进行全面监督管理，通过公开信息未收集到存在明显质量问题的相关信息。

（四）服务对象满意度

本次评价主要以实地访谈和电话调查为主。经统计，85% 的拆迁居民对棚户区改造项目的实施表示满意或基本满意，部分群众不满意的主要原因是改造拆迁后住房安置不及时以及过渡费无法覆盖实际租房租金等。87% 的公租房已保障对象对公租房项目的实施表示满意或基本满意，部分群众提出小区商业配套设施尚未投入使用及运行，小区其他配套设施如群众健身场所和设施不足，部分房屋个别地方存在下水管道渗水及墙面掉灰等瑕疵，希望可以尽快改善。具体情况详见表 2。

表 2   公众满意度调查结果统计表

名称	序号	类型	权重（%）	满意度（%）
棚户区改造拆迁居民满意度	1	安置工作满意度	50	85
	2	改造拆迁工作满意度	30	76
	3	居住环境改善满意度	10	100
	4	市容市貌改善满意度	10	100
	综合满意度			85

续表

续表

名称	序号	类型	权重（%）	满意度（%）
公租房已保障 对象满意度	1	安置工作满意度	50	90
	2	工程质量满意度	30	80
	3	配套设施或功能满意度	10	82
	4	居住条件改善满意度	10	100
	综合满意度			87

四、绩效评价总体结论

（一）自评总体情况

绩效评价工作组对忠县 2019 年城镇保障性安居工程基础资料进行收集、整理、统计、分析、综合；经专家评价组从资金管理、项目管理、产出效益、服务对象满意度四个方面的指标进行评议打分，忠县 2019 年城镇保障性安居工程财政资金用于公租房保障和棚户区改造最终绩效评价得分 86 分，绩效评价等级为良好；本次评价未对忠县 2019 年城镇保障性安居工程财政资金用于城镇老旧小区改造绩效评价指标表进行打分。

忠县城镇保障性安居工程的实施完善了当地住房政策和供应体系，改善了城镇中低收入住房困难家庭及忠县棚户区改造拆迁居民的居住环境及生活质量，项目在保障和改善民生、促进社会和谐稳定的同时，对稳定当地住房市场、管理通胀预期、转变经济发展方式、调整经济结构及提升城市形象等方面均产生了积极作用。

（二）本级财政安排资金的绩效目标、制定依据和目标调整情况

县财政局按照重庆市财政局、重庆市住房和城乡建设委员会发布《关于报送 2019 年城镇保障性安居工程有关情况和绩效评价报告的通知》中的《城镇保障性安居工程财政资金绩效评价量化指标表》开展绩效评价，相关绩效目标系年初制定或下达，本年度无目标调整情况。

五、存在的主要问题

（一）本级财政 2019 年未及时安排资金用于公租房保障和城市棚户区改造

根据《财政部关于印发〈廉租住房保障资金管理办法〉的通知》和《重庆市廉租住房保障资金管理办法》等相关文件精神，财政应从土地出让净收益中按照不低于 10% 的比例安排用于廉租住房保障的资金，经调查，2019 年土地出让净收益为 14 700.20 万元，按规定应提取 1 470.02 万元用于廉租住房保障建设。截至报告日，县财政局未安排资金用于廉租住房保障建设。

（二）保障性住房前期建设及后续动态管理有待加强

经对忠县高石坎（一）（二）期廉租住房及公共租赁住房现场勘察及居民调查发现：

1. 保障性住房建设及装修效果满意度不足。小区外墙排水未建完排水沟，明排存在安全隐患；高石坎（一）（二）期房屋普遍存在厕所防水质量较差、挨近厕所的墙面渗水脱落较严重、厕所水龙头和水箱质量功能较差、部分厕所顶部漏水、下水管道渗水等瑕疵；小区粪污排气孔位于高石坎（二）期 2 幢房屋前面十字路口，为二期小区内绝大多数居民进出的必经之路，现场调查发现，散发臭味相当严重。

续表

2. 高石坎一期少数租户对房屋存在不同程度的改装现象，同时也存在部分租户占用楼梯间等公共面积的情况。

3. 保障性住房租赁户素质有待进一步提高，部分居民存在高空抛物现象，危及居民生命安全；部分居民饲养宠物不按规定套绳、饲养的宠物随地大小便等，影响居民生活环境；物业管理应加强租户安全意识宣传。

各相关部门应对以上违规行为加强管理和治理。

（三）棚户区改造及老旧小区改造专项资金未及时拨付

市财政局下达忠县 2019 年棚户区改造专项资金 15 086.00 万元，已拨付各预算单位 1 500.00 万元；城镇老旧小区改造专项资金 3 329.00 万元均未拨付。

六、相关建议

1. 建议县财政应尽快按土地出让净收益的 10% 安排资金 1 470.02 万元用于安居保障性住房建设工程。

2. 建议相关部门加强监督保障性住房后续质量整改工作，加强廉租房、公租房及租赁补贴的事前审查及后续动态管理工作，着手开发建设相关的信息化管理系统，提高管理效率及水平；督促物管单位按照城市生活垃圾处理要求对小区生活垃圾规范收集堆码和及时清运，在小区公共场所和楼栋单元入口等处要加强高空抛物、饲养宠物等相关危害公共安全的知识宣传。

3. 建议将棚户区改造及城镇老旧小区改造专项资金及时拨付到相关预算单位。

表 6 - 5 显示，重庆市忠县 2019 年城镇保障性安居工程财政专项资金出具的绩效评价报告分别从以下六大方面展开：项目基本情况、绩效评价工作情况、绩效评价指标分析情况、绩效评价总体结论、存在的主要问题和建议。每个部分再按照内容的具体特点细分二级标题和三级标题展开较为详细的说明。其中，第二、三、四部分为重点，尤其是第二部分分别从评价主要目的、评价政策依据、评价重点内容、评价方式方法和评价指标体系展开具体说明。第三部分则分别从资金管理、项目管理、产出效益和服务对象满意度四个方面展开评价，这四个部分均再从多个方面给出了量化指标。

需要说明的是第四部分，绩效评价总体结论分别从自评总体情况和本级财政安排资金的绩效目标、制定依据和目标调整情况两个方面进行概括。第五部分则从本级财政 2019 年未及时安排资金用于公租房保障和城市棚户区改造、保障性住房前期建设及后续动态管理有待加强和棚户区改造及老旧小区改造专项资金未及时拨付三个方面，较为客观地揭示了该县 2017 年度公租房项目实施中存在的问题。最后，该报告给出了三个较为具体的改进建议。

6.1.4.2　对重庆市忠县 2019 年公租房绩效评价报告的解析

重庆市忠县 2019 年公租房绩效评价报告整体而言较为全面系统、详尽和客观。整个报告框架清晰、层次分明，内容设计详略得当。各个部分之间逻辑严密，顺理成章。其中，重点部分还使用图表进行列示，直观醒目。同时，评价中运用了查证法、比较法、公众评判法、座谈法、成本效益分析法和因素分析法 6 种方法，方法较为科学、具体，因而说服力较强。

但是，不足之处主要在于：该评价指标体系只有一、二级指标，没有三级指标，且没有将公租房项目的财务管理和信息质量的相关内容予以体现；同时，对相关问题没有分析其深层次原因，得出的结论过于乐观，建议稍显粗略。

6.1.5　马迹塘镇 2019 年公租房专项资金绩效评价报告解析

6.1.5.1　马迹塘镇公租房项目绩效评价报告的主要内容

2018 年 1 月 4 日，湖南省益阳市桃江县马迹塘镇在桃江县人民政府网站公开了马迹塘镇 2016 年水管站公租房项目绩效评价报告，具体内容详见表 6-6。

表 6-6　湖南省益阳市桃江县 2019 年公租房财政专项资金绩效评价报告

一、项目概况

工程名称：桃江县马迹塘镇水管站公租房建设项目

工程地点：桃江县马迹塘镇九岗塅村（原马迹塘水管站内）

工程立项批准文号：桃发改行审 [2015] 614 号

预算投资：128 万元　　　　　　　　资金来源：县房管局和政府自筹

用地性质：居住用地　　　　　　　　用地面积：888.59 平方米

总建筑面积：1 200 平方米　　　　　规划层次：4 层

建筑占地面积：300 平方米

马迹塘水管站公租房是桃江县 2015 年公租房建设的调整项目之一，得到省住建设厅和省财政厅的批复。桃江县根据益阳市保障性安居工程工作领导小组文件提供的招标指导价 1 000 元/平方米，聘请具有相关预算资质的桃江县城乡建筑勘察设计有限责任公司对该项目进行预算，以预算价 1 080 元/平方米作为项目招标价格的依据。2015 年 12 月 16 日，镇政府与湖南天鉴工程项目管理有限公司签订工程建设招标代理合同。经招投标程序，湖南汉宇建设工程有限公司以投标报价 1 278 630.82 元中标，于 2016 年 2 月 1 日工程正式动工。

二、项目资金使用及管理情况

（一）项目资金到位情况

目前，桃江县房管局下拨公租房配套资金共 101 万元，分别于 2016 年 5 月 6 日和 7 月 15 日到位 71 万元、30 万元。

（二）项目资金使用情况

镇政府下拨 60 万元到城建建设投资公司，全部投入该工程建设。

（三）项目资金管理情况

严格执行政府财政资金相关管理规定，做到专款专用。资金使用、拨付实施报账制，每个环节做到层层审批，严格执行工程资金拨付程序规定。

三、项目组织实施情况

（一）项目组织情况分析

项目于 2016 年 2 月 1 日开工建设，目前已完成主体封顶，正在实施房屋装修以及附属工程施工。计划竣工日期为 2016 年 11 月 30 日，工期总日历天数为 304 天。

（二）项目管理情况分析

严格执行国家相关法律规定和要求，在项目实施过程中，为了确保项目有序推进、按质按量完成，严格按照政府投资项目相关的管理规定，对项目实施进行全过程、全方位的监督管理，强化工程进场材料、工程验收、工程量签证、工程质量安全控制、工程进度实施控制等各环节监管，保质保量推进项目建设，并取得较好的实效。

四、项目绩效情况

（一）项目的经济性分析

依据项目概算及合同造价，严格控制项目支出，做到工程款支出与工程进度同步，发挥财政投资的最大效益，促进我镇经济社会发展。

1. 项目的实施进度。该项目按照项目合同及工期要求，保质保量地推进项目建设任务。

2. 项目完成质量。项目建设严格按照建设工程质量管理有关规定执行，严把质量关。

（二）项目的效益性分析

1. 项目预期目标完成程度。项目预期目标完成 100%。

2. 项目实施对经济和社会的影响。该项目旧址重建，充分利用水管站原址。项目实施将解决马迹塘镇人民政府职工住房困难问题。

（三）项目的可持续性分析

该项目绩效评价自评分为 98.1 分，该项目的建成将完善小城镇住房供应体系。

6.1.5.2 对马迹塘镇 2017 年公租房项目绩效评价报告的解析

该报告主要从项目概况、项目资金使用及管理情况、项目组织实施情况、项目绩效情况四个方面进行说明。其中，第二部分项目资金使用及管理情况进一步从项目资金到位情况、项目资金使用情况、项目资金管理情况三个方面进行较为具体的阐述。第三部分项目组织实施情况则分别从项目组织情况和项目管理情况进行分析。第四部分项目绩效情况则从项目的经济性、效益性和可持续性进行了较为简单的分析，其中，对经济性分别从实施进度、完成质量两个方面，对效益性部分分别从项目预期目标完成程度、项目实施对经济和社会的影响两个方面进行简要分析。

显然，与前述省级、市级和县级绩效评价报告相比，该报告内容极为简单、浅显。除了存在前述三个层级同样的不足外，评价标准和评价结果较为粗略。因此，其科学性和说服力也相对较弱。

从 2016～2019 年最近四年我国省级、市级、县级和乡镇四级政府公租房项目绩效评价报告的列示可以看出，不同政府级别关于公租房项目专项使用绩效报告的评价标准不一，质量参差不齐。其中，县级评价标准较为精细，其次为省级、市级，最差的为乡镇级。这在一定程度上说明，绩效评价制度的贯彻程度有所差异，其根本原因在于缺乏统一的指标评价体系和相应的监管机制。为此，本书将展开较为全面和深入的研究。

6.2　民生导向下公租房制度绩效评价体系的构建

6.2.1　项目逻辑模型

项目逻辑模型最初由美国国际开发署提出，它是通过框架模式研究和分析项目，有助于从宏观的角度全方位地分析和研究问题。该模型的核心是项目间的逻辑关系，它认为项目是由内外部因素共同影响的结果。其基本分析方法是：（1）确定项目目标实现的方案；（2）分析项目结构，例如可以按照项目发展的原因和结果分析项目；（3）确定各层级指标，指标要求能反映各层级所要求达到的目标或绩效；（4）然后验证关于各指标的信息，分析确认指标信息取得的难易程度；（5）考虑确认此项评价取得成功的关键因素，从实际出发确定项目评价的可行性。项目逻辑模型体现了项目从宏观目标到投入、产出再到结果这样的逻辑过程。根据项目逻辑模型可分析财政支出绩效评价的内在逻辑顺序：首先，确立项目目标，即客观公正的监督评价财政资金使用过程和使用效率、评价财政项目对我国经济建设发展的影响、分析财政项目对社会和生态等外部环境的影响；其次，分析项目预期将达到的目的，再次，项目投入过程，监督项目资金使用效果和项目施工进度；最后，得到项目产出。依照财政支出项目逻辑顺序可确立每个维度下的绩效指标，并验证指标的可实现性和有效性。

6.2.2　指标构建方法

根据项目管理逻辑模型的思想，公租房项目支出绩效评价应该按项目目标、项目投入、项目过程、项目产出的逻辑顺序进行评价，因此，本书将评价指标体系分为项目目标、项目投入、项目过程、项目结果四大维度，在此维度下依次确定和构建指标。同时，为了充分贯彻和彰显公租房项目的民生导向，本书对公租房制度的绩效评价过程结合了经济性、效率性、效益性、公平性、环境性和可持续性（即5E1C，下同）六个原则。具体评价框架如图6-1所示。

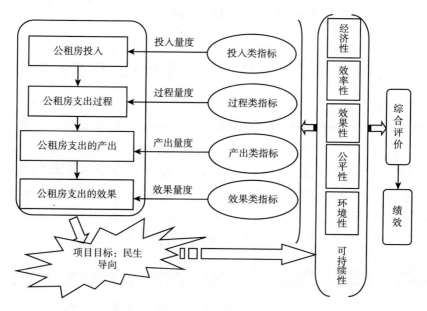

图6-1 民生导向下的公租房项目绩效评价框架构建

6.2.3 构建指标的原则

基于5E1C原则可构建经济建设类财政支出绩效评价指标体系。前已述及了这六个原则的主要含义。这里的经济性，主要衡量公租房支出是否有效利用资源以及是否节约资源。通过经济性评价，可有效衡量投入产出比，考察公租房资金利用效率，达到有效利用资源，减少铺张浪费的作用。效率性，主要衡量投入各种物质之间的比率，即投入物质使用的效率性。效率的提高有助于实现由最小的投入达到最大的目的，从而有助于绩效目标的完成，效率性被认为是公租房支出主要追求的目标之一。效益性，主要衡量项目结果是否达到预期目标，即项目完成目标的程度，它是公租房项目支出追求的最

终结果。公平性，主要是指公租房项目的分配是否公平。可持续性这一指标
将在后面进行详细解读。

6.2.4 民生导向下公租房制度绩效评价指标体系构建

公租房项目，尤其是重庆市的公租房项目，属于政府投资项目。而政
府投资项目的一大典型特点是产品投资、运行与管理的政府性、社会性和
环境性。其中，涉及环境污染的可持续性的目标缺乏直接的经济效益，导
致企业对此不感兴趣；公租房项目的投资金额巨大，牵涉部门众多，耗费
资源浩大，政府部门也因为无法量化其政绩对其也提不起投资兴趣。然而，
从整个社会发展，无论是中国，还是世界，甚至是人类社会而言，公租房
投资项目绩效评价中的可持续性指标的设计、实施与监管是满足科学发展
观与社会和谐的内在需要和永久驱动力。因此，公租房投资项目的 5E1C
绩效评价与审计的有效性可以为尽快、持续实现该目标提供极为可靠的制
度和机制保障。

6.2.4.1 确定绩效评价指标

确定绩效评价指标必须抓住关键事件，满足科学、合理、客观、有
效的要求，使得评价指标能够贯穿整个过程，而不局限于某个阶段。参
照公租房项目的三个主要阶段，即融资阶段、建设阶段和后续管理阶段，
根据绩效评价的目标和原则，可以确定三个一级指标：融资、建设、后
续管理。这三个一级指标再根据各个阶段的关注重点，可细分为 14 个二
级指标。

6.2.4.2 完善评价指标内容

指标内容是对绩效评价指标的解释，它有助于评价者和被评价者理解评
价的具体内容。因此，根据评价指标的要求，要确定合理、具体、可理解的
指标内容。例如，通过一级指标融资下的四个二级指标的指标内容可以看出：
资金到位率反映政府筹集资金的效率，资金利用率反映资金是否得到有效利
用，会计信息质量反映会计核算的真实性和有效性，财务管理状况反映财务
制度是否健全（详见表 6 - 7）。

表6-7 　　　　　　　　　　　　　　　　公租房项目的绩效评价体系

一级指标	二级指标	内　容	得分
第一阶段			
融　资	资金到位率	关注资金是否及时到位、及时拨付（公式：应到位金额/总预算×100%）	见表6-2
	资金利用率	关注资金运用情况（公式：到位金额/实际使用金额×100%）	同上
	会计信息质量	关注会计信息资料是否符合相关要求	同上
	财务管理状况	关注整体财务制度是否完整、财务状况是否良好	同上
第二阶段			
建　设	工程质量安全	关注工程项目的质量情况	同上
	配套设施	关注配套设施的完善情况	同上
	资金管理	关注工程预算、成本、费用和资金使用透明度	同上
	制度执行	关注项目建设过程中相关制度的执行情况	同上
第三阶段			
后续管理	资料审核	关注申请资料审核的合规性	同上
	配租管理	关注摇号配租过程的公开透明	同上
	换租管理	关注摇号换租过程的公开透明	同上
	退出管理	关注退出的合规性	同上
	租金管理	关注租金的收缴、使用情况	同上
	信息公布	关注各项信息的公布、更新、修正情况	同上
总体绩效	融资、建设和后续管理之和的加权平均值		

　　与前述实践中传统绩效评价指标体系不同的是，按照公租房项目的具体过程，本评价体系分为三大阶段，即融资阶段、建设阶段和后续管理阶段。其中，第一阶段的"融资"一级指标体系中增加了"会计信息质量"和"财务管理状况"两大二级指标，用以分别衡量绩效评价报告中融资相关问题的真实性、完整性、效率和效果等具体状况和风险。第二阶段的"建设"一级指标体系中分别增加了"资金管理"和"制度执行"两大二级指标，分别计量工程预算、成本、费用和资金使用透明度，以及项目建设过程中相关制度的执行情况。第三阶段的"后续管理"一级指标体系中增加了"信息公布"这个二级指标，用以衡量各项信息的公布、更新、修正情况。计算出的"总体绩效"等于融资、建设和后续管理之和的加权平均值。当然，该指标体系也应不断完善。

6.2.4.3　量化评价指标

量化评价指标，即为各项指标打分，通过得分体现不同指标的绩效情况。由于公租房项目包含多个环节，每个环节的重要程度不同，因此赋予权重也有所区别。

本书以重庆公租房项目为例，广泛收集同类项目的相关资料，借鉴其他有价值的研究经验，咨询相关行业权威专家后，确定了各项指标的分值。重庆公租房项目由政府筹资，风险小，因此重点关注建设和后续管理，而后续管理更加复杂。基于此，三个一级指标权重分别为 0.2、0.35、0.45，即按百分制计算为 20 分、35 分、45 分。二级指标在一级指标分值范围内根据自身重要程度再细分，本书根据总分数对公租房项目绩效情况作出评价。具体分值见表 6－8。

表 6－8　　　　　　　　公租房项目绩效评价指标体系的分值

一级指标	分值	二级指标	分值
第一阶段			
融资	20	资金到位率	2
		资金利用率	4
		会计信息质量	6
		财务管理状况	8
第二阶段			
建设过程	35	工程质量安全	12
		配套设施	5
		资金管理情况	10
		制度执行情况	8
第三阶段			
后续管理	45	申请资料审核	3
		配租管理	10
		换租管理	10
		退出管理	10
		租金管理	7
		信息公布	5
总体绩效	100		100

6.3 我国公租房制度的监管演进及现状分析

6.3.1 我国公租房制度监管现状

2007 年以来，我国的房地产政策发生很大转变，其中最显著的就是定位由"支柱产业"转变为重视"民生性"的房地产。公租房是调节我国当前住房政策的一剂良方，在众多试点城市中，我国的公租房建设和管理已形成了鲜明的特色。本书以重庆的公租房模式为案例进行分析。

6.3.1.1 重庆市公租房的供需现状

随着政策转变，住房供给方面也发生相应的转变，发展为当前具有供应规模不断扩大化、保障品种不断创新化、保障对象不断多样化、保障体系不断系统化、保障目标不断清晰化等特点的新形式。重庆市的保障性住房实施"5＋1"模式，即廉租房、经济适用房、危旧房改造、城中村改造、农民工公寓五种保障方式，加上公共租赁房这种最新的保障方式。公租房的价格定位为市场价格的 60%，较其他省市较低，主城九区均有分布。根据重庆市的规划，2010～2013 年，重庆市建设公租房累计 4 000 万平方米，缓解200 余万中低收入人群的住房难题。目前，重庆市已经着手 2 900 多万平方米的公租房建设工程，已竣工的达 600 多万平方米，通过 5 次摇号已配租13 万多户居民。① 所以，重庆市公租房供给量增加，供给价格较低，供给趋于合理。

在需求方面，改革开放以来，社会主义市场经济的快速发展和人民生活水平的提高，对居住条件也提出了更高的要求。"夹心层"人数增加，一部分是大量农民工进入城市，另一部分是城市低收入群体、大学毕业生等，他们对公租房量和质的需求都迅速高涨，表现为公租房的需求数量增加、公租房的生活条件要求提高、需求形式多样等，但从供给与需求两方面来说存在着不对称的情况，表现为租金对于低收入者而言还是较高，这是由于没有实行租金分级。

---

① 资料来源：重庆市公共租赁房管理局网站。

6.3.1.2　重庆市公租房项目的管理现状

重庆市在公租房项目的建设和管理上处于全国领先地位，设立了重庆市公共租赁住房管理局，这在公租房管理发展史上是一个较大的飞跃。2012 年 6 月底，审计署公布了全国公租房存在的大量问题。这初步凸显了公租房管理过程中可能存在的种种弊端，它提醒我们应当及时解决这些问题，防患于未然。重庆市公租房建设、管理的元老人物之一郭唐勇称："重庆已进入'后公租房时代'，这个时代，管理成了日常的工作重点。"可见，重庆市对公租房的管理重视度提高，也意味着公租房目前的管理还存在有待改进的地方，公租房的监管将随重视度的增加而发展和完善。

6.3.1.3　重庆市公租房制度的监管现状

整合目前公租房建设管理状态可知，重庆的公租房在社会上引起了强烈的反响，人们开始关注公租房的监督和管理。公租房管理的审计监管体系方面还存在一些问题，一方面表现为重庆虽首发设立全国第一家公租房管理局，但设立的时间、经验有限，存在机构设置不健全、部门职能分工模糊、缺乏内部控制制度等问题；另一方面还表现为缺乏必要的法律支撑、社会审计监管利用不足等方面的欠缺。例如，重庆市公租房管理局并没有单独设立审计部门或者其他监管部门。再者，重庆市公租房监管还没有得到足够的关注，以往的公租房管理趋向于重视公租房的建设管理，而监管被忽视了。故没有监管部门和监管意识的支撑，导致没有形成系统的监管体系。

6.3.2　我国 2007～2018 年公租房审计监管实践演进轨迹与现状 *

6.3.2.1　2007～2009 年的审计结果：成效与问题

根据《中华人民共和国审计法》的规定，2009～2010 年，审计署分两次对北京、天津、山西、辽宁、黑龙江、上海、江苏、福建、山东、河南、湖北、湖南、广东、海南、重庆、四川、云南、陕西和甘肃 19 个省份 2007～2009 年廉租住房保障情况和 2008 年第四季度以来补助的棚户区改造情况进

---

* 本部分数据来源于审计署网站。

行了审计调查，重点调查了 32 个地级以上城市。具体情况如下。

（1）基本情况。2007 ～ 2009 年，19 个省份筹集廉租住房保障资金 1 038.8 亿元，获得棚户区改造补助资金 54.43 亿元。重点调查的 32 个城市筹集廉租住房保障资金 448.65 亿元。其中，补助资金 67.25 亿元，占 14.99%；从土地出让净收益和住房公积金收益中安排 296.79 亿元，占 66.15%；地方各级财政安排 52.47 亿元，占 11.70%；其他渠道筹集 32.14 亿元，占 7.16%。发生的廉租住房保障支出为 219.11 亿元，至 2009 年底滚存结余 277.97 亿元。

审计结果表明，2007 年以来，在党中央、国务院和地方党委、政府的领导下，19 个省份认真贯彻落实《国务院关于解决城市低收入家庭住房困难的若干意见》的要求，加大廉租住房保障投入，制定了相关规范性文件，明确了廉租住房保障工作目标，落实了工作责任，有力推动了廉租住房保障工作的快速开展。19 个省份筹集的廉租住房保障资金由 2007 年的 88.61 亿元增加到 2009 年的 642.26 亿元，增长了 6.25 倍；保障总户数由 69.03 万户增加到 246.93 万户，增长了 2.58 倍。至 2009 年底，重点调查的 32 个城市中，有 27 个城市的廉租住房保障范围由享受最低生活保障的住房困难家庭扩大到了低收入住房困难家庭。国家有关部门高度重视本次审计调查并给予了积极支持，对审计发现的问题进行了积极整改。

审计调查结束后，住房和城乡建设部等部门把审计调查发现问题的整改工作纳入了 2010 年开展的保障性安居工程建设督查工作内容，向被审计调查地区转发了审计发现问题清单，在开展现场督查时进行重点督办，督促各地针对清单反映的问题，按有关规定加快整改。对审计署审计调查报告提出的审计建议，住房和城乡建设部等部门高度重视，已着手对有关政策进行研究与完善。

（2）审计调查发现的主要问题及整改情况。

①一些城市未按规定从土地出让净收益中按时足额提取廉租住房保障资金。按规定，各地从土地出让净收益中提取廉租住房保障资金的比例不得低于 10%。但北京、上海、重庆、成都等 22 个城市从土地出让净收益中提取廉租住房保障资金的比例未达到上述要求。2007 ～ 2009 年，这些城市共计少提取 146.23 亿元。其主要原因有两点：一是一些经济发达城市土地出让净收益基数较大，以前年度提取的廉租住房保障资金加上其他渠道筹集的资金已可以满足一定时期内的廉租住房保障需求，因而自行降低了提取比例。二是一些城市对土地出让净收益尚未做出准确核算，致使未提或少提廉租住房保障资金。

　　审计指出上述问题后，截至 2010 年 8 月底，除天津市表示通过其他渠道筹集的廉租住房保障资金已满足需求外，其余 21 个城市或在审计指出问题当年加大了廉租住房建设资金提取的力度，或承诺今后严格按规定执行，确保廉租住房保障资金足额到位。北京、上海等 11 个城市还从土地出让净收益中补提了以往年度廉租住房保障资金 38.61 亿元。

　　②廉租住房保障政策在一些地方执行中出现偏差。在重点调查的 32 个城市中，有 18 个城市向 2 132 户不符合条件的家庭发放廉租住房租赁补贴413.12 万元、分配廉租住房 533 套；抽查的 22 个城市廉租住房保障家庭中，有 1.32 万户未将租赁补贴按规定用于改善住房条件，而是用于家庭其他消费，使租赁补贴变成了"生活补贴"。其主要原因：一是对保障对象的审核机制不够健全，人口变动、收入财产等信息尚未实现共享，相关部门未准确及时掌握相关信息；二是一些地方廉租住房租赁补贴标准偏低，大多数保障对象居住在老城区，靠租赁补贴和廉租住房保障家庭自身的经济能力难以租到合适的住房。

　　审计指出上述问题后，截至 2010 年 8 月底，18 个城市已对不符合条件但领取了廉租住房租赁补贴的 1 569 个家庭停发了租赁补贴，收回廉租住房租赁补贴资金 86.47 万元。对不符合条件的家庭分配的 533 套廉租住房，已清退 107 套，其余 426 套正在清退过程中。对涉嫌弄虚作假骗取廉租住房租赁补贴的 5 名基层工作人员，有关单位已分别给予了撤职、记大过等处分。对廉租住房租赁补贴未用于或未完全用于改善住房条件的问题，各有关地区政府都在积极探索如何从租赁补贴的审核程序、发放形式以及后续监督等方面进行纠正。例如，济南市和泰安市计划采取领取租赁补贴与租赁住房实际支出挂钩的措施进行纠正，海口市和深圳市的部分城区已采取提供房屋租赁协议才能给予补贴的措施进行纠正。

　　③一些地方廉租住房建设中存在配套设施不完善、工作程序不够规范等问题。一是由于廉租住房配套设施不完善、地址偏远、交通不便等，南京等13 个城市的一些地方存在廉租住房配租困难、房源闲置的问题，有的地方甚至出现已入住家庭退房的情况。二是南京、昆明等 13 个城市投入 12.60 亿元新建、收购或装修的廉租住房项目，存在执行招投标或政府采购有关规定不严格的问题。

　　审计指出上述问题后，截至 2010 年 8 月底，乐山、盐城等 11 个城市采取了完善道路、交通、水电等配套设施和加快廉租住房配租进程等措施进行纠正；西安市和泉州市提出了完善配套设施和加快配租工作的计划。对新建、收购或装修廉租住房项目未执行招投标或政府采购有关规定的问题，有关城市均加强了工程项目的招投标管理，其中南京、深圳、盐城三市专门召开会议部署相关工作，制定了规范性文件。

④一些地方廉租住房入住后出现了租金、物业费收取难和不符合条件住户退出难等问题。截至 2009 年底，在重点调查的 32 个城市中，天津、沈阳、重庆等 12 个城市累计欠收廉租住房租金和物业费 238.05 万元；沈阳、厦门、常德、成都、乐山、昆明 6 个城市中的 20 个区县存在不符合保障条件的廉租住房家庭退出难的问题。其主要原因：一是对拖欠租金、拒绝退出廉租住房的行为缺乏有效措施和明确规定；二是入住廉租住房的部分家庭，在其收入发生变化已不符合实物配租条件后，大多仍无能力购置新住房，腾退其现有廉租住房确有困难。

审计指出上述问题后，截至 2010 年 8 月底，重庆、广州等 7 个城市采取分户计费、入户催缴等措施加大了租金、物业费的催缴力度，重庆、平凉等地采取了有偿劳动抵扣租金或聘用本小区人员承担物业服务工作等措施，在一定程度上缓解了租金、物业费收取难的问题。

⑤一些地方存在套取、挪用廉租住房保障资金等问题。在重点调查的 32 个城市中，有 6 个城市和 4 个县将廉租住房保障资金用于回购经济适用房和工作经费等支出，共计 15 231.3 万元；有 6 个城市的 34 个项目利用虚假申报材料等，套取新建廉租住房预算内补助资金 6 129 万元。审计指出上述问题后，截至 2010 年 8 月底，审计发现的挪用的廉租住房保障资金 15 231.3 万元已全部归还，利用虚假材料套取新建廉租住房预算内补助资金的问题均已通过调整项目或补办手续的方式整改完毕。此外，审计通过调查还发现并向有关部门移送违法犯罪案件线索 1 起，有关部门正在依法立案查处中。目前，已有 1 名副厅级和 1 名正处级干部被依法逮捕，同时均被开除党籍和公职；1 名正处级干部被撤职和留党察看 2 年；涉案的民营开发商 1 人被依法逮捕、1 人被取保候审。

表 6-9 显示，2007~2009 年在审计的 32 个城市中至少有过半数存在如下问题：一是未按规定按时足额提取廉租住房保障资金；二是保障政策执行中出现偏差；三是建设中存在配套设施不完善、工作程序不够规范等问题；四是租金、物业费收取难和不合条件住户退出难；五是套取、挪用廉租住房保障资金。这三年违规事件涉及 121 个城市、13 个县、1.5332 万户，违规金额高达 161.0311 亿元。同时，审计署也给出了整改建议，相关部门也表示尽

快进行纠正。

表6-9 　　　　　　　2007~2009年全国廉租房（即公租房，下同）

审计报告（抽查19个省，32个城市）

违规行为	项目/单位	违规数量	违规用途
1. 未按规定按时足额提取廉租住房保障资金	22个城市	146.23亿元	少提
2. 保障政策执行中出现偏差	62个城市；1.5332万户	413.12万元；533套	违规发放或未按规定使用补贴，分配住房
3. 建设中存在配套设施不完善、工作程序不够规范等问题	26个城市	12.60亿元	
4. 租金、物业费收取难和不合条件住户退出难	12个城市	238.05万元	欠收租金、物业费
5. 套取、挪用廉租住房保障资金	18个城市；34个项目	15 231.3万元；6 129万元	用于回购经济适用房和工作经费；利用虚假申报材料等套取补助金
合计	121个城市；13个县；1.5332户	161.0311亿元	

资料来源：根据审计署公开披露的相关年度审计报告统计并整理而来，下同。

6.3.2.2　2011年的审计发现：成效、问题成因与整改

2011年11月~2012年3月，审计署对河北、内蒙古、重庆等18个省区市2011年城镇保障性安居工程建设管理情况进行了审计，重点审计了包括各省会城市、直辖市中心城区在内的66个市县，对重要事项进行了必要的延伸和追溯。审计结果如下。

（1）基本情况。2011年，18个省区市由国家下达的城镇保障性安居工程目标任务为654.64万套（户），当年上报完成705.71万套（户）；筹集保障性安居工程资金2 811.62亿元（其中中央财政投入983.61亿元，比2009年增长了2.57倍），支出2 210.56亿元，年末结存988.44亿元（含上年结转的387.38亿元）。重点审计的66个市县，2011年上级政府下达城镇保障性安居工程目标任务161.16万套（户），筹集保障性安居工程资金675.39亿元（其中中央财政投入232.84亿元），支出562.47亿元，年末结存298.29亿元（含上年结转的185.37亿元）。

（2）审计评价。审计发现，2011 年，18 个省区市认真贯彻落实中央各项政策要求，将城镇保障性安居工程目标任务列入当地经济社会发展规划，及时分解到各级政府，并建立了考核办法和问责机制；在加大财政投入的同时，积极引入金融机构和民间资本投资，有力保证了城镇保障性安居工程建设；采取有力措施确保公平分配，确保让住房困难家庭受益，切实发挥保障性安居工程效益。

①基本住房保障体系初步建立，为城镇保障性安居工程顺利进行打下了良好基础。各省区市已经初步建立了以廉租住房和公共租赁住房为主，经济适用住房和限价商品房为辅的分层次、多结构的基本住房保障体系，逐步将住房困难的中低收入家庭、新就业职工和外来务工人员纳入保障范围，并全面开展了各类棚户区改造，为解决困难家庭住房矛盾提供了制度保障。

②保障性安居工程资金支出快速增长，推动了城镇化建设进程。18 个省区市保障性安居工程支出由 2009 年的 664.73 亿元增加到 2 210.56 亿元，增长了 2.33 倍；新开工各类保障性住房 394.13 万套，完成棚户区改造 248.29 万套（户），在拉动内需、缓解房价过快上涨、加快城市建设等方面发挥了积极作用。

③住房困难家庭的居住条件得到明显改善，有效促进了社会和谐稳定。截至 2011 年底，18 个省份通过发放租赁补贴、配租配售保障性住房和棚户区改造等方式，累计保障中低收入住房困难家庭 1 227.63 万户，比 2009 年增长了 1.12 倍，切实保障了困难群体的基本住房需求。

（3）存在的主要问题及整改情况。从审计结果看，18 个省份保障性安居工程建设总体情况较好，但由于时间紧、任务重，一些市县在保障性安居工程建设管理中还有不少困难，不同程度地存在资金筹集和管理不够规范、项目管理不到位、分配及后续管理不够严格等问题。审计指出后，各有关方面高度重视，认真整改。具体情况主要包括如下四个方面。

①资金筹集和管理不够规范。一是未足额提取或安排保障性安居工程资金。在 66 个市县中，有 36 个市县少提取或少安排工程资金 53.14 亿元，占应提取或安排总额的 14%。其中，从住房公积金增值收益中少提取和少上缴共 7.6 亿元，从土地出让收益中少安排 45.54 亿元；11 个市县的 58 个项目地方投资有 6.12 亿元未到位，占这些项目应安排资金的 44.74%，在一定程度上影响了工程建设进度。二是相关优惠政策未完全落实。为降低建设成本，国家对城镇保障性安居工程项目实行免收各种行政事业性收费和政府性基金、下浮建设贷款利率等政策支持。但审计发现，有 19 个单位违规向 27 个城镇

保障性安居工程项目收取行政事业性收费和政府性基金 8 941.78 万元，49 个项目的 6.75 亿元银行贷款未按规定享受优惠利率。三是未按规定拨付、使用或管理专项资金。此次审计发现，有 29 个单位违规拨付或滞留保障性安居工程资金 23.33 亿元；22 个单位将 29.55 亿元工程资金用于非保障性住房建设、公司注册资本验资和市政工程建设等；10 个市县的 1 015.25 万元保障性住房租金收入未按规定及时足额缴入地方同级国库实行"收支两条线"管理；5 个市县向承建单位违规返还土地出让收入 5.33 亿元。

对上述问题，有 3 个市县已按规定从土地出让收益中补充安排工程资金 1.56 亿元，2 个市县补充安排地方投资 1 261.74 万元，1 个县已将收取的行政事业性收费 25.91 万元退回，11 个单位已将截留、挪用的 26.51 亿元归还原渠道。

②项目建设管理不到位。一是工程建设用地中存在不够规范的问题。66 个市县中，有 9 个市县存在保障性安居工程用地未批先用、未办理土地用途变更手续等问题，3 个市县的 95 个保障性安居工程项目部分用地被用于开发商品房、建设酒店和办公楼等。二是部分项目建设不符合基本建设程序。66 个市县中，有 46 个市县的 803 个项目在勘察、设计、施工、监理和招投标等环节未严格执行基本建设程序，占抽查项目数的 38.13%，有的项目被违规转分包或发包给不具备相应资质的施工企业或个人；14 个市县的 47 个项目存在质量监督检查不到位、施工不符合设计规范等问题，占抽查项目数的 2.14%；4 个市县的 12 个项目未经验收就分配入住，占抽查项目数的 0.57%，个别项目已出现明显质量问题。审计期间，国家发展和改革委员会印发了《关于发展改革系统要继续加大工作力度切实做好 2012 年保障性安居工程建设工作的通知》，要求各级发展改革部门加强保障性安居工程建设管理工作。相关地方正在采取措施，认真整改，并完善相关制度，已有 2 个市县对违规转包和不符合施工规范的问题做出了处理。

③分配和后续管理不够严格。一是部分保障性住房分配不够严格。66 个市县中，有 9 个市县的 5 479 户保障对象未经资格审核即被纳入保障范围，42 个市县的 2.1 万户保障对象存在收入财产超标、重复享受保障待遇、应退出未退出住房保障等问题。二是部分保障性住房被违规销售和挪作他用等。66 个市县中，有 5 个市县的 2801 套保障性住房被作为商品房对外销售；3 个市县的 226 套保障性住房被挪作他用；32 个市县的 1.46 万套保障性住房闲置半年以上，影响房屋使用效率。

④实际单位住房面积超出规定标准。审计抽查 66 个市县的 77.35 万套保障性住房中，有 37 个市县的 19.3 万套住房（占 24.85%）超出国家或地方规定的廉租住房单套不超过 50 平方米、公共租赁住房和经济适用住房单套不超过 60 平方米的户型面积标准，套均超面积 26.52 平方米。对上述问题，有 7 个市县已按规定取消了 3 856 户居民的保障对象资格，2 个市县将 209 套闲置保障性住房进行了配租（售），相关地方正在进一步研究完善制度。

表 6 - 10 显示，2011 年度由审计署审计的 18 个省区市中发现 422 个区县存在如下问题：一是资金筹集和管理不够规范；二是项目建设管理不到位；三是分配和后续管理不够严格；四是实际单位住房面积超出规定标准。该年度一共发现的违规项目共 647 个，违规占用房屋共 21.0627 万套，违规总金额高达 113.7658 亿元，可谓触目惊心。其中，第一个和第三个问题已经是连续 4 年都存在，因此，有屡审屡犯之嫌。当然，这些问题有可能不是发生在同一审计对象上。但是，这至少说明上年的审计结果没有发挥警示作用，进而也说明必须有相应的违规处罚机制才能令有动机违规的其他单位不敢触犯相关规定。

表 6 - 10　　　　　　　　2011 年度全国公租房审计情况

（抽查 18 个省区市，重点 66 个区县）

违规行为	项目/单位	违规数量	违规用途
1. 资金筹集和管理不够规范	228 个市县	113.7658 亿元	未足额提取或安排资金；相关优惠政策未完全落实；未按规定拨付、使用或管理专项资金；违规拨付或滞留资金；将工程资金挪用；租金收入未按规定及时足额缴入地方同级国库实行"收支两条线"管理；向承建单位违规返还土地出让收入
2. 建设管理不到位	76 个市县	647 个项目	建设用地不规范；不符合基本建设程序
3. 分配和后续管理不够严格	88 个市县	2.6479 万户；1.7627 万套	保障性住房分配不够严格；保障性住房被违规销售和挪作他用
4. 实际单位住房面积超出规定标准	37 个市县	19.3 万套（占 24.85%）	超出国家或地方规定的廉租住房单套标准
合计	422 个区县	113.7658 亿元；647 个项目；21.0627 万套	

6.3.2.3　2012 年的审计发现：成效、问题与成因

根据《中华人民共和国审计法》的有关规定，2012 年 11 月～2013 年 3 月，审计署组织全国近 2 万名审计人员，对 31 个省份、5 个计划单列市和新疆生产建设兵团 2012 年城镇保障性安居工程（包括廉租住房、公共租赁住房、经济适用住房、限价商品住房和各类棚户区改造等）的投资、建设、分配、后续管理及相关政策执行情况进行了审计，延伸调查 2.64 万个相关单位和企业、1.92 万个街道办事处和居民委员会以及 24.85 万户家庭。审计结果公告如下。

（1）城镇保障性安居工程基本情况。2012 年，全国城镇保障性安居工程开工 768.83 万套、基本建成 590.20 万套（含竣工 453.59 万套）、新增发放廉租住房租赁补贴 52.99 万户，分别为年度目标任务的 105.88%、118.04%（竣工为 110.12%）、106.96%。通过各类城镇保障性住房建设和棚户区改造，为 953.74 万户中低收入住房困难家庭提供了安居保障，惠及 2 667.77 万人。2012 年，全国共筹集城镇保障性安居工程财政性资金 4 128.74 亿元，其中，中央财政下达补助资金 1 861.65 亿元，城镇保障性安居工程财政性资金当年支出 3 543.75 亿元。2012 年全国通过银行贷款、住房公积金贷款、企业债券等社会渠道筹集资金 4 667.67 亿元。

（2）城镇保障性安居工程工作成效。审计结果表明，地方各级政府认真贯彻落实中央和国务院的各项政策要求，把住房保障作为公共服务的重要内容，加快推进城镇保障性住房建设和棚户区改造，取得明显成效。①住房保障体系初步建立。至 2012 年底，全国所有市县均建立了廉租住房制度，72.97% 的市县建立了公共租赁住房制度，60.06% 的市县建立了经济适用住房制度，23.75% 的市县建立了限价商品住房制度，80.47% 的市县实施了棚户区改造，住房保障体系初步建立，保障性安居工程覆盖面不断扩大。②困难群众居住水平不断提高。2012 年，廉租住房租赁补贴平均水平达到每人每月 75 元，比 2010 年增长了 13.63%；全国完成各类棚户区拆迁 2.28 亿平方米，棚户区改造后人均居住面积比改造前增长了 30%；公共租赁住房保障新就业无房职工和在城镇稳定就业的外来务工人员 306.34 万人。2008～2012 年，享受保障性住房和棚户区改造的住房困难人数累计已达 7 084.16 万人，占城镇总人口数的 9.95%，中低收入家庭住房困难问题得到缓解，推动了城镇化进程，也为提高城市发展质量提供了支撑。③住房供应结构不断优化。

2012 年，全国城镇保障性安居工程竣工面积达 3.01 亿平方米，占城镇住宅竣工面积的 30.28%，比 2010 年增长了 11.26 个百分点，增加了城镇中小户型房源的有效供应，住房供应结构不断优化，为调控房地产市场、抑制房价过快上涨提供了有效支持。④促进经济平稳较快发展。2012 年，全国城镇保障性安居工程财政性资金投入达 4 128.74 亿元，比 2010 年增长了 77%；城镇保障性安居工程建设完成投资 1.10 万亿元，占全国城镇住宅投资总额的 19.56%，较 2010 年增长了 8.03 个百分点，带动了建材、装饰装潢等相关产业发展，为拉动内需、扩大就业、推动经济平稳较快发展发挥了积极作用。

（3）审计发现的主要问题及整改情况。从审计情况看，地方各级政府认真贯彻落实中央的部署和要求，相关部门和项目建设管理单位能够较好地执行国家政策法规，城镇保障性安居工程的资金管理、项目建设管理和分配管理等逐步规范，总体情况较好。但审计发现，一些保障性安居工程项目和单位还存在违反规定或管理不规范等问题。主要是：

① 10.84 万户不符合保障条件的家庭，违规享受保障性住房实物分配 3.89 万套、领取租赁补贴 1.53 亿元，另有 1.13 万户家庭重复享受保障性住房实物分配 2 975 套，重复领取租赁补贴 2 137.55 万元。

② 34 个项目代建企业等单位违规出售保障性住房 1.83 万套，另有 5 333 套住房被有关单位、个人违规用于拆迁周转、转借出租等。

③ 360 个项目或单位挪用保障性安居工程专项资金 57.99 亿元，用于归还贷款、对外投资、征地拆迁以及单位资金周转等非保障性安居工程项目支出。

④ 45 个项目未办理建设用地规划许可等手续的用地为 1 433.16 亩，12 个项目将建设用地 601.53 亩用于商业开发等其他用途。

审计指出上述问题后，地方各级政府高度重视并督促相关单位积极整改，截至 2013 年 6 月 17 日，有关单位已取消不符合条件保障对象资格 5.27 万户，追回违规领取补贴 4 431.15 万元，收回或清理被违规分配使用的保障性住房 1.98 万套，追回被挪用的资金 40.63 亿元，已补办 19 个项目 1 235 亩用地批准等手续，完善各类管理制度和规范 529 个。此外，审计向相关部门移送违纪违规和经济犯罪案件线索 26 起，涉案金额 2 487.17 万元，涉案人员 55 人，相关部门正在依法查处。

（4）对审计发现的主要问题的分析。表 6-11 给出了 2012 年度审计署发布的审计报告发现的相关问题。其中，有 11.97 万户、461 个项目存在如下问题：①违规享受实物或补贴；②违规出售房屋；③挪用专项资金；④用地手续违法、建设用地挪用。这四大问题分别出现在资金使用、土地使用、分配和后续管理四大阶段。

表 6 – 11　　　　　　　　　2012 年我国公租房抽查审计结果

违规行为	项目/单位	违规数量	违规用途
1. 违规享受实物或补贴	11.97 万户	4.18 万套；1.74 亿元	不符合条件家庭违规享受保障房，领取租赁补贴；重复享受实物分配，重复领取租赁补贴
2. 房屋出售违规	34 个项目		代建企业等单位违规出售保障房
3. 挪用专项资金	360 个项目或单位	57.99 亿元	用于归还贷款、对外投资、征地拆迁以及单位资金周转等非保障性安居工程项目支出
4. 用地手续违法、挪用建设用地	67 个项目	601.53 亩；1 433.16 亩	未办理建设用地规划许可等手续用地；用于商业开发等其他用途
合计	11.97 万户；461 个项目	4.18 万套；59.37 亿元；2 034.69 亩用地	

主要原因在于上述涉及单位或个人提供不实资料，加上相关部门审核把关不严，结果导致违规分配房屋 4.18 万套，违规金额高达 59.37 亿元，违规用地 2 034.69 亩。这些问题大部分与 2007~2011 年发生的问题似曾相识，其深层次原因也类似。这再一次印证了监管长效机制的必要性和紧迫性，同时，也说明前述各省、市、区、县等相关单位的绩效评价报告存在诸多问题，甚至走形式等嫌疑。

6.3.2.4　2013 年的审计发现：成效、问题与成因

根据《中华人民共和国审计法》的规定，2013 年 12 月 ~ 2014 年 3 月，审计署组织各级审计机关对 2013 年全国城镇保障性安居工程（包括廉租住房、公共租赁住房、经济适用住房、限价商品住房和各类棚户区改造等，以下简称"安居工程"）的投资、建设、分配、后续管理及相关政策执行情况进行了跟踪审计，延伸调查了 3.35 万个相关单位和 27.25 万户家庭。审计结果公告如下。

（1）安居工程实施的基本情况。审计核查表明，2013 年，全国各级财政筹集安居工程资金共 4 722.92 亿元（其中中央财政 1 749 亿元），通过银行贷款、

发行企业债券等渠道筹集资金 5 646.86 亿元。安居工程实际新开工 673.74 万套、基本建成 589.33 万套，分别完成目标任务的 105.43%、124.86%。从保障情况看，2013 年，地方各级政府积极贯彻落实党中央和国务院各项政策要求，采取有效措施，加快推进棚户区改造等安居工程建设，取得明显成效。

①扩大了保障覆盖范围。2013 年，安居工程保障住房困难人群为 3 158.10 万人，同比增加 18.38%。其中，公共租赁住房保障城镇中低收入住房困难家庭、新就业无房职工和外来务工人员 599.78 万人，棚户区改造保障棚户区居民 874.81 万人。住房保障覆盖范围的不断扩大，促进了社会和谐稳定。

②改善了困难群众住房条件。2013 年，通过住房实物安置使棚户区居民人均住房面积比改造前提高了 29.46%，廉租住房和公共租赁住房租赁补贴水平分别达到每户每月平均 188 元、336 元；多数市县经济适用住房销售均价比商品房优惠 30% 以上，限价商品住房销售均价优惠 20% 以上，困难群众的住房负担切实减轻。

③增加了保障性住房有效供应。2013 年，城镇保障性住房和棚户区改造安置住房竣工面积为 29 579.45 万平方米，占城镇住宅竣工面积的 27.71%；经济适用住房、限价商品住房和棚户区改造安置住房配售面积为 17 210.4 万平方米，廉租住房和公共租赁住房出租面积为 14 743.24 万平方米，在增加保障性住房有效供应的同时，推动了多层次住房供应体系的形成。

④拉动了相关领域的投资和就业。2013 年，安居工程建设完成投资额为 10 914.74 亿元，占城镇住宅投资总额的 16.17%；中央财政投入 473.17 亿元配套基础设施建设资金，带动和引导地方加大了相关方面投入，同时，对拉动内需、扩大就业也有一定作用。据有关部门统计，安居工程建设年均提供就业岗位超过 900 万个。

（2）审计发现的主要问题。从审计情况看，地方各级政府、相关部门和项目建设管理单位能够较好地执行国家政策法规，安居工程资金管理和建设运营不断规范，总体情况较好。但审计也发现，一些地方和单位还存在违反规定或管理不规范等问题。具体情况如下。

①237 个项目或单位挪用安居工程财政补助、银行贷款、企业债券等专项资金 78.29 亿元，主要用于市政基础设施建设、工业园区开发、还贷出借、投资经营、弥补工作经费等非安居工程支出。

②38 个单位和部分个人通过虚报资料、重复申报等方式，套取骗取棚户区改造资金 15.41 亿元；55 个棚户区改造项目拆迁安置实施不规范，违规分

配安置住房933套、发放改造安置资金1 291.84万元。

③一些地区由于资格审核把关不严、纠错清退等基础工作薄弱，有4.75万户不符合条件家庭违规享受保障性住房实物配租（售）1.93万套、住房货币补贴5 035.99万元。

④2.65万套保障性住房被代建企业等单位违规销售，或被用于经营、办公、转借、出租、拆迁周转等其他用途。

⑤72个项目或单位存在未办理转用审批手续占用农用地、违规获取或处置安居工程用地的问题，共涉及土地2 033.34亩。

（3）审计处理和整改情况。对上述问题，各级审计机关已依法出具审计报告、下达审计决定。审计发现的相关涉嫌违法违纪事项，已依法移送有关部门进一步调查处理。各有关地方高度重视，组织进行整改。至2014年5月底，有关地方和单位已追回被骗取、挪用资金41.67亿元，取消不符合条件保障对象资格2.9万户，追回违规领取补贴1 712.81万元，收回或清理被违规分配使用的保障性住房1.65万套，补办了22个项目482亩用地批准等手续，完善相关管理制度和规范724项。具体整改情况将由各省分别组织向社会公告。

（4）对审计发现的主要问题分析。表6-12将2013年度审计报告发现的问题专门进行了统计。其中，在3.35万个单位和27.25万户中有502个项目、4.75万户存在如下问题：挪用专项资金；套取骗取专项资金；违规享受住房保障待遇；违规销售、使用保障性住房；违规占地和处置安居工程用地。

表6-12　　　　　　2013年我国保障性安居工程审计结果
（3.35万个单位和27.25万户）

违规行为	项目/单位	违规数量	违规用途
1. 挪用专项资金	237个项目	78.29亿元	用于市政基础设施建设、工业园区开发、还贷出借、投资经营、弥补工作经费等非安居工程支出
2. 套取骗取专项资金	38个单位和个人；55个项目；933套	15.41亿元；0.1292亿元	拆迁安置实施不规范，违规分配安置住房、发放改造安置资金
3. 违规享受住房保障待遇	4.75万户；1.93万套	0.5036亿元	有不符合条件家庭违规享受保障性住房实物配租（售）
4. 违规销售、使用保障性住房	2.65万套		被挪用或被用于经营、办公、转借、出租、拆迁周转等其他用途

违规行为	项目/单位	违规数量	违规用途
5. 违规占地和处置安居工程用地	72 个项目或单位	2 033.34 亩	
合计	502 个项目或单位； 4.75 万户； 2.7433 套	16.0328 亿元； 2 033.34 亩	

审计成效：截至 2014 年 5 月底，有关地方和单位已追回被骗取、挪用资金 41.67 亿元，取消不符合条件保障对象资格 2.9 万户，追回违规领取补贴 1 712.81 万元，收回或清理被违规分配使用的保障性住房 1.65 万套，补办了 22 个项目 482 亩用地批准等手续，完善相关管理制度和规范 724 项

有待进一步完善：100 个被审计的项目或单位，有 64 个正在整改中，或部分正在整改中

主要原因在于上述涉及单位或个人提供不实资料，加上相关部门审核把关不严，结果导致违规分配房屋 2.7433 万套，违规金额高达 16.0328 亿元，违规用地 2 033.34 亩。与上年度类似，这五大问题分别出现在资金使用、土地使用、分配和后续管理四大阶段。这些问题大部分与前述 2007～2012 年发生的问题似曾相识，其深层次原因也类似。这也又一次印证了监管长效机制的必要性和紧迫性。这也说明前述各省、市、区、县等相关单位的绩效评价报告存在诸多问题，甚至有走过场等嫌疑。

6.3.2.5　2014 年的审计发现：成效、问题与成因

根据《中华人民共和国审计法》的有关规定，2015 年 1～3 月，审计署组织各级审计机关对 2014 年全国城镇保障性安居工程的投资、建设、分配、后续管理及相关政策执行情况进行了审计，延伸调查了 4.08 万个相关单位和 29.96 万户家庭。审计结果公告如下。

（1）安居工程实施的基本情况和取得的主要成效。根据财政部门和有关单位提供的数据，2014 年，全国各级财政共筹集安居工程资金 5 601.55 亿元（其中，中央财政资金 1 984 亿元），安居工程建设其他相关单位通过银行贷款、发行企业债券等社会融资方式筹集安居工程资金 10 631.77 亿元。审计核查表明，2014 年全国安居工程实际新开工 745.05 万套，基本建成 551.46 万套，分别完成目标任务的 102.2%、112.02%。从审计情况看，2014 年，住房和城乡建设部、财政部等相关部门和地方各级政府积极贯彻落实党中央和国务院有关决策部署，加快推进棚户区改造等安居工程建设，取得了显著

的经济效益和社会效益。

①住房供应和保障人群规模继续扩大。2014 年，全国保障性住房和棚户区改造安置住房竣工面积为 2.98 亿平方米，占城镇住宅竣工总面积的 27.79%；保障性住房销售和棚户区改造安置住房供应面积为 2.18 亿平方米，同比增加 26.85%，占城镇住宅销售面积的 20.76%。各地积极推进廉租住房和公共租赁住房并轨运行，提高保障性住房配置效率。2014 年当年享受安居工程保障的城镇人口达 3 990.68 万人，同比增加 26.36%。

②住房困难群众居住条件进一步改善。2014 年，全国完成棚户区改造 276.93 万户，当年新增实物安置的 381.04 万户棚户区居民人均住房面积比改造前提高了 29%。44.95 万户家庭购买了经济适用住房或限价商品住房；273.67 万户城镇低收入住房困难家庭享受住房租赁补贴，平均每户每月补贴 201 元。一些住房困难群众"出棚进楼"，乔迁新居，住房条件得到改善，促进了社会和谐稳定。

③推动城市基础设施建设和新型城镇化发展。2014 年，全国共有 567.45 万名新就业无房职工、在城镇稳定就业的外来务工人员和进城落户农民享受了公共租赁住房保障，同比增加 35.65%。各地加快推进棚户区改造，新增拆迁面积 4.81 亿平方米。各级政府和有关单位加大财政投入和社会融资力度，推动各类棚户区改造及配套基础设施建设，带动了城市更新改造，为新型城镇化发展提供了有力支持。

④拉动投资和消费促进经济平稳增长。2014 年，国家加大开发性金融支持棚户区改造力度，国家开发银行发放棚户区改造贷款 4 086 亿元，同比增加 2.9 倍。全国安居工程建设完成投资额 12 963.44 亿元，占当年城镇住宅投资总额的 17.82%，同比提高 1.65 个百分点。以棚户区改造为重点的安居工程大规模实施，拉动投资和消费，带动了相关产业的发展，创造了大量的就业岗位，为促进经济平稳增长提供了新的动力。

（2）审计发现的主要问题。从审计情况看，地方各级政府及相关部门和项目建设管理单位能够较好地执行国家政策法规，住房保障政策体系逐步健全，工作机制不断完善，总体情况较好。但审计也发现，一些项目和单位还存在违反规定或管理不规范等问题。具体情况如下。

①部分单位虚报材料套取资金。16 个项目单位通过编造项目资料、拆迁安置协议等方式，套取财政补助、项目贷款等专项资金 4.85 亿元，用于自身经营、修建职工宿舍和办公楼等支出。

　　②部分资金未按规定用途使用。一些地方建设资金筹集与使用的统筹衔接不够，管理不到位，182 个项目单位、融资平台公司和住房城乡建设、财政等部门违规使用安居工程专项资金 93.83 亿元，其中，财政资金 32.75 亿元，企业债券、银行贷款等社会融资 61.08 亿元。上述被违规使用的资金中，用于发放工资、弥补办公经费等支出 1.35 亿元，用于出借、还贷、投资理财、财政周转等 92.48 亿元。

　　③部分资金筹集和拨付不到位。由于资金筹集不到位、未按工程进度或合同约定进行结算等，139 个用房管理、项目建设等单位未及时拨（支）付建房款、工程款等，形成拖欠 131.95 亿元，共涉及 116 个市县。由于资金分配未落实到具体项目或项目建设进度缓慢等，255 个市县收到的上级财政补助资金中，有 83.94 亿元至 2014 年底结存未用已超过 1 年。

　　④部分项目未按规定享受税费和金融优惠政策。由于征收部门对安居工程税费减免政策理解有偏差、对项目认定情况掌握不准确等，一些地方落实安居工程税费减免政策不到位，394 个项目被违规收取应减免税费 5.2 亿元，其中城镇土地使用税等税收 3 464.52 万元，城市基础设施配套费等行政事业性收费和政府性基金 4.86 亿元。61 个廉租住房建设项目贷款未按规定享受利率优惠，多支付利息 3 273.41 万元。

　　⑤部分地区住房保障分配审核不严格。由于家庭收入、住房等经济状况信息平台未建立、多部门联审机制未有效运行、经办管理机构审核把关不严等，2.06 万户不符合保障条件的家庭以不实材料申请并通过审批，违规享受保障性住房配租（售）1.02 万套、住房租赁补贴等货币补贴 2 191 万元。还有 5 895 套保障性住房被违规用于转借出租、办公经营或对外销售。

　　⑥部分地区保障对象退出机制不健全。由于保障对象未及时申报家庭经济状况变化情况、经办管理机构未按规定进行定期审核等，有 2.34 万户收入、住房等条件发生变化不再符合保障条件的家庭，未按规定及时退出，仍享受保障性住房 1.53 万套、住房租赁补贴 1 421 万元。

　　(3) 审计处理和整改情况。对上述问题，各级审计机关已依法出具审计报告、下达审计决定。审计发现的相关涉嫌违法违纪问题线索，已依法移送有关部门进一步调查处理。各有关地方高度重视，正在组织进行整改。至 2015 年 6 月 10 日，已追回被挪用、套取资金 41.04 亿元，退还应减免税费 6 863.64 万元，向相关单位拨付资金 106.59 亿元，取消 2.84 万户不符合条件家庭的住房保障资格并追回补贴 1 093 万元、住房 6 485 套，清理收回违规使用保障性住房 1 835 套。具体整改情况将分别由各省份组织向社会公告。

（4）对审计发现的主要问题分析。表 6-13 显示，2014 年度在审计的 4.08 万个相关单位和 29.96 万户家庭中有 471 个项目、321 个单位、4.4 万户存在如下六个方面的问题：①套取安居工程专项资金；②未按规定用途使用专项资金；③资金筹集和拨付不到位；④未按规定享受税费和金融优惠政策；⑤住房保障分配审核不严格；⑥保障对象退出机制不完善。与前 7 年相比，审计的对象更多，发现的问题也更多，违规金额和数量越来越大，但基本上都是老问题。其中，涉及 3.1395 万套房屋，违规金额跃升至 236.5185 亿元。也许这只是冰山一角，如果再扩大审计范围的话，可能发现的违规行为、事件也许更多。当然，相关单位每年都在答应整改，但是是否存在屡审屡犯的情形，尚待进一步检验。

表 6-13　　　　　　**2014 年我国保障性安居工程审计结果**

违规行为	项目/单位	违规数量	违规用途
1. 套取安居工程专项资金	16 个项目	4.85 亿元	编造项目资料、拆迁安置协议等，用于自身经营、修建职工宿舍和办公楼等支出
2. 未按规定用途使用专项资金	182 个单位	93.83 亿元	用于发放工资、弥补办公经费或出借、还贷、投资理财、财政周转
3. 资金筹集和拨付不到位	139 个单位；371 个市县	131.95 亿元	形成拖欠，收到的上级财政补助资金至 2014 年底结存未用已超过 1 年
4. 未按规定享受税费和金融优惠政策	455 个项目	5.5273 元	违规收取应减免税费，廉租住房建设项目贷款未按规定享受利率优惠，多支付利息
5. 住房保障分配审核不严格	2.06 万户；1.6095 万套	0.2191 万元	不符合保障条件的家庭违规享受保障性住房配租（售）、住房租赁补贴等货币补贴；违规用于转借出租、办公经营或对外销售
6. 保障对象退出机制不完善	2.34 万户；1.53 万套	0.1421 万元	不再符合保障条件的家庭，未按规定及时退出，仍享受保障性住房、住房租赁补贴
合计	471 个项目；321 个单位；4.4 万户；3.1395 万套	236.5185 亿元	

审计结果：至 2015 年 6 月 10 日，已追回被挪用、套取资金 41.04 亿元，退还应减免税费 6 863.64 万元，向相关单位拨付资金 106.59 亿元，取消 2.84 万户不符合条件家庭的住房保障资格并追回补贴 1 093 万元、住房 6 485 套，清理收回违规使用保障性住房 1 835 套

其中，120 个被审计的项目或单位，有 64 个正在整改中，或部分正在整改中

6.3.2.6 2015 年的审计发现：成效、问题与成因

为促进党中央、国务院关于保障性安居工程政策的全面贯彻落实，2015 年 11 月~2016 年 3 月，审计署组织各级审计机关对 2015 年全国保障性安居工程（含公共租赁住房、经济适用住房、限价商品住房等保障性住房和各类棚户区改造、农村危房改造，以下统称安居工程）及配套基础设施的计划、投资、建设、分配、运营等情况进行了审计，重点检查了安居工程项目 1.48 万个，并对 18.77 万户农村危房改造实施情况进行了入户调查。审计结果公告如下。

（1）安居工程实施的基本情况和主要成效。根据财政部门和有关单位提供的数据，2015 年，全国各级财政共筹集安居工程资金 6 633.29 亿元（其中，中央财政 2 544.83 亿元），项目单位等通过银行贷款、发行企业债券等社会融资方式筹集安居工程资金 13 725.35 亿元。审计核查表明，2015 年全国保障性住房、棚户区改造分别开工 184.92 万套、612.28 万套，保障性住房和棚改安置住房基本建成 715.89 万套，农村危房改造开工 440.1 万户，分别完成当年目标任务的 108.93%、104.96%、146.71% 和 101.87%。从审计情况看，2015 年，地方各级政府和相关部门认真贯彻落实党中央、国务院决策部署，积极推进城镇棚户区改造、农村危房改造等安居工程及配套基础设施建设，取得了显著的经济效益和社会效益。

①城乡住房保障体系不断健全。2015 年，各地采取强化目标责任制管理、创新投融资方式、完善配套基础设施建设、实物保障与货币补贴并举等措施，保障性住房配置效率不断提高。2015 年底，城镇享受住房保障待遇家庭达 1 433.69 万户，当年改造农村危房 440.1 万户，比 2014 年分别增长了 17%、62%，新增发放租赁补贴 41.28 万户，为在城镇稳定就业的外来务工人员提供公共租赁住房保障新增 47.74 万户，覆盖范围逐步扩大到城镇常住人口，促进了社会和谐稳定。

②安居工程住房有效供应明显增加。2015 年，全国城镇安居工程开工任务、保障性住房和棚改安置住房基本建成任务完成率分别达到 105.85%、146.71%，保障性住房和棚改安置住房竣工面积 2.16 亿平方米，占城镇住宅竣工面积的 21.48%。各地加大力度改善公共租赁住房、棚改安置住房等新建住房的居住使用条件，全年新增入住 400.58 万套，另有 418.18 万户贫困农户住上了安全住房，居住环境得到显著改善，多层次住房保障和供应体系

的惠民效果更加明显。

③棚改及配套基础设施建设有序推进。2015 年，各地新增拆迁棚户区 3.57 亿平方米，棚改安置住房新开工建设 455.45 万套，通过直接货币补偿、政府收购、组织购买存量商品房等方式安置棚户区居民 156.84 万户。中央财政补助各类棚户区改造及配套基础设施建设 1 464 亿元，较 2014 年增长 41%，有力推动了棚户区改造及相关城市道路和公共交通、通信、供电、供水、供气、供热、污水与垃圾处理等城市基础设施建设，提升了城镇综合承载能力，为新型城镇化提供了重要支持。

④为稳增长调结构惠民生防风险发挥积极作用。2015 年，各级财政用于城镇安居工程和农村危房改造的资金分别达 5 813.11 亿元、528.43 亿元，同比增长 17%、40.6%。国家开发银行和农业发展银行当年共发放棚户区改造和农村危房改造项目贷款 7 805 亿元，同比增长 83%。全国城镇安居工程投资完成 1.54 万亿元，占城镇住宅投资的 21.18%。通过棚改货币化安置等措施，全国消化库存商品房 174.66 万套。据测算，安居工程建设可拉动全社会投资增加 2.09 万亿元，并提供了大量就业岗位，为推动经济平稳健康发展发挥了重要作用。

（2）审计发现的主要问题。从审计情况看，地方各级政府及相关部门和单位能够认真执行国家政策法规，住房城乡建设、财政等部门加强管理，地方各级政府强化问责，安居工程工作机制逐步健全，建设和管理趋于规范，总体情况较好，此次审计查出套取挪用城镇安居工程资金较上年减少 78%。但审计也发现，一些地方和单位还存在管理不严格、执行政策不到位等问题。

①部分地区安居工程专项资金被套取挪用。187 户补偿对象通过编造虚假产权资料等方式骗取征地拆迁补偿 9 617.88 万元。102 个单位以多报改造户数、重复申报、编造农户花名册等手段套取城镇安居工程财政资金 2.72 亿元、农村危房改造财政资金 1.83 亿元。142 个单位挪用安居工程财政资金 4.86 亿元（含农村危房改造 1 847.64 万元）、银行贷款和企业债券融资 13.22 亿元，用于弥补工作经费、修建公园场馆、房地产开发和平衡财政预算等支出。此外，41 个基层经办机构和一些村镇干部以虚报冒领、截留克扣或收取"保证金"等方式，骗取、侵占危房改造补助资金 1 448.38 万元（其中农村危房改造 1 247.12 万元）。

②部分地区安居工程建设管理监督不严格。1 272 个项目在勘察、设计、施工、监理等环节未依法履行工程招投标程序；809 个项目存在未取得建设

用地批准、违规以"毛地"供应、擅自改变土地用途或调整容积率等问题，涉及用地 2 309.27 公顷；2 663 个项目未履行工程规划许可、环境安全性评价等基本建设审批程序，或未采取必要的质量控制措施，有的存在未按工程设计图纸和技术标准施工、住房使用功能或质量缺陷等问题。此外，75 个项目建设和管理单位拖欠承建单位工程款 22.03 亿元；14 个城镇安居工程项目因规划失误、管理不善等造成损失浪费或额外支出 1.04 亿元。

③部分地区税费减免和金融支持优惠不到位。232 个市县 891 个城镇安居工程项目未按规定享受城市基础设施配套费等税费减免 22.49 亿元。32 个市县 71 个城镇安居工程项目贷款等融资存在被银行等金融机构和融资平台公司加收融资中间费用、附加不合理条件限制使用等问题，额外增加成本费用 1.85 亿元，共涉及贷款等融资 221.4 亿元；14 个市县 17 个廉租住房建设项目贷款未执行下浮 10% 的优惠利率，多承担利息 2 857 万元，共涉及贷款 36.73 亿元。

④部分地区未全面落实棚改及配套建设等政策。348 个棚户区改造项目存在货币化安置数据不实、未按计划实施、虚报抵顶任务完成量等问题，涉及住房 22.94 万套。335 个项目直接相关的道路、供水、供电等配套基础设施建设滞后，造成 19 万套住房不能按期交付使用。726 个市县有 478.6 亿元专项资金至 2015 年底结存未用超过 1 年，其中，财政资金 247.03 亿元，银行贷款 170.68 亿元，企业债券等社会融资 60.89 亿元；34 个设区城市未按规定将住房公积金增值收益余额上缴财政统筹用于公共租赁住房建设，124.95 亿元结存在住房公积金管理中心。

⑤部分地区城乡住房保障资源分配使用不合规。由于住房保障基础管理工作薄弱、资格审核和退出机制不够健全、保障对象动态管理还不到位、经办审核把关不严等，有 4.85 万户非贫困或已享受补助家庭获得农村危房改造补助 4.24 亿元，5.89 万户家庭隐瞒收入、住房等信息通过审核或应退出未退出，违规享受城镇住房保障货币补贴 6 046.25 万元、保障性住房实物配租（售）3.77 万套，6 544 套保障性住房被违规销售或用于单位办公、对外出租经营等。

（3）审计处理和整改情况。对上述问题，各级审计机关已依法出具审计报告、下达审计决定。审计发现的相关涉嫌违法违纪问题线索，已依法移送有关部门进一步调查处理。对审计指出的问题，有关地方高度重视，积极组织整改。至 2016 年 5 月底，已追回被套取挪用资金 12.94 亿元，退还多收取税费 5.96 亿元，统筹安排和盘活资金 177.42 亿元，取消保障资格或调整待遇 5.99 万户，追回补贴补助 2.89 亿元，清理收回被违规分配使用住房 1.59 万套，完善配套设施促进住房交付使用 2.78 万套，规范管理和加快建设项目 1 720 个，已对 797 名责任人员追究党纪政纪或法律责任，并出台或调整相关政策文件 829 个。其他问题正在进一步整改中，具体整改情况由各省分别组织向社会公告。

（4）对审计发现的主要问题分析。表 6-14 显示，2015 年度在审计的 10.93 万户、6 215 个项目、361 个单位、机构或城市存在如下 5 个方面的问题：①套取挪用专项资金；②工程建设管理监督不严格；③税费减免和金融支持优惠不到位；④未全面落实棚改及配套建设等政策；⑤资源分配使用不合规。与前 8 年相比，审计的对象更多，发现的问题也更多，违规金额和数量越来越大，但基本上都是老问题。其中，违规金额巨大，高达 1 392.8203 亿元，违规占用房屋 46.3644 万套，违规使用土地 2 309.27 公顷。这在历年来已达到顶峰。

表 6-14　　　　　　2015 年度我国保障性安居工程抽查审计结果

违规行为	项目/单位	违规数量	违规用途
1. 套取挪用专项资金	187 户 285 个单位或基层经办机构	10.5156 亿元	弥补工作经费、修建公园场馆、房地产开发和平衡财政预算等支出
2. 工程建设管理监督不严格	4 833 个项目	2 309.27 公顷； 23.07 亿元	损失或浪费
3. 税费减免和金融支持优惠不到位	979 个项目	282.7557 亿元	额外增加成本费用或利息
4. 未全面落实棚改及配套建设等政策	683 个项目 76 个市县或城市	41.94 万套住房； 1 082.15 亿元	不能按期交付使用或资金闲置
5. 资源分配使用不合规	10.74 万户	4.8446 亿元； 4.4244 万套	不符合条件的家庭违规享受保障房或补贴，违规销售或用于单位办公、对外出租经营
合计	10.93 万户； 6 215 个项目； 361 个单位、机构或城市	1 392.8203 亿元； 46.3644 万套房屋； 2 309.27 公顷土地	

6.3.2.7　2016 年的审计发现：成效、问题与成因

为促进党中央、国务院关于保障性安居工程政策的全面贯彻落实，2016

年12月~2017年3月，审计署组织地方各级审计机关对2016年全国保障性安居工程及配套基础设施的计划、投资、建设、分配、运营等情况进行了审计，重点审计了安居工程项目1.72万个，并对15.39万户农村危房改造家庭做了入户调查。现将审计结果公告如下。

（1）基本情况和取得的主要成效。根据有关部门的数据，2016年，全国各级财政共筹集安居工程资金7 549.75亿元（其中，中央财政2 377.37亿元），项目单位等通过银行贷款、发行企业债券等社会融资方式筹集安居工程资金20 264.95亿元；全国棚户区改造、农村危房改造分别开工606.09万套、386.65万户，棚户区改造和公共租赁住房基本建成658.58万套，分别完成当年目标任务的100.89%、123.14%和175.76%。从审计情况看，地方各级政府和相关部门积极贯彻党中央、国务院决策部署，加快推进城镇棚户区和城乡危房改造及配套基础设施建设，对改善困难家庭住房条件、推进新型城镇化建设等发挥了重要作用。

①棚户区改造工作进一步推进，有序推动了新型城镇化建设。2016年，各地通过加强棚户区改造目标责任管理、推进政府购买服务和因地制宜推行货币化安置等措施，加大房源筹集和交付使用力度。全年完成棚户区拆迁面积5.15亿平方米，基本建成棚改安置住房526.57万套，签订征收补偿协议430.14万户，同步建设安置住房小区水电气热、通信等市政基础设施及配套公共服务设施，使棚户区设施老旧落后的状况得到改善，促进了城市转型升级和新型城镇化建设。

②城镇住房保障方式进一步优化，有效缓解了住房供需矛盾。2016年，各地通过推进公租房货币化等方式，提高住房保障资源配置效率，加大对城市困难群体的住房保障力度，全年基本建成公租房132.01万套，新增分配266.31万套，新增发放租赁补贴33.9万户，较好保障了城镇中低收入家庭、新就业无房职工和在城镇稳定就业的外来务工人员的住房需求，缓解了住房供需矛盾。

③农村居民住房安全进一步保障，有力促进了精准脱贫攻坚。2016年，各地通过加大财政资金支持力度、探索金融扶持机制、推广先进改造技术等方式，以建档立卡贫困户、低保户、农村分散供养特困人员和贫困残疾人家庭为重点积极推进农村危房改造工作，农村危房改造全年新开工386.65万户、竣工330.99万户，让更多农村居民住上了安全住房，为完成稳步实现农村贫困人口住房安全有保障的目标任务奠定了基础。

④安居工程直接投资进一步加大，有力促进了经济平稳健康发展。2016年，各地通过创新棚户区改造融资方式、增加专项建设基金和信贷资金投放规模等措施，保障安居工程及配套基础设施建设资金需求，安居工程筹集资金规模同比增长 36.62%；当年城镇安居工程完成投资 1.66 万亿元、竣工 2.28 亿平方米，带动了房屋建筑和市政基础设施上下游相关产业的投资，对拉动消费、扩大就业、促进经济平稳健康发展发挥了积极作用。

（2）审计发现的主要问题。

①部分资金管理使用不严格。有 10.31 亿元安居工程资金（含农村危房改造资金 466.58 万元）被违规用于商品房开发、弥补办公经费、出借等；有 4.21 亿元安居工程资金（含农村危房改造资金 640.8 万元）被通过提供虚假资料、重复申报等方式套取骗取或侵占；有 13.67 亿元住房公积金增值收益余额未按规定上缴财政或统筹用于安居工程。

②部分工程项目建设管理不严格。有 12.87 万套基本建成的住房因配套基础设施建设滞后，搁置 1 年以上无法交付使用；有 744 个项目未严格执行设计、施工等招投标规定；有 333 个项目未严格执行监理、建筑强制性标准等要求，部分项目存在屋顶渗漏、墙面开裂等质量缺陷。

③部分住房分配使用管理不到位。一些地方对保障对象的资格审核和后续监管不到位，有 2.96 万户不符合条件家庭违规享受城镇住房保障货币补贴 2 244.53 万元、保障性住房 1.57 万套；有 2.53 万户不符合条件家庭违规享受农村危房改造补助资金 1.39 亿元；有 3.36 万户不再符合条件的家庭未及时退出，违规享受住房 2.63 万套、补贴 1 197.44 万元；有 5 949 套住房被违规转借、出租、销售或用于办公经营；有 27.24 万套住房因位置偏远、户型设计不合理等，已办理竣工验收备案但空置超过 1 年。

④部分地区相关政策措施落实不到位。有 288 个项目存在未按规定实施政府购买服务、未严格执行政府采购程序等问题；有 30 个市县未将购买棚改服务资金列入财政预算予以保障；因安居工程资金筹集拨付与建设进度不匹配等，有 532.3 亿元专项资金（含农村危房改造资金 6.46 亿元）超过 1 年未及时安排使用，其中 321.49 亿元（占 60%）通过贷款、债券等筹集；有 411 个项目被违规征收或少征收税费 6.87 亿元。

（3）审计处理和初步整改情况。对上述问题，地方各级审计机关已依法出具审计报告、提出处理意见。审计查出的相关涉嫌违纪违法问题线索，已依法移送有关部门进一步调查处理。对审计发现的问题，有关地方高度重视，积极组织整改，截至 2017 年 4 月底，已追回被套取挪用、违规享受补助补贴等资金 9.05 亿元，退还多收取税费 1.39 亿元，补充安排资金 28.56 亿元，取消保障资格或调整保障待遇 1.91 万户，清理收回违规分配使用的住房 3 183 套，已对 315 名责任人员追究党纪政纪或法律责任。下一步审计署将持续跟踪检查后续整改情况，督促整改到位，具体整改结果将由各省份分别组织向社会公告。

（4）对 2016 年审计发现的主要问题分析。表 6 – 15 显示，2016 年度审计的 1 776 个项目，8.85 万户居民和 30 个市县，存在如下四个方面的问题：①资金管理使用不严格；②工程项目建设管理不严格；③住房分配使用管理不到位；④相关政策措施落实不到位。与 2015 年相比，审计的对象更多，但发现的问题有所减少，违规金额和数量也有所降低，但基本上都是老问题。其中，违规资金 569.0942 亿元，违规使用房屋 46.6391 万套，降低幅度较大。这可能是由新的绩效评价规定出台所致。

表 6 – 15　　　　　　**2016 年度我国保障性安居工程抽查审计结果**

违规行为	项目/单位	违规数量	违规表现或用途
1. 资金管理使用不严格		28.19 亿元	违规用于商品房开发、弥补办公经费、出借等；被套取骗取或侵占；增值收益未按规定上缴财政或用于安居工程
2. 工程项目建设管理不严格	1 077 个项目	12.87 万套	未严格执行设计、施工等招投标规定；未严格执行监理、建筑强制性标准等要求，部分项目存在屋顶渗漏、墙面开裂等质量缺陷
3. 住房分配使用管理不到位	8.85 万户	1.7342 亿元；33.7691 万套	资格审核和后续监管不到位；违规享受补贴；违规转借、出租、销售或用于办公经营；已办理竣工验收案但空置超过 1 年
4. 相关政策措施落实不到位	699 个项目；30 个市县	539.17 亿元	未按规定购买服务、未严格执行政府采购程序；未将资金列入财政预算；超过 1 年未及时安排使用；被违规征收或少征收税费
合计	1 776 个项目；8.85 万户；30 个市县	违规资金高达 569.0942 亿元；违规使用房屋 46.6391 万套	

6.3.2.8　2017 年的审计发现：成效、问题与成因

为促进党中央、国务院关于保障性安居工程政策的全面贯彻落实，2017

年 12 月～2018 年 3 月，审计署组织地方各级审计机关对 2017 年全国保障性安居工程（含公共租赁住房等保障性住房和各类棚户区改造、农村危房改造，以下统称安居工程）的计划、投资、建设、分配、运营及配套基础设施建设等情况进行了审计，重点审查了安居工程项目 1.77 万个，共涉及项目投资 2.52 万亿元，并对 13.03 万户农村危房改造家庭做了入户调查。审计情况公告如下。

（1）安居工程实施基本情况和取得的主要成效。根据相关部门和单位提供的数据，2017 年，全国各级财政共筹集安居工程资金 7 841.88 亿元（其中中央财政 2 487.62 亿元），项目单位等通过银行贷款、发行企业债券等社会融资方式筹集安居工程资金 21 739.02 亿元。2017 年全国棚户区改造开工 609.34 万套、基本建成 604.18 万套，公共租赁住房基本建成 81.56 万套，农村危房改造开工 190.59 万户，分别完成当年目标任务的 101.48%、183.97%、124.4% 和 100%。从审计情况看，2017 年，各地各部门积极贯彻落实中央决策部署和各项政策要求，加快推进各类安居工程及配套基础设施建设，进一步改善了住房困难群众的居住条件，进一步加强了安居工程住房分配使用和管理，较好地满足了中低收入家庭基本住房需求，促进了社会和谐稳定和新型城镇化健康发展。

①安居工程住房有效供给进一步加大，为建立多渠道保障的住房制度提供有力支持。各地加大安居工程建设推进力度，积极保障安居工程建设用地供应，各类保障性住房和棚户区改造按计划建成和投入使用。2017 年，全国公共租赁住房、棚户区改造共开工 617.7 万套，基本建成 685.74 万套，以货币补贴形式支持中低收入困难家庭到市场自主租房 242.32 万户。各类安居工程住房有效供给不断增加，向困难群众提供基本住房保障的能力不断增强，为建立多主体供给、多渠道保障、租购并举的住房制度提供了有力支持。

②城乡住房困难群众居住条件进一步改善，为解决发展不平衡不充分问题发挥积极作用。各地进一步完善分配方式，加大对重点人群的保障力度，使更多住房困难群众受益。2017 年底，公共租赁住房在保家庭 1 658.26 万户，涉及 4 100 多万城镇中低收入住房困难群众。全年完成棚户区拆迁 66 756.66 万平方米，524.59 万户家庭出棚进楼，城市棚户区居住条件得到提升，林区、垦区、国有工矿等棚户区面貌得到改观。中央财政全年安排农村危房改造资金 266.90 亿元，并提高补助标准，集中支持建档立卡贫困户等四类重点对象，地方各级政府加大对农村住房困难群众的支持力度，全年共

有 176.73 万户农村贫困家庭建成安全住房，为打赢精准脱贫攻坚战创造了有利条件。

③安居工程住房分配使用和管理进一步加强，为提升住房保障政策效果夯实基础。各级政府不断加强目标责任管理，将公共租赁住房建成和分配纳入考核范围，层层落实主体责任，并加大配套基础设施建设力度，2017 年中央财政投入专项资金 962.70 亿元，推动加快公共租赁住房和棚户区改造住房交付使用；落实深化"放管服"改革要求，优化完善公共租赁住房申请和分配流程，提高审批效率，使群众享受住房保障的便捷程度进一步增强。同时，各地进一步完善安居工程后续管理，健全准入和退出机制，59.69 万户家庭按规定退出公共租赁住房保障，保障精准程度不断提高；各地还积极采取措施控制棚户区改造成本，抓好棚户区改造腾空土地出让偿还项目贷款，努力实现市域范围内棚户区改造资金总体平衡，促进棚户区改造良性可持续发展。

④安居工程投资稳增长作用进一步凸显，有力促进了经济平稳健康发展。各地积极拓宽融资渠道，创新融资方式，2017 年筹集安居工程及配套基础设施建设资金 29 580.90 亿元，比 2016 年增长了 6.34%，保障公共租赁住房和棚户区改造及配套基础设施建设资金需求。棚户区改造当年完成投资 1.84 万亿元，带动了相关行业投资和消费，为推动经济平稳增长提供了动力支持，同时城中村改造促进了农民就地转化为市民，推动了以人为核心的新型城镇化进程。

（2）审计发现的主要问题。

①部分地区存在骗取侵占安居工程资金和住房等违法违规问题。276 个单位或个人套取、挪用或骗取侵占安居工程资金 25.67 亿元，用于其他非公共项目支出等；91 个单位违规扩大保障范围或提高补偿标准，多支付拆迁补偿款 2.85 亿元。3.68 万户不符合条件家庭违规享受城镇住房保障货币补贴 8 639.90 万元、住房 2.66 万套；1.84 万户不符合条件家庭违规享受农村危房改造补助资金 1.46 亿元；3.53 万户家庭条件发生变化不再符合保障条件但未按规定及时退出，仍享受住房 2.75 万套、货币补贴 1 384.43 万元。683 个项目未依法履行招投标程序，涉及合同金额 696.43 亿元；294 个项目未取得建设用地批准而占地 1 440.54 公顷进行建设；883 个已开工在建项目未取得建筑工程施工许可证等基本建设审批手续。

②部分地区安居工程住房和资金管理使用绩效不高。由于配套基础设施建设滞后等，9.71 万套住房已基本建成 1 年以上但未分配或分配后无法入

住；由于供需不匹配、规划设计不合理、地址偏远等，14.21 万套已竣工验收的住房至 2017 年底空置超过 1 年。截至 2017 年底，有 147.92 亿元财政专项资金、472.54 亿元银行贷款等市场化融资未及时安排使用。1 211 个安居工程项目建成后由于前期手续不齐全等无法办理竣工验收备案，427 个项目存在未按照设计图纸施工等问题。

③部分地区安居工程政策和扶持措施未落实到位。403 个项目未按规定享受应减免税费，多支付 9.18 亿元；13 个项目扩大棚户区改造范围违规享受税费减免政策，少缴纳 4 039.69 万元；0.99 万户家庭由于棚户区改造项目建设进展缓慢等未能如期回迁安置，多支付安置费 5.86 亿元。

（3）审计处理和初步整改情况。以上审计查出的问题，地方各级审计机关已依法出具审计报告、提出处理意见。审计查出的相关涉嫌违法违纪问题线索，已依法移送有关部门进一步调查处理。审计指出问题后，有关地方积极组织整改，截至 2018 年 3 月底，共追回被套取挪用资金 11.29 亿元，退还多收取税费 7 184.99 万元，盘活资金 14.42 亿元，取消保障资格或调整保障待遇 1.68 万户，追回补贴补助资金 3 553.36 万元，收回和加快分配住房 8 602 套。其他问题正在进一步整改中，审计署将持续跟踪检查后续整改情况，督促整改到位。

（4）对 2017 年审计发现的主要问题分析。表 6 - 16 显示，2017 年度审计发现 367 个单位或个人、10.04 万户和 3 914 个项目，存在如下 4 个方面的问题：①骗取侵占安居工程资金和住房等违法违规问题；②安居工程住房和资金管理使用绩效不高；③安居工程政策和扶持措施未落实到位资金管理使用不严格。与 2016 年相比，审计发现的问题有所减少，违规金额大幅增加，但基本上都是老问题。其中，违规占地 1 440.54 公顷，违规占用资金 1 363.316 4 亿元，违规分配或使用房屋 29.33 万套。

表 6 - 16　　　　　　2017 年我国保障性安居工程（即公租房，下同）
抽查审计结果

违规行为	项目/单位	违规数量	违规用途
1. 存在骗取侵占安居工程资金和住房等违法违规问题	367 个单位或个人； 9.05 万户； 1 860 个项目	727.412 4 亿元； 5.41 万套； 1 440.54 公顷	套取、挪用或骗取侵占资金；用于其他非公共项目支出等；不再符合保障条件但未及时退出；未取得基本建设审批手续就开工在建

违规行为	项目/单位	违规数量	违规用途
2. 安居工程住房和资金管理使用绩效不高	1 638 个项目	23.92 万套；620.46 亿元	已基本建成 1 年以上未分配或分配后无法入住；融资未及时安排使用；无法办理竣工验收备案；存在未按照设计图纸施工等问题
3. 安居工程政策和扶持措施未落实到位	416 个项目；0.99 万户	15.444 亿元	未按规定享受应减免税费；违规享受税费减免政策；未能如期回迁安置
合计	367 个单位或个人；10.04 万户；3 914 个项目	共违规占地 1 440.54 公顷；违规占用资金 1 363.3164 亿元；违规分配或使用房屋 29.33 万套	

6.3.2.9　2018 年的审计发现：成效、问题与成因

为促进党中央、国务院关于保障性安居工程政策的全面贯彻落实，提高保障性安居工程资金管理使用绩效，2018 年 12 月~2019 年 3 月，审计署组织对 31 个省、自治区、直辖市和新疆生产建设兵团所辖 1 118 个市县（包括县级市、区、旗、团场及地市本级，以下统称被审计地区）2018 年棚户区改造和公共租赁住房的投资、建设、分配、使用和后续管理等情况进行了审计。审计结果公告如下。

（1）安居工程实施基本情况和取得的主要成效。2018 年，被审计地区财政部门共筹集城镇安居工程财政专项资金 5 633.74 亿元；项目单位等通过银行贷款、发行企业债券等市场化融资方式筹集城镇安居工程资金 10 495.23 亿元。从审计情况看，2018 年，各地各有关部门积极贯彻落实党中央、国务院决策部署，强化政府主体责任，积极推进棚改和公租房建设、分配和管理，加快建立多主体供给、多渠道保障、租购并举的住房制度，对改善住房困难群众居住条件、补上发展短板、扩大有效需求、促进社会和谐稳定等发挥了重要作用。

①住房保障力度不断加大，住房困难群众获得感持续增强。各地积极推动公租房实物配租与租赁补贴、棚改货币化安置与实物安置等相结合，优先保障和重点帮助老年人、残疾人、优抚对象等特殊困难群体，加大对新就业无房职工、稳定就业外来务工人员等住房困难群众的保障力度，扩大了城镇常住人口住房保障覆盖面，促进了群众安居乐业和以人为核心的新型城镇化。2018 年，被审计地区实际完成棚改开工任务 250.47 万套、基本建成任务

195.40 万套，棚改安置住房供应持续增加，棚户区居民搬进新居，大幅改善了居住条件。2018 年底，被审计地区公租房保障家庭达 518.54 万户，有效满足了住房困难群众的基本住房需求。

②安居工程建设管理不断加强，住房保障能力进一步提升。各地通过简化流程、加快审批等优化安居工程住房分配管理，利用人脸识别技术等加强公租房使用监管，大力实施精准保障，不断提升住房保障政策实效。住房城乡建设等部门出台政策，指导各地严格把握棚改范围和标准，加强棚改融资管理，因地制宜调整完善棚改货币化安置政策，开展棚改安置住房等质量安全检查，进一步规范棚改工作。浙江、安徽等 8 省份开展政府购买公租房运营管理服务试点，深圳等地探索将城中村综合整治等纳入住房保障，探索公租房运营管理模式创新，加强公租房运营及分配等后续管理，逐步建立健全租购并举的住房制度。保障性住房有效供给不断增加，城镇住房困难家庭在享受基本住房保障、住房负担切实减轻的基础上，获得了更好的居住环境和公共服务，多层次住房保障和供应体系不断健全。

③安居工程投资建设有序推进，为城市建设和经济平稳健康发展提供重要支撑。2018 年，被审计地区共筹集和安排各类资金 1.61 万亿元，加快推进安居工程建设及相关的城市道路和公共交通、通信、供电、供水、供气、供热等基础设施建设，提升了城市功能和综合承载能力，既改善了城市人居环境，也引导部分人口从中心城区有序疏解，促进了城市区域均衡发展。安居工程投资建设持续推进，带动了建材、装修、家电等相关产业发展，同时也提供了大量就业岗位，对稳投资、稳就业、促进经济平稳健康发展发挥了积极作用。被审计地区针对以前年度审计发现的问题积极采取措施进行了整改。但审计发现，部分地区在安居工程资金管理使用、工程建设管理、住房分配使用等方面还存在一些问题，需要采取措施予以纠正和规范。

（2）审计发现的主要问题。

①部分地区存在套取挪用资金、税费减免未落实等问题。31 个单位和部分拆迁个人以提供虚假资料等方式骗取侵占拆迁安置补偿等资金 9 049.5 万元。32 个单位通过多报目标任务、多头申报等套取财政资金 9.18 亿元、市场化融资 34.26 亿元。13.78 亿元财政资金、27.32 亿元市场化融资被挪用于经营性投资、对外出借、弥补人员和办公经费等支出。265 个项目未按规定享受相关税费减免 16.88 亿元，12 家融资平台和 8 家金融机构向安居工程项目收取融资中间费用 2.91 亿元。

②部分地区安居工程资金使用绩效不高或管理不够规范。截至 2018 年底，63 个市县财政等部门未及时将 2018 年安居工程中央财政专项资金 22.34 亿元分解下达或明确到具体项目。354 个单位以前年度收到的安居工程财政资金 158.06 亿元未及时安排使用，截至 2018 年底已超过 1 年。由于项目实施统筹管理不到位，278 个项目贷款、企业债券等市场化融资 547.86 亿元未支付使用，截至 2018 年底已超过 1 年。15.17 亿元财政资金、214.57 亿元银行贷款等市场化融资因管理不够规范等扩大支出范围，用于与安居工程不直接相关的市政基础设施建设等其他公共项目。

③部分地区安居工程建设管理不规范。159 个市县 493 个项目扩大范围将园区开发、城市建设带来的拆迁安置和土地征收等纳入棚改。2 661 亩安居工程建设用地闲置或被改变规划用途使用；619 个安居工程项目的 3.64 万亩建设用地存在用地手续不全等问题。6.06 万套公租房因消防验收不合格、配套设施建设滞后等基本建成 1 年后未达到交付使用条件。

④部分地区安居工程住房分配管理不严格。不符合条件人员等违规享受公租房实物保障 1.72 万套，1.45 万户承租家庭收入、住房等条件发生变化未按规定及时退出；1.25 万套公租房被违规销售、转租，或被挪用于办公、经营等。18.41 万套公租房因位置偏远、需求不足等建成后空置 1 年以上。

（3）审计处理和整改情况。以上审计查出的问题，各级审计机关已依法出具审计报告、提出处理意见，审计查出的相关涉嫌违纪违法问题线索已依法移送有关部门进一步调查处理。审计指出问题后，有关地方积极组织整改，已追回和盘活资金 111.34 亿元，退还多收取税费 1.59 亿元，收回和加快分配住房 3.8 万套，取消保障资格或调整保障待遇 0.55 万户。审计署将持续跟踪后续整改情况，督促整改到位。

表 6 – 17　　　　　　2018 年我国保障性安居工程抽查审计结果

违规行为	项目/单位	违规数量	违规用途
1. 套取挪用资金、税费减免未落实	63 个单位或个人；285 个项目、平台和机构	105.235 亿元	用于经营性投资、对外出借、弥补人员和办公经费等支出；未按规定享受相关税费减免；收取融资中间费用
2. 安居工程资金使用绩效不高或管理不够规范	63 个市县；354 个单位；278 个项目	958 亿元	未及时将专项资金分解下达或明确到具体项目；以前年度收到的资金、贷款、企业债券等市场化融资已超过 1 年未及时安排使用；用于与安居工程不直接相关的其他公共项目

续表

违规行为	项目/单位	违规数量	违规用途
3. 安居工程建设管理不规范	159 个市县； 1 112 个项目	3.9061 万亩； 6.06 万套	建设用地闲置或被改变用途使用；建设用地用地手续不全；基本建成 1 年后未达到交付使用条件
4. 安居工程住房分配管理不严格	1.45 万户	21.38 万套	不符合条件人员违规享受实物保障；条件发生变化未按规定及时退出；公租房被违规销售、转租，或被挪用于办公、经营等；建成后空置 1 年以上
合计	417 个单位； 1 675 个项目； 222 个市县； 1.45 万户居民	违规资金 1 063.235 亿元； 违规占用 3.9061 万亩土地； 违规房屋 21.38 万套	

（4）对 2018 年审计发现的主要问题分析。表 6 – 15 显示，2018 年度审计发现 417 个单位、1 675 个项目、222 个市县、1.45 万户居民存在如下四个方面的问题：①套取挪用资金、税费减免未落实；②安居工程资金使用绩效不高或管理不够规范；③安居工程建设管理不规范；④安居工程住房分配管理不严格。与 2017 年相比，审计发现的问题有所增加，违规金额稍有降低，但基本上都是老问题。其中，违规资金 1 063.235 亿元，违规占用 3.9061 万亩土地，违规房屋 21.38 万套。

总之，从国家层面看，我国公租房制度整体较好，但也存在一些问题，其中有些是屡审屡犯的顽疾，其深层次原因有待进一步研究。

6.3.3　我国省、市级政府公租房审计监管的现状与问题

6.3.3.1　四川省组织保障性安居工程审计

2018 年 9 月 30 日，四川省审计厅发布了全省保障性安居工程跟踪审计结果公告，即按照审计署统一部署，四川省组织全省审计机关对 21 个市本级、185 个县保障性安居工程进行了审计，主要结论如下。

（1）基本情况。审计结果表明，2017 年四川省完成开工任务 26.36 万套，基本建成 34.83 万套，新增发放住房租赁补贴 1.4 万户，实施农村危房改造 26.64 万户，在健全我省住房保障体系、改善住房困难家庭居住条件、促进新型城镇化发展、拉动投资消费等方面取得成效。

（2）审计发现的主要问题。

①部分安居工程项目建设管理不严格。35 个已基本建成项目因消防、环评等验收不合格或前期建设手续不全，无法办理竣工验收备案；9 117 套住房因配套基础设施建设滞后，无法按时分配；有 11 个项目勘察、设计、施工等未公开招标。

②公租房运行维护管理不到位。因需求不足、户型不合理等，有 40 个市县已建成的 6 325 套住房空置超过 1 年，其中 1 723 套闲置超过 3 年。

③部分安居工程专项资金管理不规范。85 个市县因超需求融资或超进度提款等原因，110.66 亿元资金闲置超过 1 年，其中专项贷款 82.69 亿元、财政资金 18.52 亿元，债券资金 9.45 亿元；13 个市县违规向 34 个安居工程项目收取应减免的行政事业性收费和政府性基金 2 330 万元。

④保障待遇分配和退出机制不完善。由于缺乏审核联动机制和动态管理，加之相关部门履职尽责不到位、把关不严，部分地方仍存在虚报家庭收入或住房信息违规享受保障待遇的问题。审计结果显示，有 147 个市县有 5 240 户不符合条件家庭违规享受住房 2 845 套、补贴 675 万元。

（3）审计处理情况与建议。对上述问题，审计机关已依法出具审计报告，提出处理意见。审计指出问题后，各地各相关部门积极整改，截至 2018 年 6 月底，统筹盘活闲置资金 37.23 亿元，促进资金调整使用 2.55 亿元，追回违规领取补助 374 万元，取消或调整保障资格 4 128 户，清理收回和分配使用住房 2 100 套，退还多收行政事业性收费和政府性基金 243 万元。同时，审计厅在对连续 6 年安居工程跟踪审计结果梳理分析的基础上，向省保障性安居工程协调小组办公室提出审计建议：增强年度目标任务申报下达科学性，加强各政策执行时相互衔接，加强保障对象范围认定精细化程度；建立健全公租房租金征收分类处置方式，建立公租房承租户诚信台账，科学制定保障待遇审核程序和审核期限，统一制定不符合条件的承租人退出保障待遇期限等完善政策措施。此外，审计厅还将与住房和城乡建设厅等单位联合印发《保障性安居工程风险清单》，加强警示预防，促进问题整改，杜绝屡查屡犯奠定基础。

（4）对四川省 2017 年保障性安居工程审计结果的分析。整体而言，省级审计报告内容较为简单，篇幅较短。相比审计署出具的审计报告，四川省审计报告对问题的分析较为粗略：既没有分析原因，也没有陈述其用途，但基本要素和基本框架与审计署的报告一致。令人担心的是，前述国家层面的问题在四川省全部存在，这初步说明，前述审计发现的问题具有较大的普遍性。这也从另一个角度说明了构建全新的绩效评价机制和审计监管机制的重要性和紧迫性。

6.3.3.2　山东省潍坊市组织保障性安居工程审计

2016 年 8 月 29 日, 潍坊市审计局官网审计公告结果显示, 潍坊市对全市保障性安居工程投资和建设等情况进行了跟踪审计。审计结果表明, 2015 年潍坊市安居工程建设有序推进, 城乡住房保障覆盖面进一步扩大, 有效改善了困难群众居住条件。发现的主要问题如下。

(1) 部分地区未完成农村危房改造任务。10 个县 (市、区) 和 1 个开发区未完成上级下达的农村危房改造任务 2 871 户, 占应完成任务总数的 55.41%。

(2) 有关政策落实不到位。①棚户区改造及配套基础设施建设规划方面, 2 个县 (区) 未编制 2015 ~ 2017 年棚户区改造实施方案; 6 个县 (市、区) 的 16 个安居工程项目配套基础设施建设滞后, 3 516 套住房无法按期交付使用。②建设审批方面, 1 个区和 1 个开发区的 6 个项目 1 151 套保障性住房竣工验收不规范。③财税政策落实方面, 5 个县 (市、区) 的 11 个项目应减免未减免行政事业性收费等 10 011.91 万元; 1 个市的 1 个项目贷款未按规定享受优惠利率, 多支付利息 90.31 万元。

(3) 专项资金闲置或被违规使用。市本级及 8 个市 (区)、2 个开发区的 71 842.32 万元财政资金闲置, 1 个市的 2 个村挪用棚户区改造项目专项资金 250.16 万元用于其他支出, 1 个市的 1 个村虚报冒领农村危房改造资金 1.18 万元用于建设村委会办公场所。

(4) 住房保障分配管理不规范。1 个市的 2 个安置片区未按期完工; 3 个县 (市、区) 的 67 户家庭违规取得住房保障资格和待遇; 10 个县 (市、区) 的 237 户家庭违规享受农村危房改造补助资金 285.69 万元; 2 个市 (区) 的 5 户保障对象已不再符合保障条件, 但未被清退, 仍享受保障性住房或违规领取货币补贴。

(5) 保障性住房运营管理有待完善。3 个县 (市) 的 1 614 套保障性住房被违规销售或出租, 市本级及 8 个县 (市、区) 的 2 076 套已竣工验收的保障性住房空置超过一年, 3 个县 (市、区) 的 533 套保障性住房已竣工但未办理产权登记, 1 个县的 5 套经济适用房分配后被闲置。

(6) 对山东省潍坊市 2017 年保障性安居工程审计结果的分析。整体而言, 相比审计署和省级审计报告, 该市的审计报告中专门针对公租房相关问题的揭示和分析更为粗略。与省级报告类似, 该报告既没有分析原因, 也没有陈述其用途，更没有说明对发现的问题应如何处理，因而，缺乏应有的权威性和使用价值。令人担心的是，前述国家层面、省级层面的问题在市级也全部存在。这进一步说明，前述审计发现的问题具有较大的普遍性。这又一次从另一个角度说明了构建多层次、全新的绩效评价机制和审计监管机制的重要性和紧迫性。

6.3.3.3 安康市旬阳县棕溪镇东区道路（一期）工程竣工结算审计结果

从旬阳县人民政府官网获悉，旬阳县棕溪镇东区道路（一期）工程资金计划为争取国家补助专项资金。施工图由安康市城乡规划设计院设计，工程建设的主要内容为新建城市支线Ⅲ级道路449.812米，以及相应的人行道等附属工程。最高限价由陕西正大鹏安咨询有限公司编制。该工程由旬阳县棕溪镇人民政府委托陕西正大鹏安咨询有限公司负责招投标代理业务，工程于2013年8月23日通过公开招投标，确定中标单位为陕西安康坚信建设集团有限公司，中标价2 733 799.92元，工期90天。《审计建议书》审定招标最高限价2 742 025.19元。安康市天成工程建设监理有限公司对该项目施工过程全程监理。根据《中华人民共和国审计法》第二十二条和《旬阳县政府投资项目审计实施办法》的规定，县审计局对旬阳县棕溪镇人民政府报送的旬阳县棕溪镇东区道路（一期）工程竣工结算进行了审计。审计结果如下。

（1）项目实施情况。该工程报审资料未提供开工报告和初验报告，工程主要完成了新建城市Ⅲ级道路450米；与设计图纸对比，完成了全部设计内容。在项目建设过程中，结合集镇小区建设完善了配套基础设施建设内容，修筑50立方米化粪池一座、40立方米化粪池3座，将原设计DN1500圆管涵变更为1.6×1.8米箱涵，增加小区地基砂砾石换填5 320.02立方米，将预制砼路缘石更换为石质路缘石等等变更。对于变更部分（包括给水和路灯等项目）旬阳县审计局的《审计建议书》审定招标最高限价为1 127 049.96元。

（2）工程竣工结算审计结果。从旬阳县人民政府官网获悉，旬阳县棕溪镇东区道路（一期）工程送审结算造价为3 613 868.02元，审核定案工程结算造价3 355 515.67元，核减造价258 352.35元。

6.3.3.4 安康市旬阳县棕溪镇平安安置小区（二期）工程竣工结算审计结果

旬阳县棕溪镇平安安置小区（二期）基础设施工程资金来源为申请国家

补助和自筹。工程建设的主要内容为道路硬化、彩砖铺设、绿化工程。工程
最高限价 569 011.34 元，本工程最高限价未经审计。陕西轩诚项目管理有限
公司组织招标，2015 年 10 月 29 日公开招标，旬阳县中天建设有限公司中
标，中标价 565 000.00 元，工期 60 天。根据《中华人民共和国审计法》第
二十二条和《旬阳县政府投资项目审计实施办法》的规定，县审计局对旬阳
县棕溪镇人民政府报送的旬阳县棕溪镇平安安置小区（二期）基础设施工程
竣工结算进行了审计。审计结果如下。

（1）项目实施情况。该项目于 2015 年 11 月开工，竣工日期为 2016 年 1
月，工程初步验收为合格，主要完成了道路硬化、彩砖铺设、绿化工程。

（2）工程竣工结算审计结果。旬阳县棕溪镇平安安置小区（二期）基础
设施工程送审结算造价 579 937.98 元，审定结算造价 571 270.10 元，核减工
程造价 8 667.88 元。

6.3.3.5　宜章县宜和君悦公租房 1、2 栋工程竣工结算的审计结果

湖南省郴州市宜章县宜和（君悦）公租房 1、2 栋工程位于宜章县玉溪
镇民主东路君悦物流园旁。2014 年 11 月 7 日，宜章县发展和改革局批复立
项，宜章县 2015 年公共租赁住房项目总投资金额 14 641 万元，总建筑规模
2 778 套，其中君悦公共租赁住房 392 套，该工程系上述批准立项项目的单位
工程之一。资金来源为国家补助及自筹。该工程地质勘察单位为核工业郴州
工程勘察院，设计单位为宜章县建筑设计院。2015 年 9 月 14 日，宜章县发
展和改革局招标投标管理办公室核准该工程实行公开招标。2015 年 9 月 16
日，宜章县财政局完成预算评审，1、2 栋预算评审审定金额为 9 515 617.00
元。2015 年 12 月 31 日，县房产局委托友谊国际工程咨询服务公司代理招
标，评标办法为合理定价评审抽取法，合理定价为 9 515 617.91 元。中标单
位为湖南省天伟建筑工程有限公司，中标金额为 9 515 617.91 元。2016 年 1
月 29 日，建、施双方签订了施工合同，合同价为 9 515 617.91 元，合同约定
工期为 180 日历天。该工程监理单位为郴州科源建设监理有限责任公司。实
际开工日期为 2016 年 3 月 29 日，完工日期为 2016 年 12 月 26 日。2016 年 12
月 26 日，宜章县财政局完成 1、2 栋变更工程预算评审，预算评审审定金额
为 1 154 248.12 元，两次预算评审金额合计 10 669 866.03 元。该工程竣工验
收时间为 2017 年 9 月 29 日，验收结论为合格。2018 年 3 月 6 日，工程完
成竣工验收备案。该工程主要建设内容为新建 1 栋建筑面积为 4 232.13 平

方米，2 栋建筑面积为 4 195.47 平方米。两栋均为六层砖混结构。

根据《中华人民共和国审计法》第二十二条的规定，宜章县审计局派出审计组，2018 年 3 月 6 日～10 月 17 日，对宜章县房产管理局（以下简称"县房产局"）负责建设的宜章县宜和君悦公租房 1、2 栋工程竣工结算进行了审计。审计结果如下。

（1）该工程送审竣工结算金额为 13 714 119.78 元，审定金额为 12 165 306.67 元，核减金额 1 548 813.11 元，核减率 11.29%。

（2）工程造价核减的主要因素有：工程量多计，核减造价 114.68 万元；定额子目错套，核减造价 26.08 万元；材料价格多计，核减造价 14.12 万元。

6.3.3.6 对前述三个县级公租房项目审计结果的分析

前述安康市旬阳县棕溪镇东区道路（一期）工程竣工结算审计、安康市旬阳县棕溪镇平安安置小区（二期）工程竣工结算审计和宜章县宜和君悦公租房 1、2 栋工程竣工结算审计三个审计报告显示，报告内容均较为简短，几乎很少看到存在的问题，更多的看起来像是走过场。这说明，在最基层的公租房项目审计中，缺乏对审计违规行为的相关法律、法规。事实上，审计不应该是监督的最后一环，而应当是需要被监督和约束的关键环节。

6.3.4 我国各级政府公租房项目审计监管中的共性问题

2007 年 6 月底至今，审计署公布全国的公租房建设项目存在大量问题，具体表现在以下五个方面。

6.3.4.1 审计监管主体单一

我国现行的公租房监管管理体制中，作为主要监管主体的政府在公租房建设项目中既当运动员，又当裁判员，社会监管和外部专业机构监管的力度较弱（刘玉峰，2011）。其中，审计监管主要是审计署和地方政府审计部门进行的专项监管，缺乏内、外部社会监管和独立第三方的审计监管。内部监管是指公租房管理部门、建设部门等单位内部对公租房资金使用效益、效率等进行的日常监管，这里主要指内部审计监管；外部社会监管主体主要指各类媒体、网络、社会公众和独立第三方的外部监管机构等。独立第三方的审计监管是会计师事务所进行的外部审计。会计师事务所作为独立于被审计单位的外部机构，应严格按照经济法、税法等法律法规以及适用的会计审计准则、职业道德等，在坚持诚信的原则下，通过审计活动，保证被审计单位公开信息的完整、真实和合法。然而，我国现有的公租房审计监管过程中，内、外部审计机构都没有充分发挥其应有的作用。

6.3.4.2　监管主体之间缺乏有效协同

公租房项目的监管主体除政府主管部门外，还应包括内部审计部门、外部审计部门和社会公众等。内部审计是公租房部门进行的自我鉴证；政府审计是公租房的上级或同级部门进行的相对独立的鉴证；外部审计最具独立性；其他社会公众的监管最广泛。三大审计主体可利用监管网络优势，形成相互协作的监管体系。然而，在我国公租房项目运行过程中，只有政府部门是相对独立的审计，且与其他监管机构各自单打独斗，造成许多监管盲区和重复检查。各地公租房管理局有的将监管职能赋予住房管理处，未单独设立内部审计部门或其他监管部门，有的根本就没有监管部门，各省区市管理部门间也没有直接联系，因而未形成全国统一的监管体系。这种信息的不共享和不对称不利于其健康发展。

6.3.4.3　监管主体监管时无法规可依、无标准可依

我国始于 2009 年初的公租房制度，虽然从国务院到各个省区市乃至县都制定了相关管理办法，但是，迄今没有全国统一的监管法律法规，更未设立专门的监管机构，而是由保障房的管理部门自行监管，更未制定对每年政府投入的公租房项目的巨额资金的投入方式、用途和绩效进行定期审计的法律法规。审计署数年一次进行的抽查审计也没有统一的标准和惩戒与激励机制。如北京市公租房管理办法规定：公租房的监管方式是申请公租房的家庭实行三级审核、两级公示制度。显然，公租房的监管仅包括分配环节，在融资、投资建设和租金补贴等方面缺乏监管。因而，面对全国不断涌现的大量的公租房权力寻租及其建设质量问题等造成的恶劣影响显然是杯水车薪。

6.3.4.4　审计监管缺乏常态化和持续化

审计监管常态化是将审计程序和方法常规化，按照既定的程式进行审计。它要求审计机构、审计程序、审计结果、审计人员以及会计核算基础工作健

全，且在常规环境下运行。但是，现实远非如此。审计监管的持续化，是指在事项发生的当时或在稍后极短时间内进行的全程审计，一是评价内部审计的有效性和审计风险；二是为了保证审计证据的有效性和审计报告的时效性。但是，在我国目前的公租房审计监管过程中，并未对所有的项目及时进行审计，而是习惯性地固定在某个时间段、对某一项目的某个维度进行审计。2013 年 8 月 9 日审计署发布的审计公告显示，自 2009 年初我国实施公租房制度以来，其仅对 2012 年度全国实施的公租房项目进行了抽查。这说明，2009～2011 年没有国家级的审计监管。据了解，率先实施公租房项目的几个城市也仅对首批公租房项目建设情况进行审计，其他项目则是不定期抽查。重庆市、上海市和北京市的公租房监管体制中都未单独设立审计部门，地方政府部门的审计程序也有待进一步规范，审计结果不公布或不及时，审计人员专业素质有待提高，会计核算基础有待完善等，都使公租房审计监管的常态化无法保障。另外，审计署 2007～2018 年对部分省级政府的公租房项目进行了抽查，相关问题已在前面述及。

6.3.4.5 审计监管效果亟待提高

与保障房寻租一样，表面看来牟利空间不大的公租房领域也存在寻租现象。北京市朝阳区房管局监督科表示，公租房的确不应转租，但实际查处起来困难非常大。前述审计署关于 2007～2018 年度我国保障性安居工程（即公租房，下同）抽查审计结果显示，一些地方资金管理和保障分配还不够规范。主要是我国的公租房项目因提供不实资料、相关部门审核把关不严，导致无论是在最初的融资、投资、建设还是最后的分配、使用等环节都存在不同程度的监管不力或缺失现象，具体包括如下五个方面的违法违规行为：360个项目挪用公租房专项资金，67 个项目违规用地或将公租房用地挪作商业牟利、34 个项目违规出售公租房，以及 11.97 万户违规享受公租房待遇等问题。这说明，公租房制度的每个环节都需监管，尤其是公租房的资金使用及其出售都需要独立审计的持续监管。

重庆的公租房与全国其他地域一样也具有上述问题和不足，同时也具有一些特殊性。据媒体报道，重庆市政府清退转租康庄美地小区的两位公租房承租户；石家庄市建华公租房小区出现多辆私车小区内过夜现象，附近居民反映，过夜私车多为小区内居民自有等。

本书将在第 7 章实证检验部分以重庆公租房审计监管为窗口，结合其他省市公租房普遍的监管问题进行分析。

6.4　我国公租房项目监管不力的诱因分析

2007 年至今，审计署继续跟踪公租房项目和督促后续整改情况，促进中央要求和部署落实到位，推动城镇保障性安居工程规范有序进行。

6.4.1　我国公租房制度建立时间较短

2010 年 6 月，住房和城乡建设部等七个部门联合制定的《关于加快发展公共租赁住房的指导意见》第六条专门对公租房监管做了如下规定：作为监管主体的住房保障部门要按照规定程序严格准入审批，加强对公共租赁住房运营的监督管理，做到配租过程公开透明、配租结果公平公正。对存在滥用职权、玩忽职守、徇私舞弊等违法违规行为的，要依法依纪严肃追究相关单位和人员的责任。公租房建设公共租赁住房的租金收入，应按照政府非税收入管理的规定缴入同级国库，实行"收支两条线"管理。租金收入专项用于偿还公共租赁住房贷款，以及公共租赁住房的维护、管理和投资补助。显然，该规定仅仅明确了公租房运营过程和租金收入的监管，却没有对筹资、建设和运营过程中的全部资金使用监管做出明确规定，更没有提出审计监管的具体要求。

6.4.2　政策制定部门缺乏对公租房监管的顶层设计

我国目前公租房的监管现状表明，其整体监管效果亟待改进。原因如下。

6.4.2.1　对公租房项目全程监管缺位

各级政府部门更注重公租房的投资与建设，对公租房项目全程监管重视不够，致使监管职责大多落在直接对资金负责的政府身上，形成了监管与经营主体的单一化，没有其他独立第三方的有效监管。

6.4.2.2　对公租房项目审计监管存在漏洞

政府主管部门对审计监管的认识和重视程度不够，没有意识到审计监管持续化和常态化能够对公租房监管发挥巨大作用。缺乏相应的惩罚机制，是造成公租房承租者鱼目混珠的重要原因。

在公租房制度中，对不符合条件的公租房入住者，一般只采取退租和一定年限内不得申请等措施。而对审批不严的政府人员，缺乏相应的处罚措施。如此低成本甚至零成本的违规风险，一方面，提高了骗租者的利益冲动，拿到公租房就是赚了，被查出也毫发未损，最多丢点面子而已；另一方面，削弱了把关者的责任意识。

调查显示，在公租房入住资格审批上有四级部门把关，分别为社区居委会、街道办事处、区一级政府和市级政府，但由于各种原因，如核实申请人资格需要较大的人力、财力等，难以完全封住漏洞。但把关不严的责任谁来担起来？公租房"低门槛"的政策善意值得肯定，但还需"高监管"兜底堵塞漏洞。毕竟，公租房的资源僧多粥少，一旦被不符合条件的人钻了空子，不仅伤了公众"居者有其屋"的梦想，对政府的形象和制度的公信力也会造成负面影响。

6.4.3 公租房监管机构与内容不健全

6.4.3.1 公租房管理部门中缺乏审计监管机构这一制度设计

单独设立监管部门是公租房监管机制发展的重要一步。迄今为止，全国各地都是政府主导公租房制度实施，相关部门既是管理者又是监管者。这种制度设计缺陷导致无法对自身进行独立、深入监管。例如，在全国率先设立公租房管理局的重庆市，部门设置中缺少了单独的内部审计部门，也未制定聘请独立第三方对筹资单位、建设单位和管理单位审计制度，仅由重庆市审计局对首批公租房建设单位进行了专项审计，但这并非持续审计。

6.4.3.2 公租房管理部门的监管内容不健全，重点不突出

对北、上、广和重庆公租房项目实施情况的调查结果显示，全国大中型城市公租房管理部门的职能不健全。如重庆市公租房管理局计划财务处的职能包括制定年度工作计划、编制资金计划、制定资金投融资策略、管理融资资金、制定公租房租金等。显然，缺失了公租房管理的重要部分——租金管理。公租房的建设资金主要来自政府，故租金监管无论是对建设资金的偿还，还是对公租房项目的考核评价都显得举足轻重。

6.4.3.3　公租房管理部门设置缺乏全国统一的协同管理体系

目前，全国范围内缺乏统一的公租房管理制度体系，中央与地方、地区与地区、省市与区县间缺乏紧密联系。从全国公租房项目的发展水平来看，各个省参差不齐，监管模式也不尽相同。例如，北京和重庆等大型城市对公租房项目设置了不同的管理机构，管理的内容和重点也不同。

6.4.4　公租房项目的审计监管机制不完善

公租房项目的运作很大程度上是资金的运作，从资金筹资、投资、分配到回笼是一个完整的闭环系统。要想保障公租房制度持续发展，资金管理无疑是重中之重。但目前公租房资金的审计监管方面还存在不足，主要原因如下。

6.4.4.1　会计核算基础不健全

会计核算是审计监管的基础，只有在真实、准确、及时的会计信息基础上，审计监管才能有效发挥作用。据某地区对公租房项目建设单位的审计结果显示，建设单位存在部分会计科目的分类认定不清楚，核算不及时、全面，会计政策不知应当遵循企业会计准则还是行政事业单位会计准则等误区。

6.4.4.2　公租房项目管理部门没有建立有效的内部控制制度

现代审计是建立在完善的内部控制制度基础上的抽样审计，没有完善的内部控制制度，就不可能有良好的审计监管效果。我国公租房项目从筹资、投资、建设到运营管理缺乏有效的内部控制制度和相关法律规定，既是审计监管不足的表象，也是审计监管不足的原因，而内部审计制度的缺失集中体现了内部控制制度和审计监管的双重缺失。

6.4.4.3　缺乏完善的监管机制

虽然多部委出台的规定提出了对公租房管理的各种办法，但却缺乏具体有效的监管机制体系。监管机制是具体落实责任的有效措施，它包括首问责任、限时办结、责任追究等机制，其确立无疑有助于发挥审计监管的作用。我国目前的公租房项目财务资金监管机制还不完善，应结合内部控制制度建设，构建一个事前相互制约、事中相互牵制、事后明确落实的完整的监管体系。

6.4.4.4 违法成本低，使得部分单位、人员敢于冒险，以身试法

前述无论是公租房绩效评价还是国家级、省级、市级和县级、项目的公租房审计，几乎没有看到对违法行为的处罚。虽然，审计署每年都有移送司法机关的，但是，却自始至终没有发现有相关经济处罚和行政处罚。这也是 2007~2018 年审计署审计后发现的部分问题始终都存在的重要原因之一。换言之，前述违法单位和人员的违法成本为 0，如果侥幸不被发现，其违法所得更是极为可观。这种违法收益同时具有示范效应和传染效应，令其他胆大者艳羡甚至效仿，进而可能导致违法行为愈演愈烈，屡禁不止，屡审屡犯。

事实上，在长达 12 年间，每一年审计署在审计报告中都会要求相关单位进行整改，但是显然效果不尽如人意。从经济上看，最多就是追回了部分资金和房屋，但是，每年数量极为有限的抽查，无法制止漏网之鱼，以及其带来的极其恶劣的负面影响，尤其是我国的公租房制度实施效果大打折扣。因此，亟待全新的公租房制度绩效审计机制的构建和应用。

6.5 民生导向下公租房制度绩效审计的 5E1C 模型构建

新公共管理是促使政府治理水平提高的重要理论依据，该理论包括两大核心内容：一是对绩效的关注；二是对责任的关注。而传统绩效审计的主要特征有两个：一是强调对资源使用的经济、效率和效果三方面的审计；二是对被审计单位履行其职责过程的审计。可见，新政府管理和绩效审计从根本特征上都强调了对绩效和责任的关注。因此，新政府管理与绩效审计有着密切的联系（雷达，2004）。公租房项目绩效的高低，主要取决于良好的绩效与责任落实是否能够始终可持续，即始终体现科学发展观的核心理念，而公租房绩效评价要想更好地贯彻科学发展观，为构建和谐社会服好务，就必须调整工作的视角和工作重心。公租房项目的可持续性和公平性，也就必须提到议事日程。其中，公租房项目的建设质量至关重要。显然，从我国目前的状况看，政府项目效益审计是符合新政府管理理论的

（刘英来，2006），因而公租房项目投资绩效审计无疑就成为公租房制度可
持续发展的有效手段之一。本部分将从绩效审计的角度重点分析公租房制
度的绩效评价和监管机制。

6.5.1 传统的公租房制度绩效审计指标体系

以往国内外的绩效审计指标体系主要有效率、效果、经济性等三个方面
的审计，即3E审计或5E（即还包括公平性和环保性）审计。但由于没有进
一步的统一标准和相关法律的有效保证，因而缺乏相关可操作性。

纵观我国2007~2018年各级政府部门进行的公租房审计报告，不难发
现，现实中公租房审计更多关注的是合法合规性，少量涉及了效率或效果。
同时，由于以往的审计指标体系中没有嵌入可持续指标，即没有从科学发展
和持续民生导向贯彻的角度进行分析和实施，所以没有达到应有的效果。

6.5.2 民生导向下公租房制度绩效审计评价体系创新

6.5.2.1 绩效审计评价的新思路

与以往传统的绩效评价思路不同，本书提出了政府投资绩效评价的新思
路，即以质量为核心，以实现项目的可持续发展与绩效审计可持续发展两个
方面相互推动为最终目的，以预期目标的实施效果为导向，在比较两者差异
和给出分值的基础上，进行六个维度下的绩效审计并寻找成因，提出改进建
议。图6-2以效果为例，给出了政府投资绩效评价的新思路。

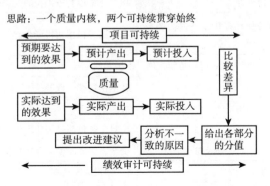

图6-2 政府投资绩效评价——以效果为例的新思路

6.5.2.2 评价指标体系的内容创新——可持续性评价

本书借鉴我国财政部对国际金融组织贷款项目绩效评价指标体系的内容，结合公租房项目的具体特点对目前我国公租房项目的绩效审计评价指标体系进行创新，即除了传统的 5E 审计外，再加入可持续性这一指标。首先，本书将传统的绩效审计指标体系按照审计准则—关键问题——一级评价指标—二级评价指标四个层次，构建了投资项目绩效审计框架。其中，审计准则是最高层的评价标准，它主要包括六个方面，即 5E + 1C，其中，5E 分别指经济性、效率性、公平性、效果性、环境性，1C 是指可持续性。其特点是最接近审计目标，但也最抽象、定性程度最高。第二层是在上述五个准则下提出最相关、最重要的关键问题。其次，针对每个关键问题再分别构建一级审计指标和二级审计指标。这四个层次的审计内容越来越具体，最后一层更是尽可能选择可以量化的指标。实在无法定量的，就采取问卷调查、专家访谈和座谈会等方式，采取因子风险等统计方法，务求尽量准确。最后，根据这些指标，采取各种审计方法去寻找证据。表 6 - 18 以世界银行贷款重庆城市环境项目为例，对项目可持续性这一关键指标给出了详细的绩效审计评价指标体系。

表 6 - 18　　　　公租房绩效审计评价中可持续性指标的多层次框架

一级指标	二级指标	三级指标
第一维度：项目的管理和运行机构的设置、人力资源、经费能否满足项目持续运行的需要		
保障机制可持续性	机构可持续性	负责项目完工后管理工作的机构及制度存在与否
	人力资源可持续性	负责项目完工后管理工作的人员存在与否
	经费可持续性	项目完工后管理工作的经费充足与否
	技术服务机构提供服务能力的持续性	技术服务机构获得资金能力的持续性如何
第二维度：项目的产出能力能否得到持续提供、维护和利用		
建设过程可续性	产出有效利用率	技术使用率（%）
		故障率（%）
		项目运转负荷是否达到设计生产能力（%）
	项目产出能否得到及时维护	资金、保障制度的存在与否
	建设保障率（%）	1 - 建设故障比率（%）

续表

一级指标	二级指标	三级指标
第三维度：项目运行所依赖的政策、制度和法规能否得到持续实施		
法律法规的可持续性	政策、机制安排的可持续性	项目制定的政策、制度能否持续发挥作用
	配租管理	关注摇号配租过程的公开透明
	换租管理	关注摇号换租过程的公开透明
	退出管理	关注退出的合规性
	租金管理	关注租金的收缴、使用情况
	信息公布	关注各项信息的公布、更新、修正情况
第四维度：项目贷款（含国际金融组织和国内贷款）能否按时偿还		
融资可持续性	还贷及时性	计划与实际还款日之差
	财政垫还贷及时性	省级到期还款率（%）
		县（区）到期还款率（%）
		项目单位到期还款率（%）
	还款准备金率（%）	还款准备金/项目总资产 * 100%
第五维度：项目交付使用后是否有独立的长效监管机制		
监管的可持续性	项目运营有无常设的独立监管机构	监管机构的隶属关系
	项目运营监管有无相关法律法规	监管法律的个数、可操作性
	项目运营监管有无持续的资金来源	每年监管经费占当地财政预算的比例
	监管机构的运行机制是否完善	监管法律实施的频率与效果
可持续性总体审计绩效	融资审计绩效、建设审计绩效和后续管理审计绩效的加权平均值	

表 6-18 中，作为公租房项目长期绩效重要体现的核心准则和继经济性、效率、效果、公平性 5 大准则后的第 6 大准则——可持续性准则，必须予以重点评价和审计。因此，本书在可持续准则这一最抽象的概念下，将其按照层次分为五个关键问题，将一级审计指标和二级审计指标进行逐级细化和量化。

（1）项目管理和运行机构的设置、人力资源、经费能否满足项目持续运行的需要。对于这一关键问题，本书将其分为四个一级审计指标：机构可持续性、人力资源可持续性、经费可持续性和技术服务机构提供服务能力的持续性。然后，分别对应四个二级评价指标：负责项目完工后管理工作的机构及制度存在与否、负责项目完工后管理工作的人员存在与否、项目完工后管理工作的经费充足与否、技术服务机构获得资金能力的持续性。这些信息主要采用问卷调查与询问等评价程序获取（下同）。

（2）公租房项目的产出能力能否得到持续提供、维护和利用。该关键问题可以细分为如下三个一级评价指标：产出有效利用率、项目产出能否得到及时维护和生产安全保障率（％）。然后，再分别细分为可以量化的二级评价指标：产出有效利用率分为技术使用率（％）、故障率（％）、正常使用率（％）和项目运转负荷是否达到设计生产能力四个；后两个指标，则细分为资金、保障制度的存在与否和 1－生产故障比率（％）。

（3）项目运行所依赖的政策、制度和法规能否得到持续实施。这一关键问题细分为"政策、机制安排的可持续性"一级评价指标和"项目制定的政策、制度能否持续发挥作用"二级评价指标。

（4）项目贷款（含国际金融组织和国内贷款）能否按时偿还。该关键问题对应于以下三个一级评价指标：还贷及时性、财政垫还贷及时性和还款准备金率（％）。第一个一级评价指标对应计划与实际还款日之差这一二级评价指标。第二个一级评价指标对应以下三个二级评价指标：省级到期还款率（％）、县（区）到期还款率（％）和项目单位到期还款率（％）。至于第三个一级评价指标则对应于还款准备金/项目总资产×100％这一二级评价指标。

（5）项目交付使用后是否有独立的长效监管机制。之所以要加入这一评价指标，是因为现实中，公租房项目在实际操作中从设计、施工建设到投入运行都较为普遍地存在违规行为，如多计工程造价、虚列支出等，而且涉及的金额都较大，严重影响了项目的实施和运行绩效。项目可持续性这一评价准则中的前四个关键问题是借鉴我们对世行贷款投资项目绩效评价的指标体系，但是一级评价指标和二级评价指标却是我们的创新。而第五个关键问题则是本书的创新，通过对重庆市公租房项目的绩效评价效果，特提出对项目运营是否建立独立的长效监管机制进行评价的设计，并从以下四个方面分别建立一级和二级评价指标体系：①项目运营有无常设的独立监管机构；②项目运营监管有无相关法律法规；③项目运营监管有无持续的资金来源；④监管机构的运行机制是否完善。

然后，这一级评价指标进一步分为监管机构的隶属关系、监管法律的个数、可操作性、每年监管经费占当地财政预算的比例、监管法律实施的频率与效果四个方面的二级评价指标，以确保监管机制有效监督项目运营的可持续性。

6.5.2.3　评价指标体系评分标准的确定

传统的绩效评价评价标准大多是采取专家打分法，本书借鉴财政部对我国公租房项目绩效评价的标准，而且还考虑到采取经济技术分析、成本效益分析、指标对比分析、数据统计分析、问卷调查、表格调查以及召开座谈会、现场查看等评价调查方法，获取相关数据和情况；同时，充分借鉴国外绩效评价的技术方法，以实现绩效评价的创新。

6.5.2.4　评价指标的获取

前述指标体系共分为四个层次，按照 3、2、1 的顺序，一级比一级更抽象。第三级的指标一般是通过检查相关的书面资料、观察实务以及询问、分析性程序、重新计算等评价程序获得，然后，采取专家德尔菲意见法，获取每一个第四级指标所占的权重，计算出上一层次指标的分数。以此类推，最后得出第一级指标的分数。需要说明的是，其他指标则根据前述表 6-1、表 6-2 进行审计评价，限于篇幅不再赘述。

本章小结

本章基于以往的绩效评价体系，创新性地加入了民生导向这一根本目标，并将其重点体现在可持续性这一审计指标上，进而构建了民生导向下公租房制度绩效评价的项目逻辑模型、民生导向下公租房制度绩效评价的指标体系以及民生导向下的公租房制度绩效审计的 5E1C 模型，并对重庆市公租房制度实施绩效及监管的现状与不足进行了阐述和深入机制分析。

第7章 民生导向下我国公租房制度
实施绩效的案例分析

本章创新性地提出了公租房制度可持续发展的概念，并在全面深入阐述审计对公租房制度具有治理功能的基础上，重点对重庆市首批公租房建设项目的审计监管效果进行了全面、深入和具体的分析。

7.1 民生导向下重庆市公租房制度实施的绩效评价

我国《审计机关对国家建设项目竣工决算审计实施办法》（1996 年）、《审计机关国家建设项目审计准则》（2001 年）均明确规定，审计机关应当对国家建设项目总预算或概算的执行情况、年度预算的执行情况和年度预算、项目竣工决算的真实合法、投资效益情况进行审计监督。这些法规虽然强调了对实际产出与预期结果差异的追究，但却忽视了投入资源的产出效率、效果的长期可持续性，如对违反招标和投标规定的处罚不严，而且缺乏进一步的督促实施和改正机制，导致概算超支情况严重、设计变更随意性较大，甚至导致政府投资项目重复建设、违法违规行为屡禁不止。为此，加强对公租房项目投资项目绩效可持续性的审计监管，就显得异常重要和迫切。然而，目前国内外的相关研究较少，而且国内仅仅对我国政府投资项目的绩效审计进行研究，并未涉及公租房投资项目审计，本章以重庆城市公租房项目为例，探讨政府投资绩效审计及监管机制的新思路，以期为政府决策部门提供些许参考。

7.1.1 公租房投资绩效评价指标标准的确定

以往的政府投资项目绩效审计实践中主要采用以下四类标准：一是已有的行业标准；二是投资项目可行性研究报告中的标准；三是被审计单位制定

的一些控制制度、管理办法等；四是国家制定和发布的发展规划以及行业发展目标、指标，有关专业管理部门发布的规范、技术标准等。

对项目的前期建设主要评价项目立项的可行性、立项程序的合法性、建设项目机会成本。项目的效果性评价应从经济效益和社会效益两个方面来进行。其中，经济效益评价主要包括投资利润率、投资回收期、净现金流量等指标，社会效益评价主要是评价项目对生态环境、行业和地区经济发展、政府政策和社会稳定等方面的作用和影响。社会效益指标主要包括政府设施增长率、社会满意度、群众上访率等指标。同时，项目的效果性评价还应当包括项目自身建设的效果性评价（刘英来，2006）。

另外，政府投融资建设的纯公益性项目如城市道路改扩建、城市公园兴建等，不以获取一定的经济利益为目的，而是从社会总体利益出发衡量项目所带来的社会效益。对此类项目评价时可以有选择地采用前述社会效益评价指标，主要从处理社会问题和承担社会责任两方面来评价项目的社会效益（周勇，2008）。

7.1.2　公租房项目的绩效评价标准

前面已述及，公租房分为融资阶段、建设阶段、后续管理阶段，针对不同阶段，公租房制度效果的衡量标准也不同。首先，融资阶段，主要衡量资金是否及时到位、资金是否被有效运用、会计核算质量好坏等。其次，建设阶段，主要衡量工程是否按照要求施工、工程质量是否达标、配套设施是否完善、建设位置是否合理。最后，后续管理阶段，主要衡量准入机制和退出机制是否公平、租金是否被有效管理、信息是否公开透明等。本书则采用前述第 6 章构建的绩效审计评价指标体系和方法。

7.2　民生导向下重庆市公租房制度实施的绩效审计

7.2.1　审计与公租房制度的可持续发展

7.2.1.1　公租房制度可持续发展的内涵

根据可持续发展的含义，本书认为，公租房制度的可持续发展不仅是在生态环境制约下确保中低层收入居民有其屋，同时是对房地产市场进行间接调控的协同发展；以人为中心，即民生导向的公平、公正、公开发展；在公租房建设中要遵循建筑、环境、地质和经济规律。具体体现在以下三个方面。

（1）公租房制度的可持续发展是"社会—经济—生态"三维复合的协调发展。在该复合系统中，公租房的发展将以生态良性循环为基础，同资源环境的承载能力相适应。

（2）公租房制度的可持续发展强调以人为本、全面发展。该发展旨在为中低层收入人群提供一个全面提供素质的稳定、温馨的公租房制度，应体现公平、公开、公正原则，在社会人口保持与经济、环境、社会持续发展相适应的前提下，既提高人的物质生活水平和精神生活水平，又给社会成员以公平的分配权和公平的发展权，即消除贫困，消除贫富悬殊和两极分化。

（3）公租房制度的可持续发展强调发展潜力的培植。具体体现在杜绝空置房、多套房等腐败现象，提高公租房的使用效率和效果，实施有效的公租房准入和退出机制。

7.2.1.2　审计在公租房制度绩效评价和绩效审计中的作用与功能

审计通过增加经济信息（会计信息）的价值而推进经济信息的有效传递，是整个经济信息系统中的有机组成部分，是一种确保受托责任关系履行的社会控制机制（弗林特，1983）。

（1）审计可以减少道德风险、逆向选择以及寻租腐败，维护企业、行业以及政府和国家间契约的正常进行，服务环境、经济、社会。在两权分离的现代企业中，由于委托人和受托方（代理人）之间的信息不对称，委托人试图通过会计这一制度安排来了解受托责任的履行情况，以便进行决策。然而，现实中会计系统是在受托人（管理当局）的控制下运行，因而难以保证会计信息的客观、公正，有时可能还会提供虚假会计信息欺骗委托人。为了规范受托人的信息披露，最大限度地减少信息优势方（受托方）和信息劣势方（委托人）之间的信息不对称，维护企业契约的正常运行，以对企业的财务收支及其有关经济活动的真实性、合法性和效益性进行监督的审计便应运而生（夏恩·桑德，2002）。

（2）超然独立的审计机构可以对通用会计准则的执行权和剩余制定权行使监督权，监督财政财务收支以及经济活动的真实性、合法性，维护经济秩序持续健康发展。在现代企业会计准则制定权合约安排的三个子系统，即会计信息的规范系统、生产系统和质量检验（监督）系统中，会计信息的质量检验（监督）系统的运行主体是审计师。审计师的工作质量最终决定着会计规则制定权合约安排系统向社会输出的会计信息质量，而审计质量则是由审计师的职业能力和在审计方面投入的人力和物力以及审计师的独立性决定（DeAngelo，1981）。

（3）专项审计提升专项资金使用的综合绩效，降低各种风险。审计监督体系所具有的绩效审计、经济责任审计、内部控制审计、投融资、建设项目等专项审计不仅可以客观鉴证审计对象经济管理活动的经济性、效率、效果、适当性、环境性、可持续性等，发现其中存在的不足，还可以提出正确的改进建议，因而具有公司治理（即企业内部治理）、政府治理和国家治理等功能，进而帮助这些审计对象实现其战略目标和经营目标，规避战略风险、经营风险、财务风险、政府债务风险乃至主权债务风险。

（4）审计有利于实现人与资源环境的共同持续发展。审计监督中的资源环境审计，尤其是低碳审计、社会责任审计等，更是监督人类活动与自然环境和平共处的一个有效工具，也是人类可持续发展的一大重要保证机制。

7.2.1.3　审计与公租房制度可持续发展的关系分析

（1）审计与公租房制度实施中的道德风险、逆向选择和寻租腐败。审计是一种解决公租房制度实施中道德风险和逆向选择的有效制度安排。审计是委托人与代理人的共同需求，其目的是降低委托代理关系中的代理成本。公租房是政府投资、委托其他单位建设和管理的一项专项投资，旨在解决中低层收入者居住条件的住房难题，因而在政府与建设单位、管理单位之间存在着多重委托代理关系，进而建设者、管理者与更具体的施工及管理工人之间也存在着委托代理关系。这些代理者不可避免地会出现道德风险和逆向选择，即各种寻租行为和腐败。前述及后面提到的我国公租房制度实施过程中存在的资金截留、违规享受公租房待遇等就是最有力的证明。国内外数百年的实践早已证明，审计作为解决委托代理问题最有效的制度安排，自古以来具有先天的优势，因此，政府借助于审计可以降低各个代理部门或企业的代理成本，减少机会主义倾向，甚至权力寻租和腐败，确保公租房的建设质量和运行管理水平，进而实现其可持续发展。

（2）审计的绩效评价和保护利益相关者功能与公租房制度可持续发展。

审计的绩效评价和保护利益相关者等功能可以促进公租房可持续发展。绩效审计与合法合规性审计，既可以评价公租房制度的实施绩效，又可以发现问题，并提出改进路径。因此，公租房的投融资效率与效果、建设质量与成本、运行管理效率与效果无不需要审计监督。其中，内部审计可以进行日常监督，外部审计发挥定期鉴证的作用，政府审计则发挥政府治理和公司治理的功能。因为政府审计的一项重要工作就是对政府重大投融资和建设项目的绩效、管理进行绩效审计，它可以对政府在公租房中扮演的角色如何进行监督与评价。同时，公租房的建设单位大都是信誉好、规模雄厚和建设质量高的大型国企，这些企业又是政府审计的重点对象，政府审计可以监督政府有关部门与企业双方，属于政府部门的公租房管理机构也属此列。可见，审计可以监督公租房制度实施的全过程，因而可以充分发挥监督治理功能。

（3）审计的公司治理、政府治理和国家治理功能与公租房制度持续发展。审计的公司治理、政府治理和国家治理功能为公租房制度持续发展提供牢固的屏障。审计是独立于公租房投融资、建设与管理体系的第三方监督机构，可以真正发挥其监督治理功能，切实实现公租房制度的可持续发展。除中介审计具有公司治理效应外，有效的内部审计可以发挥公司治理功能。公租房制度的实施主体一般都是国有大型建筑企业，内部审计是大多数国有大型企业和国家政府部门内部监督的一个重要环节，加强内部审计可以发挥较大的监督作用。政府审计是政府治理、国家治理的一个重要部门，其在行政和业务上均与公租房管理部门存在较强的独立性，故可以独立评价并发表审计意见，并针对问题及时提出整改建议。

（4）资源环境审计、低碳审计、社会责任审计等专项审计与公租房制度可持续发展。资源环境审计、低碳审计、社会责任审计等是确保公租房建设长期健康运行的一大法宝。自 20 世纪 80 年代末至今，资源环境审计、低碳审计与社会责任审计的理念早已深入人心，并已成为人类生存必要保证的一大共识。公租房制度作为泽及民生的百年大计，必须接受上述审计的监督，也必须借助于它们才能达到真正的可持续发展，这也成为不争的事实。

（5）安全审计、质量审计等专项审计与公租房制度可持续发展。安全审计、质量审计也是保证公租房建设可持续发展的一个根本保证。自 2010 年开始，我国逐步进入公租房建设的高潮阶段，作为维护人民安居乐业、降低贫富差距和维护房地产市场稳定、聚焦政府极大期待和凝聚着众多人期望的公租房制度，其施工安全、工程质量无疑是其中最重要的环节，因此，安全审计、质量审计不得不成为决定该制度能否持续发展的重要制度保障。

总之，审计尤其是政府审计在很大程度上可以涵盖公租房的投融资、建设与运行监督的全过程，因而它是维护公租房制度可持续发展的重要制度保障和最佳选择之一。

7.2.2　审计促进公租房制度可持续发展的具体内容

7.2.2.1　融资风险、采购等供应链成本管理审计与公租房制度可持续发展

与其他保障住房类似，公租房兼具准公共品的属性和极为低廉的价格以及其他优惠政策，导致其不可避免地会出现寻租和腐败。

7.2.2.2　公租房建设质量安全审计与公租房制度的可持续发展

公租房建设质量安全审计与公租房制度可持续发展之间的关系主要体现在以下四个方面。

（1）公租房建设质量、全程造价审计与公租房制度可持续发展。公租房的建设质量是决定该制度能否可持续发展的重中之重。公租房建设材料的质量和施工质量是其重要因素。这一方面取决于施工和监理人员的素质；另一方面取决于对施工质量的把关。公租房的施工方作为利益最大化的经纪人，无疑会争取最低造价以降低成本。因此，需要独立的第三方从工程预算造价、实施成本、人员薪酬、材料价格、工期等方面进行审计。

（2）安全、环保持续审计与公租房制度可持续发展。

①公租房制度的可持续发展体现在安全方面。公租房的建设设计、实施和管理都需综合考虑地质、空间布局、气候条件等，以确定施工材料、施工专业机构和人员以及施工工期，并预防地震、火灾、水灾等突发事件。这就需要提前进行工程考察、可行性分析和工程设计方案的制定以及审计和施工过程中的跟踪审计。

②公租房制度的可持续发展还体现在环保方面。香港公租房建设通过制定以关怀为本和顾客为本的政策，修建健康、舒适居所，减少碳排放；并在管理和招评标检查等环节注重环保、安全、道德操守（冯宜萱，2010）。公租房的建设材料、施工、污水以及其他固体和气体垃圾的排放等配套措施都需从环保角度考虑，不能为了节省成本使用对人体、环境有害的材料，除了政府有关部门制定相关法律外，还需独立第三方审计对环保材料、环保施工、

污水、垃圾处理以及低碳能源的运用进行审计,以实现公租房建设与环境的协同发展。

③要从社会安定、减少贫富差距等角度进行审计,如在公租房设计时制定以人为本、民生为上的政策,应考虑与商业住宅混居,预防加大社会差距,减少社区犯罪等不和谐因素,产生社会资本,提高社会凝聚力,在邻里之间建立社会互动,低收入人群在高收入阶层帮助下可以获得就业机会(Osten-dorf,2001;Kearns,2003),最终达到公租房制度的可持续发展。

(3)公租房运营、管理绩效审计与公租房制度可持续发展。公租房运营阶段的寻租行为主要是监督寻租。刘敏等(2011)发现部分地区违规分配公租房的案例频出,多部门审核屡屡失灵。理论上政府相关部门的工程监督以及企业监督都将起到不可忽视的作用。监督严格使工程项目的实施变得更"阳光",相关部门及企业的寻租就可能步履维艰。但同时因"变通"的监督能给建设相关的行政部门带来寻租利益,进而使得寻租在监督机构与企业及相关行政部门间发生(雷光辉,2011)。由此,具有降低监督成本和寻租行为功能的独立第三方审计就不可避免。

(4)制度机制设计、实施与管理的绩效审计与公租房制度可持续发展。公租房是涉及广大人民群众利益的公益性项目,在实施过程中,政府部门充当监督者,履行其为人民服务的宗旨;同时,公租房项目又是一个牵涉巨额利益的工程,政府作为业主将参与项目实施全程,即政府在其中充当了双重角色。因此,寻租就不可避免,腐败也成为威胁公租房制度可持续发展的重要阻碍因素。究其根源,主要在于:

①制度不健全。制度是导致公租房项目实施和管理过程中寻租的最主要原因。其中最重要的是建设监督,如何使公租房项目办成"阳光工程",建设监督的职责是重点。前述审计的监督功能正好可以担此重任。

②权—钱交易的经济效益。权—钱交易的经济效益的好坏是决定公租房项目实施过程中寻租多寡的关键。与企业的寻租不同,政府相关部门与企业及行政部门内部出现寻租却是一种有悖政府职能中公益性原则的活动,且严重损害了政府形象,阻碍了社会公平,影响了民心向背,扰乱了社会和谐。只有当政府企业间寻租活动的风险成本高于甚至远高于寻租利益时,政府腐败才有可能被遏制,政府寻租才有可能被有效控制。

③对公租房制度的审计缺乏常态化、全程化和持续性。如果对公租房项目的投入资金与运行效果的审计只是对建设或投资环节的不定期抽查,而且

缺乏持续跟踪审计的制度规定与约束，那么，其监管效果就会大打折扣。因此，要想保证公租房制度实施的可持续发展，就必须建立公租房持续审计监督治理动态网络，对其进行全程、持续和常态化的审计监督。

显然，绩效审计、财政财务收支审计等对公租房制度的机制设计和实施绩效进行全方位、全过程的审计，既发挥其政府绩效管理的职能，又发挥其公共管理的职能，还发挥对企业进行公司治理和促进内部控制的功能，最终确保公租房制度可持续发展。

7.2.3　重庆市公租房制度实施的优劣势分析

纪慧慧（2015）认为，在前期规划融资方面，在资金的投入和使用上要严格要求和监督地方政府优先建设保障房，保证保障房的前期资金供应顺畅，将其列为专款，不得私自挪用，违规者要依法承担法律责任，同时保证保障房的建设用地量，禁止将其挪作他用，相关部门要明确保障房建设用的专用性。

在施工建设方面，要把质量放在保障房建设的首位，加强对保障房质量的监管，在各个环节中始终贯穿质量第一的原则，建立严格的质量标准，健全质量监控制度，把保障性住房建造成老百姓心中的"放心房"，对于一些开发商违规操作和不注重保障房质量的行为，可以建立严格的惩罚机制进行约束。

在分配和管理方面，要做到保障房申请标准和信息公开，实现保障房的合理分配。分配公平是保障房制度的目标所在，各地要根据自身的经济发展条件，生活水平及住房状况等方面，确定适合当地的保障房居住对象标准，要让真正贫困的家庭住上保障房，同时建立保障房信息公开制度，在保障房建设的各环节中引入听证，公示程序。

在退出环节方面，建立严格完善的居民个人信用监管体制和信息档案系统，动态地监管居民的收入，严格审核其收入信息。一方面，防止高收入者通过非法途径获取保障房；另一方面，对于收入增加的保障对象，要令其合理退出，以促进保障性住房的流通性和合理配置，同时，这样也可以扩大受益群体，使更多的中低收入者享受保障性住房的优惠政策，提高生活质量。

地方政府要加强保障房监管意识，与相关机构一起监督保障房建设的各环节，保证保障房建设的顺利进行，同时，政府应该把保障房建设纳入地方政绩考核，让它与地方的 GDP 和财政收入等指标处于同等重要的地位，建立有效的激励机制，对保障房建设比较好的地方给予更多的优惠补贴政策，把保障性住房建设作为保障和改善民生的重点工作，列入政府的重要议事日程，纳入政绩考核程序，建立考核问责机制，对于没有完成年度目标任务的一些地区，相关部门要进行调查，针对具体情况对其政府负责人进行问责，建立合理的奖惩机制，这样才能调动地方政府建设和监管保障房的积极性。

7.3 审计促进公租房制度可持续发展的案例分析*

7.3.1 案例介绍

重庆市政府决定从 2010 年开始在全市开建 1 300 万平方米公共租赁住房，在后续的三年内全市建设总量达 4 000 万平方米，主要分布在主城区和区域性中心城市等人口聚集度高、住房供需矛盾突出的区域。其中，重庆市公共租赁房管理局具体负责其规划实施、日常监督和审核配租等工作。2010年主城区公共租赁住房项目实行监理制、造价咨询单位跟踪审核机制，该批公租房项目的设计单位为重庆市设计院等，施工单位为重庆市建工集团、中冶建工等，监理单位为重庆市建永工程监理有限公司等。由重庆地产集团、重庆城市建设投资公司（简称"城投公司"）实施建设。该年度公租房建设的具体情况见表 7 - 1。

表 7 - 1 　　　　 2010 年重庆市主城区公租房建设基本情况表
（截至 2010 年 12 月 31 日）

项目名称	鸳鸯片区	大竹林片区	华岩片区	西永片区	蔡家片区	茶园片区	合计
用地规模（公顷）	41	53.5	38.5	59	40.9	54.6	287.5
居住用地（公顷）	28.4	28.8	28.97	38.2	24.6	48	196.97
建筑总面积（万平方米）	111	124	123	147	106	212	823
住宅套数（万套）	1.79	2.17	1.96	2.52	1.72	3.74	13.9
居住人口（万人）	4.5	5.4	4.9	6	4.3	8.8	33.9
容积率	3.52	3.78	3.78	3.54	3.85	3.98	

---

* 案例信息根据相关资料整理。

续表

项目名称	鸳鸯片区	大竹林片区	华岩片区	西永片区	蔡家片区	茶园片区	合计
建筑密度（%）	26	18.10	28	22.5	26.6	25.1	
绿化率（%）	35	40.90	31.5	35	35.4	35	
总投资（亿元）	33.3	36.05	41.31	45	32	62	249.66
建设进展	主体施工阶段，已完成25栋楼	主体施工阶段，5栋住宅封顶断水	平基土石方阶段	主体工程上升阶段	基础工程施工阶段	部分基础工程已开始实施	

资料来源：重庆市审计局。

7.3.2　审计的治理功能与公租房制度的可持续发展

重庆市审计局对该市首批进行的 6 个公租房项目的建设情况进行了专项审计（截至 2011 年 2 月底），结果如下。

7.3.2.1　重庆市公租房建设的工程造价控制较为合理

重庆地产集团实施的民心佳园、康庄美地、民安华福三个项目的造价管理控制模式实施较好，项目造价处于基本可控状态。这应归功于其主要采取了如下措施。

（1）与施工单位订立标准合同进行定额计价，借鉴房地产开发成本控制的经验，对不好控制的签证内容在合同中以每平方米 25 元的价格综合包干。

（2）严格设计变更。工程设计变更由监理单位对变更的可行性和合理性提出意见，再由跟踪审核单位进行估价。

（3）由监理、跟踪审核单位和甲方采取多方比对、认质竞价等方式做好认质核价工作。

7.3.2.2　重庆市民安华福项目的管理效果较好

（1）最突出与最值得推广的经验是将二次装修的土建安装设计与主体工程的土建安装设计一起在前期统筹考虑，同步实施，从而保障了不同施工步骤间必要的技术间歇时间，避免装修时的二次破坏，大大减少了装修赶工引起的起鼓、墙面开裂、漏水等质量问题。

（2）通过优化设计，调整了场内道路标高，减少了土石方开挖量，既提高了进度，又节约投资 1 100 万元，建议全市公租房建设项目不断优化设计，以节约投资成本。

（3）在施工中采用了一种旋挖桩新施工工艺，显著提高了施工功效和安全保障。建议在今后的施工中予以推广，定额管理部门补充该子项。

7.3.2.3 审计的治理功能与公租房项目建设的可持续发展

可见，通过审计不仅可以客观地确定和了解公租房建设的效果，例如工程造价，而且为其他公租房项目的顺利推进及效率的提高提供参考，从这个意义上讲，审计具有较好的治理功能。同样，通过审计发现的重庆市公租房建设的管理经验，通过上报有关部门可以为我国其他地区乃至世界的公租房建设提供一定的借鉴，进而促进公租房制度的可持续发展。

7.3.3 公租房审计的监督功能与公租房制度的可持续发展

7.3.3.1 采购供应链审计发现的问题与公租房制度可持续发展

（1）材料采购与供应链存在较大问题。公租房建设在砌体施工阶段，由于建设体量大，对砌体砖的需求量大，各家施工单位均采用预付全额现金、扩大采购半径的方法争取资源。城投公司项目、西永、蔡家公租房项目砌体砖的采购问题均成为影响进度的主要因素。

（2）公租房采购与供应链审计与公租房制度可持续发展。前述理论分析和重庆市公租房建设中发现的问题表明，公租房项目要想按期完成，适时不断的材料供应是基本保障，更是该制度可持续发展的重要前提。公租房采购与供应链审计，尤其是预算审计，是确保公租房制度可持续发展的一个重要预警机制。

7.3.3.2 工程造价审计发现的问题与公租房建设的可持续发展

（1）工程造价存在的问题。民心佳园项目造价存在的问题。①前期准备工作不充分，设计较粗糙导致设计变更较多。②交叉施工的影响和损坏。③由于施工因素，施工线内外搭的临时建筑经常搬迁。④绿化苗木的反复移栽和更换，缺乏长期规划。⑤材料价格如混凝土价格较以往上涨了 20% 以上。城投公司项目、西永项目、民安华福项目也存在类似问题。

（2）建设工程造价问题与公租房建设的可持续发展。审计结果表明，上述 6 个项目中有 4 个项目都存在工程造价高于预算的情况。总之，通过审计发现了问题，找到了原因，从而也为今后公租房项目的建设提供了借鉴，进而也促进了公租房制度的可持续发展。

7.3.3.3　工程质量审计发现的问题与公租房制度可持续发展

（1）工程质量审计发现的问题。

①部分项目工程质量不佳。其中，民心佳园主体工程质量基本满足规范要求，但还存在装修赶工带来的质量隐患，如装修开裂、返潮、起鼓等。民安华福项目在质量管理方面存在以下问题：一是由于前期赶进度，未按施工规范和合同约定对高回填区进行分层碾压，而是采取抛填方式，导致回填区基础施工难度增大，且对项目建成投入使用后也有较大影响。二是对平基爆破方案审核不严，导致对设计标高位置的基础持力层有较大破坏，既增大工程量又增加施工难度。另外，茶园项目、西永项目工程也存在其他质量问题。

②公租房建设项目中比较突出的问题是监理人员严重不足，少数人员无上岗证，不能满足工程建设要求。西永项目共投入 37 名监理人员，显然无法保证项目的每一个重要节点都得到严格的质量控制。蔡家项目同样存在监理人员严重不足的问题。

（2）工程质量审计与公租房制度可持续发展。重庆市审计局有关部门认为，必须加强对公租房项目建设质量的监督力度。建议采用全国招聘的方式，争取积聚最优秀的监理人才，以确保公租房的建设质量。上述质量审计结果表明，审计发现了公租房建设中影响公租房制度可持续发展的种种问题和隐患，它不仅为政府部门加强公租房建设项目的质量管理提供了决策依据，而且为公租房制度可持续发展提供了可靠保证，也证明了公租房建设质量审计是确保公租房制度可持续发展的必要保障。

7.3.3.4　项目配套设施与环境审计中发现的问题与公租房制度可持续发展

（1）重庆市 6 个项目配套设施建设审计中发现的问题。重庆市审计局有关对公租房配套设施与环境审计的结果表明，大部分项目生活必需的配套设施建设滞后，影响建成后投入使用。其中：①康庄美地存在的最大问题是污水排放，市政管网不配套，附近没有管网配套以及污水处理厂，污水只能经生化池处理后向周边环境散排；蔡家项目正在进行排污管网建设，但未明确完工时间。所有项目均存在外围排污管道管径小于公租房小区内排管管道管径等综合管网不配套的情况。②民安华福项目没有设计大型医院，只有社区医院，而且市政雨水管网与小区管网不匹配，公交站场等没有同步建设。

（2）配套设施审计、环境审计结果与公租房制度可持续发展。重庆市审计部门在发现问题后，建议及时完善项目配套设施的规划建设，在居民入住公租房之前应将所有市政设施全部布点落实下去。

可见，如果没有公租房建设中配套设施审计、环境审计与社会责任审计等监督机构的及时跟进，相信作为信息不对称的社会公众、政府有关部门等将不会知道，随后入住的居民将会从非常高的期望中不断跌入另一种痛苦的境界：污水横流、购物、看病、上班、老人与小孩的赡养等将陷入不方便或困境，长此以往，原本美好的幸福家园将有可能成为不安定的社区，公租房制度的可持续发展将无从谈起。

7.3.3.5 财务管理审计发现的问题与公租房制度可持续发展

（1）财务管理审计发现的问题。截至2011年1月底，城投公司的公租房公司建设资金共计30.9736亿元，重庆地产集团获得的资金合计128.8亿元。两大公司的公租房建设公司面临的主要是项目业主的管理费以何种标准认定的问题，即发生的管理费应该按照企业财务制度还是按照基建财务制度核算。例如，城投公司采取代理模式，代理费标准高于基建财务管理规定中的建设单位管理费标准，按照相关规定，西永项目估算总投资为38亿元，其代理费最高限额为1 100万元；蔡家项目估算总投资为26.5亿元，其代理费最高限额为985万元。这就要求该公司在与渝开发、新城公司签订代理合同时，代理费分别按1 100万元、859万元包干处理。但是，实际却超过上述限额，因此，记入"管理费用"科目就有失公允。地产集团将公租房公司发生的管理费记入"管理费用"科目，而公租房项目本身发生的、管理性质的费用则记入"开发成本"科目。

（2）审计建议与公租房制度可持续发展。为解决上述管理费处理不一致等情况，重庆市审计局有关部门建议必须尽快研究出台相关的财务规定，明确财务处理方法。前述审计的第一大功能就是确保财务信息的真实可靠与完整，且要公允反映并具有可比性。在此，充分彰显了审计的这一功能，也从财务管理角度为公租房制度的实施、管理与评价提供了真实可靠的决策依据。

7.3.3.6 绩效审计发现的其他问题与公租房制度可持续发展

（1）公租房建设绩效审计发现的其他问题与建议。

①重庆市在建的公租房项目不仅建设规模大，两大公司同时开工建设上千万平方米，而且工期紧张，项目实际施工期间仅为九个月到一年，导致建设管理、质量监督等难度大。

②公租房建设的前期准备工作不充分，直接导致对工程管理和投资控制不力，也导致国有土地使用权证、建设用地规划许可证、建筑工程规划许可证、建筑工程施工许可证"四证"不全，加之划拨土地抵押物价值低，导致融资受限。截至审计结束日，在建的 6 个项目仅取得立项批复，没有概算批复，且只有鸳鸯、大竹林两个项目办理了施工许可证。

③平面布局存在的问题。重庆市现有公租房的平面布置是以美观大方和道路的走向来布置，结果导致非常好的地质结构区域用于商业门面、车库等低矮建筑或者绿化，而有些回填深、根基不很牢固的地方反而用于修建高层建筑。从预防地震等安全角度看，建议今后公租房项目应该以地质结构为主，兼顾美观大方和道路走向，可以较好地预防各种自然灾害。

④尊重自然规律，不能一味赶工期。为避免前述部分项目因赶工期导致的装修质量问题，以后的项目建设必须严格工程设计、预算，包括时间成本、资金成本的预算，并保持合理工期。否则，很可能造成安全事故或质量隐患，进而影响整个公租房制度的可持续发展。

（2）公租房绩效审计与公租房制度可持续发展。在政府与建设单位之间信息不对称的背景下，前述公租房效率审计发现的问题与建议均表明，公租房制度设施的效率与效果都取决于审计是否发挥作用，以及审计质量的高低，可见，公租房制度的可持续发展与绩效审计密不可分，从而活生生地验证了前述理论假设。重庆市首批公租房建设项目跟踪审计主要由重庆市审计局根据公租房在重庆市 2010 年经济发展中的地位制订审计调查目标而进行的不定期专项审计。除了市政府领导下的重庆市公租房管理局直接进行日常管理外，还没有社会审计等其他独立第三方的监督机构进行常态化的监督。因此，重庆市公租房项目的投融资、建设与完工后投入运行监管等制度机制尚需进一步建立和完善。

总之，通过对重庆市审计局在该市公租房建设项目跟踪审计中发现的六大问题与提出的建议的阐述，以及其与公租房制度可持续发展之间关系的具体剖析，不难发现，审计所特有的治理监督功能是公租房制度可持续发展不可或缺的必要条件、重要基石和有效的促进机制。

7.4 民生导向下重庆市公租房制度实施的后期监管效果分析

7.4.1 重庆严格公租房退出机制防利益输送

近两年，我国各地加大了包括廉租住房、公租房等保障性住房的建设力度，以解决中低收入群体的住房困难问题。目前，这些保障性住房已陆续竣工并投入使用。然而，如何公开、公平、公正分配保障性住房，实现"阳光分配"，不符合条件的如何退出，如何防止利益输送，是社会各界普遍关注的话题。对此，笔者到重庆市已经建成的几个大的公租房小区探访了解重庆市在公租房分配管理以及退出机制建设等方面的做法。

7.4.1.1 配租分配环节凸显公平性——不跑关系也能圆"住房梦"

因为有所怀疑，程××并没有参加第一批的摇号配租。"我觉得自己不会这么幸运中签，同时也担心申请过程中的公平问题，想着这种事怎么可能会发生在我这个小老百姓身上。"起初，摇号配租对程××来说是想都不敢想的好事。可是当她得知身边有同事第一批摇号就中了的时候，程××心里顿时升起了一丝希望，于是她抱着试一试的心态参加了第二批摇号配租。程××申请的是三室一厅的户型，这类户型的房源相对较少，竞争激烈，可是在提交申请材料没多久，程××就顺利地申请上了自己想要的户型。住在两江名居公租房小区的唐××一家也是"一摇就中"的"幸运儿"。"没想到不走后门，不跑关系就住上了如此舒适宽敞的房子。"一开始，唐××还以为没关系的住不上，但是公开的申请过程消除了她的疑虑。自 2010 年以来，重庆市大规模建设公租房，打造以公租房为主体的住房保障体系。考虑公租房的保障属性和过渡性安置特征，重庆按人均 20 平方米左右设计住房保障标准。从 2010 年起，这个市规划实施"三年开工、五年建成、七年配套成熟"4 000 万平方米公租房计划，力争解决 200 万中低收入群体的住房困难。目前，已实际开工建设公租房 4 500 多万平方米，竣工并交付配租 1 300 余万平方米，惠及民众近 50 万人。①

7.4.1.2　严格准入，阳光分配

按照重庆市对公租房制度的设计，凡年满 18 周岁，在重庆有稳定工作和收入来源，具有租金支付能力但在本市无住房或家庭人均住房建筑面积低于 13 平方米的城镇住房困难家庭，大中专院校及职校毕业后就业人员及进城务工、外地来渝工作的无住房人员，均可申请公租房。据重庆市公共租赁房管理局局长郭××介绍，为确保公租房"阳光分配"，在公租房的申请过程中，实行"两审两公示"制度，即申请人在公租房信息网或申请点现场提交相关材料，由各区设置的申请点初审后提交公租房管理局复审，复审合格的通过公租房信息网对外公示 7 个工作日，摇号配租后再通过公租房信息网和指定的媒体对外公示 15 日，接受社会监督。

为增强审核的准确性，提高工作效率，重庆开发了以地房籍信息系统为支撑的公租房管理信息系统，实现了房管、公安、民政、社保、工商等多部门信息共享和联网检索。截至目前，因住房面积超过保障标准等原因，累计取消了 1 302 户申请对象的摇号配租资格。此外，为让申请对象平等参与分配，杜绝暗箱操作，重庆市开发了公租房电子摇号系统，随机、同时产生配租对象和配租房源。分配过程实行全程电视直播，邀请监察人员、人大代表、政协委员、申请人代表等到现场监督，公证人员进行全程公证。从摇号配租户的情况来看，重庆主城区户籍人员占 37.7%（其中 5.4% 为廉租户），大中专院校及职校毕业生占 9.4%，本市进城务工人员占 38.4%，市外来主城工作人员占 14.5%。②

7.4.1.3　堵住利益输送"黑洞"

为了避免出现项目因分配不公、运作不规范等问题，重庆在公租房运作过程中摸索设计出了一整套严密的退出机制，建立公租房封闭运行模式，严防利益输送，真正让公租房成为服务中低收入群体的"民心工程"，而不是少数人牟利的渠道。公租房承租以 5 年为一租期，其间如果承租人不愿租住，可随时退出，但不能转租和上市交易。同时，公租房在租满 5 年后，将有部分用于出售，符合条件的承租人可申请购买，转换成有限产权的经济适用房。确需转让的，由公租房管理机构以原购房价加利息回购，重新作为公租房流

————————————

　　①② 资料来源：重庆市公共租赁房管理局网站。

转。对转租、转借等违规违约者解除租赁合同，收回承租的公租房，并记入信用档案，申请人和共同申请人5年内不得再次申请。这样便堵住了利益输送和无休止财政补贴修建这两个"黑洞"。租满5年之后，仍有住房困难的，可以继续申请5年。如果一辈子都有住房困难，可租一生。

7.4.1.4 对公租房保障对象实施动态管理

重庆市开发了以地房籍信息系统为支撑，房管、公安、民政、社保、工商数据共享的管理信息系统，不定期对住房使用情况进行检查，确保公租房的保障属性，目前，已累计审核取消1 559户不符合申请条件者的配租资格；同时，规范事后清退行为，建立证据收集、约谈警示、督促整改机制，发现或收集线索后，及时核实纠正或坚决查处清退，取消或清退了不再符合条件的628户入住资格。

此外，在退出机制建设中，重庆探索柔性执法，对不符合租住条件但暂时无法退房的，给予3个月过渡期，并按1.5倍计收租金；超过3个月后按两倍计收租金；对拒不腾退且经劝导教育无效的，按规定申请人民法院强制执行。其目的是通过提高违法成本，规定对"骗租"家庭的罚款金额，将"骗租"收益返还国家。此外，重庆市规范审批机制，明确每一级部门的具体审核内容，实行责任到人。公租房需要建设质量和分配共同监管，要预防与惩处双管齐下。重庆市公租房管理机构已对不再符合条件但暂不能立即退出的131户加倍计收了租金，尚未发生拒不腾退的现象。

7.4.2 重庆创新公租房社区管理机制

经过几年摸索，重庆市的公共租赁住房已由大规模建设阶段逐渐进入建设、分配、管理并重的时期。针对公租房小区规模大、流动人口多、居民构成多元、低收入群众相对较多等特点，重庆积极创新管理模式，坚持"三个同步、四个配套"原则，强化社区文化建设，初步探索了一套行之有效的公租房社区管理服务体系，实现了公租房"能住、愿住、住得好"，确保公租房社区和谐稳定。

7.4.2.1 构建协同联动的管理组织网络

"三分建，七分管"。重庆市公租房管理局郭××表示，以公租房为主的保障房型社区规模大，特殊困难群体量大集中，从某种意义上讲，管理好公租房比建设公租房更难，着实考验政府的管理智慧。以民心佳园公租房社区为例，民心佳园是一个总建筑面积超过 100 万平方米的独立楼盘，是由 7 个小区组团形成的一个大社区，入住了 17 000 多住户，近 5 万人。"我们整合了房管中心、物业公司、街道居委会、警务室四支力量进行小区内的协同管理。"民心佳园房管中心主任罗××介绍。为了防止管理脱节，市公租房管理局会同属地政府创新社区管理机制，采用小区管理（封闭组团内的专属管理）和社区管理（小区组团外的社会事务管理）相结合的模式，对整个公租房社区实施管理。

调查人员在民心佳园公租房社区采访时看到，社区内绿树成荫，芳草萋萋，环境优美。公交车站点前，小区群众自觉排队，虽然社区内只有八条公交线路车营运，但秩序井然。罗良成告诉调查人员，为了营造良好的社区环境，同时又要充分尊重承租户的权益，社区管理部门采用"疏堵"结合的方式，一边规范临时摊区，一边加快修建大型农贸市场，以便未来给承租户一个集中经营的场所。同时物业公司还加强日常保洁工作，确保各楼栋和街区清洁。

在入住的民心佳园、康庄美地等 6 个公租房社区，承租群众已有 20 余万人，充分发挥社区居委会、承租户委员会、信息员、社区志愿者等自治组织的作用，实现信息的沟通和共享，既发展了社区民主，又维护了广大承租户利益，最终形成广大承租群众自我管理、自我服务、自我监督的良好局面。

7.4.2.2　完善配套降低生活成本

调查人员了解到，重庆公租房布局在一、二环线之间的 21 个大型聚居区，重庆主城由 500 平方公里向 1 000 平方公里扩张的范围内，是未来城市发展的重要拓展区。公租房将有力拉动聚居区产业结构布局、基础设施建设，从而推动城市化进程。重庆市公租房管理局郭××介绍，针对承租户普遍关注的公租房社区配套问题，实际上，重庆市在推进公租房建设的同时，就同步推进各项基础设施和生活设施的配套，使公租房建设做到"三个同步、四个配套"，即公租房小区周边市政基础设施、小区公共服务设施、配套商业与公租房小区同步规划、同步建设、同步投用。

目前已建成投用的公租房小区，周边的市政交通设施，学校、医院等公共服务设施，以及超市、银行等商业服务设施，均有配套，公租房承租户和商品房居民能够同等地分享城市发展和社会配套的成果。以首个投用的公租房小区民心佳园为例，小区周边建有公交枢纽站，数条公交车通往主城各个方向，有轻轨通过，居民出行十分方便；小区建有一所小学，两所幼儿园，可满足租户子女就近入学。同时，小区内农贸市场、超市、药房、家居、服装、餐饮、银行、邮政、电信等一应俱全，日常消费可以不出小区。承租户王××说："现在小区的配套比刚住进来时好多了，我们住得也更舒心了。"

目前重庆已签约入住的公租房小区基础设施和公共服务设施配套已能够满足居民的基本生活需求，但是由于受区位、规划等因素影响，公租房社区配套与居民的多元需求还有一定差距，尚需进一步完善。今后，重庆市将根据承租户的需求，继续完善社区配套，进一步降低租户的生活成本和出行成本。

7.4.2.3　加强公共服务打造和谐文化社区

（1）在公租房管理中，重庆还建立了公共服务体系，建立"社区工作服务平台＋居委会"模式的社区管理组织体系，实现组织体系全覆盖和社区管理的无缝对接。通过社区工作服务平台，为居民提供就业、社会保障、教育文化、医疗卫生、计划生育等基本公共服务；通过社区居委会，近距离提供社区服务，增强小区凝聚力。同时，公租房小区还引进市民学校、科普教育、法律援助等各类社会组织、志愿者组织，对承租户加强文化教育引领。今年49岁的王××是民心佳园的廉租户，来此之前曾与丈夫孩子住在一间12平方米的破房子里，一家人的生活十分拮据。特别是在孩子两岁时，作为家里唯一劳动力的丈夫得了一场大病，丧失了劳动力，家里也因此失去了重要的经济来源。原本也不太健康的王金凤只能靠打零工来维持一家三口的生活，还要支付丈夫和自己的医药费。在入住公租房后，公租房管理中心了解到王××一家的实际困难，主动聘请她为管理中心的"饭管"，每天只需为房管中心的工作人员做一顿午饭，一个月工资1 200元，比之前打零工赚得多。

公租房社区的困难群体集中，行为习惯、人文素质参差不齐，对公共服务需求多元，尤其在就业方面，更为迫切。为此，各公租房社区的属地政府定期或不定期地组织企业进社区举办招聘会，招聘对象主要是承租人，以此挖掘就业潜力，创建"充分就业社区"。据统计，通过组织周边企业到小区招聘和就地吸纳等途径，已帮助3 000余名承租人实现了就业。

（2）重庆市公租房不断完善社会管理组织体系，就近和就地为居民提供就业、社会保障、教育文化、医疗卫生、计划生育等基本公共服务。

（3）重庆公租房小区还以"文化建设"为支撑，团市委会同各区政府积极开办市民学校，不仅举行了游园、周末影院、广场舞会等文化活动，还有针对性地开展了老年健康保健、插花培训、家居环境设计、亲子教育、食品安全、妇幼保健、女性健康知识、厨艺烹饪、手工艺制作等专题讲座活动。其中，民心佳园已组建少儿英语、合唱少儿艺术团，现有成员 205 人；康庄美地也已组建少儿绘画班、少儿英语角、少儿合唱团，现有成员 55 人。

总之，重庆市首批的公租房项目的总体绩效良好，尤其是公平性、效果性较好，从而也在该批项目中实现了可持续性这一目标，最终确保了该批项目民生导向目标的顺利实现。

本章小结

本章基于我国特有的制度背景，首先，提出了公租房制度可持续发展的概念与内容；其次，运用审计监管和治理理论，较为深入地分析了审计与公租房制度可持续发展之间的关系；再次，结合重庆市公租房制度实施典型案例分析了公租房项目持续审计对公租房制度可持续发展发挥的监督和治理功能，主要结论是建立政府、社会与内部三位一体的审计体系是确保公租房制度可持续发展的必要路径，即必须实施全程审计，才能确保审计对公租房制度可持续发展的保驾护航功能；最后，针对目前我国公租房审计实务存在的问题和不足，提出了构建公租房持续审计制度、审计结果定期披露制度等政策建议，从而为政策制定部门提供理论支持和实务参考。

第8章　提升我国公租房制度实施绩效的机制优化与路径分析

目前确定的公租房受益群体是否合理？其他群体是否也应该考虑？其申请资格审定的程序是否经得起检验？如何防止富裕阶层强占弱势群体的福利，从而使政府的转移支付落到实处？如何建立公租房制度科学的退出机制，使已经有能力拥有自己住房的人不再占用有限的公租房资源？如何杜绝公租房制度管理中的腐败？如何确保公租房制度的可持续发展？等等，这些问题都是政府有关部门需要深入考虑的问题。本章将对此提出一系列相关建议。

8.1　进一步完善我国公租房制度监管机制的必要性

8.1.1　我国公租房现有的监管机制

第7章已经述及我国国家层面的监管机制存在的问题和不足，这里不再赘述。至于重庆市，重庆市公租房管理局已经根据《重庆市公租房管理暂行办法》《重庆市公租房管理实施细则》的规定，对重庆市公租房的监管采用了严格的资格审核、跟踪调查，由媒体和大众共同监督，确保了分配与管理的公平正义。

8.1.1.1　监管部门各司其职

从监管组织结构看，重庆市级有关部门按职责分工，各司其职，负责公租房的有关管理与监督工作。其中，重庆市国土资源和房屋管理部门负责对区县（自治县）公租房的管理工作进行指导、监督与检查；重庆市公租房管理局负责建立联通社保、税收和公积金管理等系统的信息网络，严格审核申请人信息并对社会公示结果，公布配租房源的户型、数量、地点、申请时间段等信息；重庆市监察、公证机构、新闻媒体及申请人代表等负责摇号配租的监督工作。

8.1.1.2　监管手段及方式多元化

重庆市公租房管理局通过网络对申请人信息进行严格审核和承租信息公示；承租人入住公租房后，重庆市相关部门还将继续对其租住资格、履行合同约定、住房使用等情况进行检查，并设立举报电话、信箱，接受社会监督（田军，2015）。

8.1.2　存在的不足

本书通过分析多年的跟踪调研结果，发现公租房制度从审计署到重庆市审计局虽然对部分公租房项目进行了审计，但是，也存在如下不足。

8.1.2.1　均未对所有的公租房项目进行审计全覆盖

所有项目审计全覆盖和公租房通过后续管理审计全覆盖。从审计内容上看，既没有对公租房项目从融资、建设和后期的管理部门的财务报表进行年度审计，也没有对其内部控制进行审计。而只是抽查部分项目，即进行的是公租房建设阶段的专项审计。

8.1.2.2　缺乏科学客观的定量评价

据了解，至今没有对每一个公租房项目进行全面的绩效评价。因而，其绩效好坏没有一个统一的标准，而是定性的和模糊的社会公众评价。虽然财政部、住房和城乡建设部于 2015 年 2 月 25 日出台了《关于城镇保障性安居工程财政资金绩效评价暂行办法的通知》，但是之前的公租房项目都没有独立的、定量的绩效评价。

8.1.2.3　审计与其他监管部门未能有效协同

公租房项目审计与公租房管理部门的监管各行其是，没有实现协同监管，更不用提动态协同监管了，因而，总是存在这样或那样的漏洞和监管盲区。

8.2 我国公租房制度实施管理模式的构建

8.2.1 我国公租房全程管理的现状与不足[*]

目前，我国公租房制度作为保障性住房的新形式，普遍在制度上还存在很多不足。具体表现为管理机构不健全、机构职能不明确、管理机构链接不全等。重庆虽首发设立全国第一家公租房管理局，但管理局的设立滞后于公租房建设，公租房的建设组织管理权实际上分散在建设主管部门。在完善公租房管理机构的同时设立内部审计部门，可以从制度、机构设置、机构职能等基础性方面控制公租房整个过程的资金运转，这具有鲜明的现实意义和指导意义。公租房制度的主要执行流程见图 8 - 1。

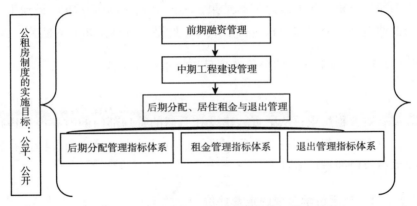

图 8 - 1 公租房制度的实施目标与主要管理流程

图 8 - 1 显示，公租房项目实施的全程管理工作主要包括分配管理、租金管理和退出管理三大指标体系。2013 年审计署对我国城镇保障性安居工程进行跟踪审计，结果显示，地方各级政府认真贯彻落实中央的部署和要求，相关部门和项目建设管理单位能够较好地执行国家政策法规，城镇保障性安居工程的资金管理、项目建设管理和分配管理等逐步规范，总体情况较好，但审计也发现，一些保障性安居工程项目和单位还存在违反规定或管理不规范等问题。其中，主要问题如下。

---

[*] 本部分数据根据相关数据整理。

（1）10.84 万户不符合保障条件的家庭，因提供不实资料、相关部门审核把关不严，违规享受保障性住房实物分配 3.89 万套、领取租赁补贴 1.53 亿元，另有 1.13 万户家庭重复享受保障性住房实物分配 2 975 套，重复领取租赁补贴 2 137.55 万元。

（2）34 个项目代建企业等单位违规出售保障性住房 1.83 万套，另有 5 333 套住房被有关单位、个人违规用于拆迁周转、转借出租等。

（3）360 个项目或单位挪用保障性安居工程专项资金 57.99 亿元，用于归还贷款、对外投资、征地拆迁以及单位资金周转等非保障性安居工程项目支出。

（4）45 个项目未办理建设用地规划许可等手续的用地为 1 433.16 亩，12 个项目将建设用地 601.53 亩用于商业开发等其他用途。审计指出上述问题后，地方各级政府高度重视并督促相关单位积极整改，截至 2013 年 6 月 17 日，有关单位已取消不符合条件保障对象资格 5.27 万户，追回违规领取补贴 4 431.15 万元，收回或清理被违规分配使用的保障性住房 1.98 万套，追回被挪用的资金 40.63 亿元，已补办 19 个项目 1 235 亩用地批准等手续，完善各类管理制度和规范 529 个。下一步，审计署将继续跟踪整改情况，适时公布整改结果。

此外，审计向相关部门移送违纪违规和经济犯罪案件线索 26 起，涉案金额 2 487.17 万元，涉案人员 55 人，相关部门正在依法查处。

8.2.2　公租房项目全程管理模式的构建

公租房管理体系主要是从其自身管理角度来实现管理规范化、合理化、有效化，建立全国统一的管理体系有助于解决现存的公租房管理制度问题，实现持续性发展。因此，本书构建了新的、具体的管理体系。详见图 8 - 2。

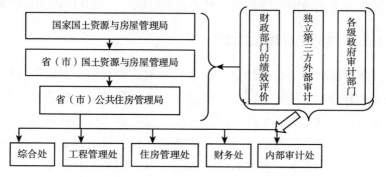

图 8 - 2　我国公租房制度及项目的全程管理模式

8.2.2.1　建立全程持续的管理体系

从中央的国土资源与房屋管理局到省（市）国土资源与房屋管理局，再到公租房管理局有一个统一的整体构架，中央国土资源与房屋管理局制定统一的管理规章制度，进而有一套规范的管理制度。房屋管理局下设综合处、工程管理处、住房管理处、财务处、内部审计处，各个部门明确分工。综合处负责协调配合其他部门完善工作；工程管理处负责前期公租房筹建工作，包括设计、施工等；住房管理处负责对建成的公租房进行分配租住，以及运营期间的日常管理；财务处负责公租房项目的资金周转工作；内部审计负责监督和审核其他部门工作，主要是涉及资金的日常活动。其中，最大的亮点之一是本书首次提出了设立内部审计处，进行日常财务和管理审计的后期监管方式，亮点之二是将各级财政部门的绩效评价加入全程管理体系，亮点之三是将政府审计和外部独立审计部门的定期审计子体系也加入其中，从而使得公租房的全程管理体系更加完善。

8.2.2.2　完善部门设置

实施审计监管是保证公租房模式永续性发展的基石，但实施审计监管的前提是不仅要有完善的会计核算，还需要同时在"硬件"和"软件"方面得到保证，即建立和完善监管部门、设立审计制度和内部控制制度。当前，公租房管理局还没有单独设立审计部门，而是将监管的职能赋予了审核配租处，这就不能充分发挥审计的监管和鉴证作用，也不能保证审计作用是在独立性的前提下进行的，故设立内部审计部门是必要条件。建立审计部门、配备专业的审计人员对公租房资金运动实施实时的监管可以促进推动公租房模式发展壮大。此外，公租房管理局不仅要对上级部门负责和报告工作，同时需要接受本级或者上级政府审计部门及其委托独立第三方审计机构的监管和考察。

8.2.2.3　完善会计核算基础

会计核算基础薄弱是制约全程管理的根本，要对租金实施有效管理，进而推动整体管理水平的提高，就需要建立一个完善的会计核算基础，且会计核算也是行使审计监管和鉴证作用的前提。完善会计核算基础需要从以下几方面进行：一是设立明细会计科目，明细会计科目根据需要在符合会计法规的前提下设立，明细会计科目有助于加强核算，归结到具体事项；二是规范会计核算程序，严格审核原始凭证以保证经济业务发生的真实性，规范填制并严谨复核记账凭证以降低审计风险中的重大错报风险，准确登记现金日记账、明细账、总账以保证会计信息的完全、精确反映，及时编制会计报表以保证会计信息的时效性；三是提升会计人员的专业素养，会计人员的职业技能和素质在会计核算和审计监管的过程中始终显得十分重要。

8.2.3　公租房全程管理的主要技术指标

关于公租房全程管理绩效评价指标体系的技术指标拟分为相对指标和绝对指标两大类，具体内容设计如下。

8.2.3.1　相对指标

根据公租房制度实际实施全程和主要内容，拟从如下四个方面设置相对指标。

（1）内部控制的有效度。内部控制有效度是指对公租房管理部门内部控制在实际工作中的执行与否及执行程度作出评价，通过审查内部控制制度的设计是否合法、是否协调、是否合理、是否经济、是否全面、是否能有效反馈。在具体的实际工作中，根据实施内部控制的阶段和程度，以及实施单位所处的行业、具有的性质，其指标值会有很大的区别。结合前述审计发现的问题不难推测，正是由于公租房管理部门的审核控制存在较大问题，导致145 个审计样本中有 116 个违法享受公租房保障项目，占 80%。

（2）分配公平度。分配公平度是公租房分配是否公平的重要指标。选取的方法的是，在采取新分配方式前后，选定随机目标样本，进行不同分配方式满意程度的问卷调查，根据计算出分配公平度，分配公平度＝分配满意样本数/样本总人数×100%。根据综合比较，将目标值设定为 90%，进一步地，将外部监管的有效度包括审计监管、财政监管等也纳入该指标的衡量体系中。公开披露频率与披露详细度。正是由于内控失效，最终导致公租房分配不公平。

（3）公租房租金定价的合理度。公租房租金的定价是否合理直接决定了公租房的后期监管是否有效，以及能否可持续发展。因此，需要探索其合理程度的量化指标。

（4）租金管理的有效度。租金管理有效度是衡量租金管理是否有效及有效程度的高低。它由租金收取度和租金使用度两者的乘积构成，租金收取度是指其租金实际收取金额与预计应收取的总额相比的系数，租金使用度是用将租金投入在生产过程中所创造的综合利益的高低来衡量的。管理有效度的指标值取决于收取度和使用度，一般水平应在80%以上。

8.2.3.2 绝对指标

（1）分配总额。分配总额指当期公租房有效分配的总套数或有效分配的总金额。将分配总额与前期数据、其他省市、其他国家进行对比得出本单位所处的水平。例如，2011年8月27日，重庆第三次摇号分配24 650套公租房。2012年4月28日，河北省石家庄市511套公共租赁住房试点配租通过电脑公开摇号直接分配到户。据英国政府公布的数据，英格兰和威尔士共有约800万人生活在公租房中。重庆市2010～2012年规划建设4 000万平方米公租房，2012年竣工800万平方米公租房，共计10万套住房。

（2）租金收取总额。租金收取总额是指当期实际收取的租金总额。将租金收取总额与前期总额相比较、其他省市、国家相比较。租金收取总额在一定程度上是相对变化较小的，因为一般租期是3～5年，每户租金不变或者波动很小。从审计角度看，若出现波动较大的月份或者年份，应当进行深入的检查。

（3）租金使用总额。租金使用总额是指在实际收取的租金基础上投入与资金运动的再生产环节的资金或者弥补前期建设成本的金额，资金使用额也是公租房效益的重要方面。

（4）租金净现金流量。该指标是决定公租房能否可持续发展的重要因素，因此必须予以控制。

8.2.4 公租房全程管理的主要经济指标

8.2.4.1 公租房申请者的人均年可支配收入

人均可支配收入是指反映居民家庭全部现金收入能用于安排家庭日常生活的那部分收入。它是家庭总收入扣除缴纳的所得税、个人缴纳的社会保障费以及调查户的记账补贴后的收入。可支配收入才是最终租金支付能力的基础，2008年重庆城镇居民人均可支配收入为14 368元，增速为14.1%，而全国平均水平是15 781元，增速为14.5%；重庆农村人均可支配收入为4 126元，增速为17.6%，全国平均水平是4 717元，增速是15.0%。[①]

---

① 根据重庆市统计局网站公布的数据和全国统计公开数据整理。

8.2.4.2　公租房出租期间的消费物价指数

消费物价指数是根据与居民生活有关的产品及劳务价格统计出来的物价变动指标，通常作为观察通货膨胀水平的重要指标。消费物价指数（CPI）是市场上的货物价格增长百分比。一般市场经济国家认为 CPI 增长率在 2%～3% 属于可接受范围内，当然还要看其他数据。CPI 过高始终不是好事，高速经济增长率会拉高 CPI，但物价指数增长速度快过人民平均收入的增长速度就一定不是好事，而一般平均工资的增长速度很难超越 3%～4%。CPI 过高意味着居民实际购买力的下降，即在一定范围内会减少居民的可支配收入，可支配收入的减少将会影响到居民租金支付的能力。2012 年 1 月，全国居民消费价格总水平同比上涨 4.5%，4 月份全国居民消费价格总水平同比上涨 3.4%，其中居住同比上涨 1.8%，住房租金同比上涨 2.0%。①

8.2.4.3　公租房建设的年度总预算收入与实际收入差异

预算收入是通过一定的形式和程序，有计划有组织并由单位支配的纳入预算管理的资金。预算收入制度是全面预算制度的一方面，全面预算是内部控制的主要手段。预算收入不仅仅可以作为内部控制的重要途径，还可以为后期工作提供参照。

8.2.4.4　公租房建设的预算支出与实际收入差异

预算支出是单位对集中的预算收入有计划地分配和使用而安排的支出，预算支出与预算收入同样为内部控制的重要方面，还反映出资金流的控制和管理能力的提升。实际支出与预算支出相比较可反映当期预算执行程度和管理绩效。

8.2.5　其他应考核的指标

8.2.5.1　分配满意度

分配满意度是指居民对公租房的分配方式、分配结果的满意程度。满意度越高说明分配的效果越好，分配的制度越完善。分配满意度是对分得公租房的居民进行问卷调查，将每个居民的满意程度按等级划分，然后对总体样本的满

---

① 2012 年 2 月和 5 月国家统计局网站发布的信息。

意度指标值进行加权综合，得出总体满意水平。由于样本存在个体差异，满意度的指标值是不可能等于或者超过 100% 的。这个百分比是在衡量多少样本量是表示满意的，进而这个比例越高越能说明居民总体的满意程度越高。

8.2.5.2 公租房租金现金流量净额与周转比率

租金的收取和使用制度在一定程度上体现为租金的财务管理，租金收取是资金的流入，租金使用是资金的流出。现金流量则是衡量某单位一定时期内按收付实现制，通过一定经济活动实现的现金流入、现金流出及其差量情况。由于现金流量指标只将营业利润纳入计算，剔除了非经常性收益，且按收付实现制确定会计利润，这就起到弥补利润指标在反映真实财务状况上的缺陷。将租金形成的现金流进行分析可以得出当期的租金管理是否有所改善或是提高，也可以发现当期租金管理存在的问题。

另外，我们还可以通过深入调查，构建公租房的租金管理满意度、退出管理满意度等主观性较强的评价与审计指标，这里限于篇幅不再赘述。

8.2.6 对前述指标适用性的审计与评价

鉴于前述指标体系构建需要配套机制的完善，因此其实施效果尚需检验。因此，需要对其跟踪审计，并不断修正。这就需要根据前述指标对我国公租房全过程管理的绩效运用前述指标量化后，再对其逐一进行审计、评价。

8.3 我国公租房制度全程审计监管模式的构建

8.3.1 我国构建公租房制度全程审计监管模式的意义

8.3.1.1 现实意义

自 2009 年以来，政府高度重视"夹心层"群体的住房问题，到 2012 年 4 月 6 日，仅重庆市公租房的分配量累计 13 万余套，直接扶助群众约 35 万人。大规模的公租房改变了原有的单一的住房供应体系，为解决"夹心层"的居住问题提供有效的举措，成为政府调控房价的"稳定器"（龙灏、尹庆，2011）。相关资料表明，一个地区的保障性住房供给每增加 5%，当地房价就下降 3% ~ 4% ，公租房还成为调控房市供求的 "缓冲器"。① 公租房在实施过程中还存在租金标准缺乏弹性、内部控制制度缺失、内部审计不足等问题，从审计的角度对公租房全程管理进行监管具有重要的现实意义，即有助于改善公租房模式现存问题，推动公租房模式健康、协调、可持续的发展，以更好地实现公租房的保障性意义。

8.3.1.2　理论意义

公租房的推行将使保障性住房供应和管理体系出现新的变化，一是保障性住房的主体由经济适用房转变为公共租赁住房；二是保障方式从以出售为主转变为以出租为主。公租房管理是否科学、有效、合理，将直接决定公租房的保障效益。对公租房全程审计监管的研究，一方面可以推动公租房模式的理论创新，以便更好地应运于实践；另一方面可以对审计理论进行补充完善。审计监管是发展市场经济制度的客观要求，是建立完善的运营制度的基本要求，是推进管理创新、保障所有者权益的基本需要。故研究公租房全程审计监管不仅仅有利于公租房发展，更为重要的是推动审计学、市场经济制度、管理制度的理论发展，从而具有重要的理论意义。

8.3.2　我国公租房全程审计监管模式概述

8.3.2.1　公租房审计监管模式的定义

审计是对被审计单位的财务收支及其有关的经营管理活动，以及反映这些活动的财务报表和其他有关资料进行的经济监管、评价和鉴证的活动。监管模式是指就某一项目或者活动进行监管和管理，并在此过程中形成的具有排他性、专有性等显著特征的体系或者固定程式。审计监管模式则是指以会计核算为基础，将会计资料反映的信息与实施情况、预算目标等进行合理比较和审查，对现实情况作出评价、建议，并将这个过程形成具有一定固定特点的程序，这种在审计监管中的固定程式称为审计监管模式。

公租房审计监管模式则是在运用审计监管的基础上，形成具有鲜明的公租房特色的监管体系。公租房全程审计监管模式特指公租房完工交付使用后直至报废期间的持续监管方法、效果等的总称。

---

① 资料来源：重庆市公共租赁房管理局。

8.3.2.2 公租房全程审计监管模式的内容

审计监管涵盖了被审计对象的各项业务、流程、会计资料等方面的内容，但就公租房审计监管来看，则包括对公租房资金筹集、建设资金使用、租金回收、租金分配使用等各个涉及资金运动的环节进行监管和管理。而全程审计监管具体指对公租房建成之后的分配和运营方面是否公平、公开、透明、效率、效果、可持续性等方面的审计监管。

8.3.2.3 审计监管模式的分类

（1）按照监管力量的主体来划分。按照审计监管力量的主体，监管模式可以分为内部审计监管、社会审计监管、政府审计监管。其中内部审计监管主要是组织内部对其各种经营业务和管理进行相对独立的鉴证，以审核是否遵循公允的方针、程序和制度，是否符合相关的规定和标准，是否高效、合理地使用了资源，是否在实现组织的既定目标。社会审计监管是指独立于政府部门和企事业单位以外的审计机构所进行的审计评价和鉴证活动，以及独立执行业务的会计师事务所接受委托进行的审计活动，目的在侧重考查会计信息的合法性和合规性。政府审计监管是指政府审计机关对相关单位的会计账务处理、财政财务收支的真实性、合法效益性进行的独立审查，其实质是对受托单位的经济责任履行结果进行独立的监管。

（2）按照监管的对象来分。按照监管对象账务活动发生的时间，审计监管可分为前期监管、中期监管、后期监管。审计监管从一定程度上说，是对项目资金运作的监管，因为项目的整个过程始终存在着资金的流动，故可以将审计归结于对资金的监管，从对资金的监管反映出其在管理、运行各个方面的现状。审计前期监管主要是对资金筹集的方式、途径、状况、效益及相关管理、会计信息等方面进行监管，中期监管主要是对项目的资金使用、周转等相关方面的监管，后期监管主要是项目后期的资金回收、再使用，以及项目终期的整体效益等方面的监管。公租房后期监管，即对公租房建成之后的分配、租金定价、租金回收的监管，但现行的后期监管模式由于一系列的因素还存在不足。

（3）按审计监管导向类型来分。

按审计监管导向类型，审计监管可以分为以下三种。

①经济责任导向审计模式、权力控制导向审计模式、治理导向审计模式等。经济责任导向审计模式是指以明确被审计对象内部经济责任为核心，通

过执行审计鉴证程序来确定经济业务中责任的分配和承担，尤其是对经济过失责任的承担。

②权力控制导向审计模式就是指以权利限制为核心，通过制定审计程序，发现权力控制问题以及提出审计意见的一种审计行为活动组织方式，以规范职责、明确权力范围，做到各司其职、权责分明。

③治理导向审计模式就是将立足点定位在公司治理评价之上，通过对治理状况的分析，识别审计重点与估算审计风险，进而实施基本审计程序，编制审计报告（蔡春，2009 年）。对某一项目或者活动构成完整全面的监管，则需要从不同的审计力量的来源和组合、审计对象等各个方面进行综合监管，故有效地审计监管模式也需要考虑各方因素。

8.3.3　我国公租房全程审计监管新模式的构建

实施审计监管是保证公租房模式可持续发展的基石，但一般的审计监管难以满足具有保障性、公益性的公租房项目的需要，并就目前存在的监管问题迫切需要建立系统的公租房监管模式。为此，本书构建了公租房全程审计监管模式。建立一个全面、科学的公租房审计监管体系，一是完善机构设置、部门分工，按级授权分工，建立内部控制制度；二是完善会计核算基础，保证审计监管实施的基础；三是设立专业的、独立的内部审计部门；四是融合内部审计、政府审计、社会审计、公众媒体、大众舆论等各方面力量形成结构合理、层次分明、相互制约、相互协调、相互完善的审计监管体系，具体见图 8 - 3。

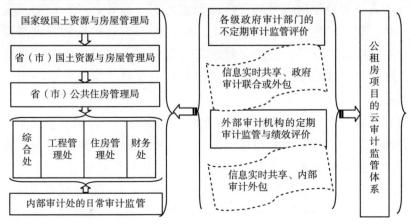

图 8 - 3　公租房制度云审计持续监管体系的构建

8.3.3.1 构建公租房项目的持续监管体系

公租房监管体系主要是从自身管理和独立监管角度实现管理规范化、合理化、有效化，以及建立全国统一的管理体系以解决前述不足。在现有公租房管理体系的基础上，本书嵌入持续审计监管机制，构建了新的、更具体的云审计监管体系（详见图8-2）。

（1）建立公租房项目的云审计持续监管体系。图8-3中，从中央国土资源与房屋管理局到省（市）国土资源与房屋管理局，再到省（市）公共住房管理局有一个统一的构架，中央国土资源与房屋管理局负责制定统一的管理制度。

①公共房屋管理局应专门设立内部审计处。内部审计负责监督和审核其他部门的工作。

②政府审计部门负责对所在地区重大公租房项目进行不定期的审计监管和评价，并与公租房管理部门一起聘请外部审计机构对所在地区所有公租房项目进行定期或不定期的审计监管。

③在政府审计部门与外部审计、内部审计部门之间构建一个信息实时共享的云平台，三方共同对特大型公租房项目进行审计监管，或将部分项目外包给外部审计机构，以提高对公租房项目的审计覆盖率和效率。

（2）建立健全公租房项目监管的内部控制机制。审计监管是保证公租房制度永续发展的重要基石，但前提不仅是完善的会计制度，还需要完善的内部控制制度。作为内部控制的一个要素，独立的内部审计部门和专业内部审计人员对公租房项目的资金运动实施实时监管，可以推动其发展壮大。同时，建立和完善内部控制制度，聘请外部审计机构对其内部控制制度进行专门审计。此外，公租房管理局不仅要对上级部门负责和报告，同时，也要接受本级或上级政府审计部门及其委托独立第三方审计机构的监管和考核。

（3）完善公租房项目的会计核算制度，确保资产、资源安全完整。会计基础薄弱是制约监管效果的根本因素，要想对公租房的租金收入实施有效管理，推动整体管理水平的提高，必须建立完善的会计核算体系。这需要：①根据需要设立明细会计科目有助于加强核算。②规范会计核算程序，严格审核原始凭证，规范填制并严谨复核记账凭证，及时、准确登记账目以保证会计信息完整精确反映。③提升会计人员的专业素养。

8.3.3.2　构建公租房项目持续审计监管的新模式

　　审计监管是保证公租房制度持续发展的基石，但一般的审计监管难以满足具有保障性、公益性两大功能的公租房项目的需要，因此，构建如下公租房持续审计监管模式（见图 8 - 4）。

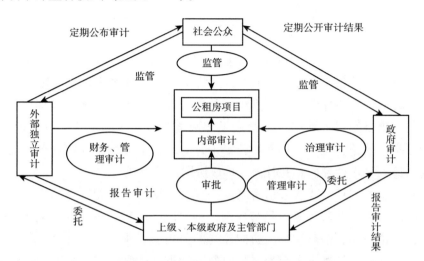

图 8 - 4　我国公租房项目多方协同的持续审计监管模式

　　（1）内外兼具，充分利用外部独立审计监管和其他监管力量，实现多方监管力量的持续协同。图 8 - 4 中，公租房项目的监管体系由社会公众、政府主管部门和审计部门三部分构成。其中，社会公众对内外部审计及公租房项目进行最广泛的监管，社会公众不仅包括资深的专业社会人士，还包括新闻媒体、网络媒体等第三方机构。上级部门主要是从审批程序上加以严格控制，保证项目合理有效运行。

　　审计监管由政府审计的治理审计、外部审计部门的财务审计以及内部审计部门的管理审计三部分构成。由于外部审计的形式和实质都更独立，故在监管方面发挥着不可替代的作用。但是，内外部审计的目标、业务范围和审计标准不同。外部审计对公租房项目年度报表审计的目标是鉴定其有效性、合法合规性，内部审计的目的是改善公租房实施管理部门的风险管理以及公司治理的有效性，以实现企业目标。审计主体间必须相互协同、内外兼顾，共同构成持续审计监管体系，从住房分配、准入制度、租金管理等方面进行核查，在有效的内部管理、专业的外部监管和良性的社会监管下，实现公租房制度的可持续发展。

（2）建立五部门协同的整体持续监管新模式。图 8-4 显示，在发挥内外部审计机构专业监管作用的条件下，配合社会公众的广泛监管和上级或本级政府部门的审批控制，既可以优化审计监管环境，保证审计监管机制的正常运行，又可以形成内部审计、外部审计、政府审计、上级政府部门与社会公众五方协同的全方位系统监管体系。虽然这五种监管力量的监管力度和重心不同，监管模式不同，但相互配合可形成强大的持续监管网络。

（3）实施监管和治理审计导向相互协同的监管模式。完善公租房管理体系和建立新的公租房审计监管模式，必将促使监管常态化和持续化。图 8-3 中，三种审计主体导向不同。其中，外部审计进行的是财务与管理审计，关注公租房项目的财务状况、经营成果和现金流量。内部审计侧重管理审计，强调效率、效益、经济、环境和公平审计。政府审计侧重公租房项目的治理状况。这三种审计导向相互补充，构成协同监管模式。

总之，本书针对我国公租房制度的现状，提出了公租房持续审计监管模式的概念，分析其监管的不足与成因，构建以政府审计—外部独立审计—内部审计三位一体、信息共享、协同监管的公租房云审计监管体系，细化为财务与管理导向—管理导向—治理导向的持续审计监管模式，从而为确保我国公租房制度可持续发展提供借鉴。

8.4 提升我国公租房制度实施绩效的有效路径

8.4.1 提升我国公租房项目可持续发展的有效路径之一

8.4.1.1 结合审计结论，对于公租房项目建设环节与会计核算的建议

前述重庆市公租房审计已经对发现的问题提出了建议，为避免重复，在此仅予以提炼：尽快推广重庆市公租房施工中的新工艺和新设计经验；不断提升工程监理人员的数量和素质；尊重建设、地质和环境等自然规律，严格遵守合理工期，确保质量优先；建立和强化公租房拟建设项目设计、可行性论证和预算制度（适当考虑物价因素），设计施工前须考虑与水电气、环境和其他公共设施的协同。特别要指出的是，公租房建设单位属于企业，但对于承接的公租房项目而言又具有政府主导特征，本书认为应尊重经济事实，遵

循公允等会计原则。

（1）对于公租房项目本身发生的管理费用，按照基建财务制度进行核算，即将合同限额内金额的计入开发成本。

（2）限额外不合理部分不予列支，合理部分按照企业财务制度记入"管理费用"科目。

8.4.1.2　公租房投资与全程管理与监管环节的建议

鉴于审计特有的监督治理功能，建议从中央到地方政府的政府审计部门除了对公租房建设过程进行审计外，还应对公租房项目的投入资金、后期分配以及租金管理和退出机制进行持续跟踪审计，以确保公租房制度实施无监管空白地带。

8.4.2　确保公租房制度可持续发展的优化路径之二

鉴于审计对公租房制度可持续发展的种种促进作用，我国应当将审计的治理效应和职能从立法层次予以明确，并嵌入公租房制度的实施和运行监管体系中使其常态化。

8.4.2.1　建立公租房项目绩效的持续审计制度

所谓持续审计，就是对每一个公租房项目从开始立项到退出整个全程的每一个环节都进行审计的制度。通过持续审计，可建立、完善公租房建设质量造价、分配制度、租金管理制度与退出管理等法律法规制度并有效实施。公租房投融资、论证设计、建设施工与投入使用管理以及租后转售，都应纳入审计的范围。目前从中央的审计署到地方各级审计部门都没有将公租房项目进行逐一审计，而是抽查审计，因而给寻租集团或个人造成可乘之机，最终影响了公租房项目的实施效果。

8.4.2.2　国家有关部门应尽快出台就公租房项目的投资效益评估的具体操作规范

虽然财政部也出台了关于公租房绩效评价的指标体系，但是没有具体的操作规范，比如，谁来评价？评价结果较差的话，如何整改？出现舞弊等不良现象，如何应对？问题尚未解决。目前，以效益审计为最高约束标准的现行法规中，国家对如何审计公租房投资项目投资效益的具体规定中并没有明确实施细则，但从国家投资管理角度来说，国家公租房投资项目的投资效益分析却是十分重要的。同时，审计人员在进行所有与公租房项目工程投资相关的审计时，要时刻以工程效益审计为最高约束标准，科学的项目投资效益评价将对宏观决策起到良好的导向作用。

8.5　确保公租房绩效持续性，提升监管绩效的建议

8.5.1　绩效评价与绩效审计的一体化、持续化

整合现行公租房投资监管部门的监督资源，实现绩效审计与多部门的动态协同监管。现行针对公租房投资项目的监督权分散在各个职能部门，这些职能部门是公租房投资项目的具体规划、组织和实施者，对所辖项目的监督负有义不容辞的责任。它们的监督很大程度上是一种管理性监督，且这些职能部门集决策、管理与监督于一体，受自身利益的局限，很难做到独立、客观，加上部门之间职责不清、职能交叉，造成对公租房投资项目虽有各种监督，但仍存在监督错位、缺位以及多头监督、低水平重复监督的现象。而审计监督又只能是一种事后监督，同时，相关审计规范及审计处理、处罚法规的缺失，使得国家审计的独立性监督缺失。为此，本书建议借鉴一些发达国家对公租房投资项目监督的成熟做法，整合各政府投资监管部门的监督资源，制定公租房投资项目审查联席会议制度或成立以省长为组长、相关部门负责人为成员的公租房投资项目监管领导小组，从高层次组织协调公租房投资项目的监管工作，或参照深圳特区公租房投资项目的"三权分立"模式，成立公租房投资审计专业局，集多项执法监管职能于一身，以解决多头监管和问责制的问题。

8.5.2　公租房制度绩效审计的专门化与全程化

我们可将绩效审计从一般的财政财务收支审计中分离出来，加强对公租房投资项目实施绩效的事前、事中审计；建议国家出台有关对重点国家建设项目进行事前审计、全过程跟踪审计的相关法规，同时国家建设单位要充分

利用内部审计职能及时发现问题、及时分析制止问题，充分健全建设项目的内部控制制度，发挥内控制度的控制功能；进一步强化开工前审计，建议国家有关部门能尽快出台开工前审计的细化规则，深入开展开工前审计，加强对拟开工国家建设项目的可行性研究、勘察设计等方面的真实合理性进行审计监督，对建设资金全部用银行贷款的国家建设项目，国家在宏观上要有所控制，以防范金融风险。

8.5.2.1　增强对国家公租房制度及每个项目的审计力量

鉴于国家公租房投资项目审计力量分配的现状，有些经济发达地区已经成立了相对独立的"国家建设项目审计中心"之类的机构，并配备了足够的技术人员，在实际中也取得了很好的效果。从理论上说，这是比较经济也是可行的，即在原有的国家审计机关增加适量的工程技术人员，一方面是增强审计机关的工程审计力量；另一方面，由审计机关对社会中介机构完成的公租房工程项目进行再监督，并由国家相关部门制订具体的操作规定，赏罚严明，以提高与规范中介机构在工程项目方面的审计质量。

8.5.2.2　建立独立第三方的公租房制度治理委员会机制

鉴于各级政府审计部门的资源有限，无法达成全面持续进行公租房审计的目的，因此，必须建立一个涵盖公租房主管部门监督、审计、财政内部监督、企业内部监督和新闻媒体以及其他独立第三方协同的监督制度和机制，同时，建立独立的公租房治理委员会机制，专门对三种审计机构进行的审计项目进行抽查和调查，从而提高融资、建设、管理和运行等住房供应链一体化的有效性和可持续发展。

8.5.2.3　建立地方与中央结合、政府审计与内部监督相结合、中介年审制度适度介入机制

鉴于公租房投资项目金额巨大、工期较长、涉及面广，影响不仅重大而且深远，必须对每个公租房项目的实施情况进行审计。主要思路是：首先，政府审计部门负责重大公租房项目的定期和突击审计，即地方政府对每一个公租房项目分别进行定期的绩效和合规性详细审计，中央政府对某一地区众多的公租房项目进行不定期审计。其次，充分发挥财政部门内部投资评审中心的作用，公租房管理部门的内部审计机构则负责本单位每个公租房项目的

日常审计，避免审计部门的重复劳动。最后，独立审计部门负责重要和一般公租房项目的定期审计，即对前三者都未监督的公租房项目进行年度或半年度的定期审计。

8.5.2.4　明确审计目标和审计范围，进一步确立公租房绩效审计制度和合规性审计制度

公租房的双重功能决定了既需对其进行绩效审计，以考察地方政府公共管理的效果和效率，又需对企业建设的合法合规性进行审计。因此，公租房审计实际上属于综合审计。虽然审计署 2011 年、2013 年发布了相关的审计报告，重庆市审计局对该市 2010 年开工建设的公租房建设情况进行了跟踪审计，且涉及了绩效审计，但由于审计目标并不十分明确，加之时间、人力资源等极为有限，审计效果有待进一步提升。而且"十二五"规划中政府将继续投入大量资金实施公租房建设。所以，必须将公租房审计制度化、系统化、细化。

8.5.2.5　建立公租房绩效评价与独立审计结果定期披露制度

众所周知，公租房制度旨在服务民生，创造所有人的幸福生活，因此，其公平、公正最重要，而公开显然是最好的消毒剂。然而，目前除了审计署每年公开一次对公租房项目的审计结果外，省市级的相关审计结果并没有公开，因而其实施效果缺乏更深入的监督。建议尽快建立审计各级公租房制度实施效果的定期披露机制，以更好地实现其为人民谋福祉的最大化目标。另外，目前公租房审计的理论和实务在国内外都是较新的领域，迫切需要理论发挥指导引领实践的作用；同时，应大力提倡进行公租房合规性审计和绩效评价、绩效审计等实践，并总结经验教训，再上升为新理论推动实践创新。

8.5.2.6　公租房违规线索的计算机审计方法

公租房是政府保障和改善民生的重大举措，也是积极推进城镇低收入家庭住房保障工作的一项民生工程。近年来，公租房分配、运营与使用是社会较为关心的热点问题，通过对公租房分配和管理情况审计推动惠民政策可真正惠及广大人民群众。本书结合审计实践，介绍运用数据分析技术查出公租房使用中违规线索的审计思路和步骤。

（1）截留、挪用公租房租金。一般情况下，公租房承租人持非税收入通

用票据将租金直接缴到财政局指定的非税账户上，房管部门不能直接收取租金，对此类问题的审计步骤如下。

第一步，采集房管部门登记的公租房租赁信息明细表、财政局公租房租金收入数据、公租房日常生活信息表（含用水、用电、缴纳物业费等字段）并标准化，导入 SQLServer 数据库为下一步数据分析筛选提供基础。

第二步，将公租房租赁信息明细表与公租房租金收入数据进行比对，以姓名为关键字查找出房管部门已配租但未缴纳租金的疑点线索。

第三步，关联公租房日常生活信息表与公租房租赁信息明细表，筛选出有用电、用水或缴纳物业费记录但房管部门未配租的线索并进行延伸，核查是否存在瞒报、漏报已使用公租房的问题。

（2）公租房长期闲置。政府投入巨额资金建成的公租房，为使财政资金发挥更好的效益，审计是否存在公租房未分配或承租人未实际居住造成长期闲置，对此类问题的审计步骤如下。

第一步，将公租房日常生活信息表中用水、用电和物业费总数按房间号字段进行分类汇总形成疑点中间表，筛选出用电、用水明显低于正常居住用水用电量或未缴纳物业费用的情况。

第二步，通过收集网上发布的公租房转租信息，深入现场走访核实，核查公租房是否存在租而未用、长期闲置等问题。

（3）向不符合条件的对象配租公租房。由于公租房租金较低，会导致为符合公租房承租资格隐瞒或伪造住房、年龄等情况的出现，对该项问题的审计步骤如下。

第一步，公租房租赁信息明细表与经济适用房信息表、房产信息表关联，以身份证号码为关键字筛选出承租或者承购其他保障性住房、有房产入住公租房等疑点信息。

第二步，身份证号码错误。提取公租房租赁信息明细表中身份证号码第 7 至第 10 位数字，用当年年份减去出生年份筛选出年龄不符合条件的记录作为疑点进行核实，用类似思路可筛选出身份证号码位数不对、身份证号码前 17 位格式不正确等不符合公共租赁住房申请条件或身份证信息错误的记录。

（4）重复享受公租房。由于房管部门监管不严等，可能存在一人或家庭成员重复享受公租房的情况，对此类问题的审计步骤如下。

第一步，身份证号码重复。对房管部门公租房租赁信息明细表中身份证号码进行重复筛选，核查是否存在身份证号码重复且租赁房间不同的人员信息。

第二步，手机号码重复。对房管部门每年的公租房租赁信息明细表中手机号码进行重复筛选，若发现手机号码重复且租赁房间不同的人员信息，核实是否存在以家庭为单位重复申请公租房的记录列为疑点线索。

锁定问题疑点后，要对疑点线索进行落实取证，通过询问、调取原始资料、实地调查等审计方式方法，获取违法违规问题的最终审计证据，为形成审计成果提供基础支撑。

本章小结

本章在分析重庆市公租房现有的监管机制及存在不足的基础上，分别构建了重庆市公租房制度全程管理模式和公租房制度云审计持续监管体系，并提出了我国公租房项目持续审计监管的新模式，给出了提升重庆市公租房制度实施绩效的路径，从而提升公租房项目建设可持续发展的优化路径，确保公租房制度可持续发展的路径优化——5E1C 审计等建议。

参 考 文 献

[1] 财政部网站.关于印发《城镇保障性安居工程财政资金绩效评价暂行办法》的通知［EB/OL］. http：//www. mof. gov. cn/gkml/caizhengwengao/202001wg/202007wg/202010/t20201026_3611198. htm.

[2] 杜静,赵小玲,李德智.我国公租房主要建设模式的比较与评价［J］. 现代管理科学,2013（7）：88-90.

[3] 公租房公平是生命线［EB/OL］. https：//www. chinanews. com/estate/2011/09-21/3342359. shtml.

[4] 公租房姓"公"不姓"私"［N］.重庆日报,2011-06-09.

[5] 辜胜阻,李洪斌.完善租房市场 构建多层次住房体系［J］.理论学刊,2013（1）：59-63.

[6] 关振宇,段凤霞.建设项目全过程跟踪审计面临的问题与对策［J］.建筑经济,2013（2）：53-55.

[7] 韩瑾,李芊.公租房建设中融资模式研究［J］.改革与战略,2012（2）：169-171.

[8] 吉林省财政厅网站.吉林省城镇保障性安居工程专项转移支付2019年度绩效自评报告［EB/OL］. http：//czt. jl. gov. cn/zzfg/zhgl/202007/t20200714_7363379. html.

[9] 纪慧慧.我国保障性住房的监管体制探析［J］.福州党校学报,2015（3）：58-60,80.

[10] 建设部课题组.多层次住房保障体系研究［M］.北京：中国建筑工业出版社,2007：3-10.

[11] 蒋锐.公租房PPP项目绩效评价研究［D］.长沙：长沙理工大学,2016.

[12] 雷光辉.保障性住房项目实施中的寻租行为分析［J］.现代商贸工业,2011（20）：60-61.

［13］李白云．公共租赁住房运行效率评价——以武汉市为例［D］．武汉：湖北工业大学，2015.

［14］李冬．基于协同治理理论的政府投资项目审计模式研究［J］．会计研究，2012（9）：89－95.

［15］李阔．论保障性住房配置及使用的行政监管［D］．吉林：吉林大学，2012.

［16］李然然．我国公租房供给中的难题解析［J］．中国房地产，2012（8）：22－28.

［17］李喜燕．公租房能否名至实归［J］．经济体制改革，2010（6）：142－147.

［18］李正伟，马敏达，马智利．有限合伙型REITs在公租房中的应用研究——以重庆市为例［J］．经济体制改革，2013（2）：140－144.

［19］刘贵文，张运生，徐鹏鹏．公租房住户满意度综合评价［J］．建筑经济，2013（9）：79－83.

［20］刘佳燕，万旭东．借鉴香港经验谈租赁型公共住房在我国的发展前景［J］．北京规划建设，2007（6）：69－75.

［21］刘洁，李佰航．论我国公租房的制度构建与法律保障——以重庆市公租房建设为例［J］．法制与社会，2011（16）：169－171.

［22］刘敏，陈先锋，刘元旭．保障房违规分配案例频出，多部门审核屡屡失灵［EB/OL］．http：//www.xinhuanet.com/.

［23］刘晓琦．鞍山市保障性住房工程质量监管研究［D］．吉林：吉林大学，2015.

［24］刘玉峰，张琦．对公租房建设中政府监督管理的研究——以重庆某公租房项目为例［J］．建筑经济，2011（7）：78－81.

［25］罗俊，宋良荣，徐春晓．公租房项目绩效预算管理探讨［J］．中国集体经济，2013（13）：140－141.

［26］马靓．我国保障性住房项目实施中的寻租行为［J］．合作经济与科技，2011（9）下：99－100.

［27］马智利，赖丽梅．我国直辖市公租房供给模式比较研究［J］．经济体制改革，2012（6）：30－33.

［28］玛宜萱．香港公营房屋实现可持续发展［J］．住宅产业，2010（4）：51－52.

[29] 潘雨红，熊苑君等．基于引入理想决策单元 DEA 的公租房配租方法研究 [J]．城市发展研究，2011（8）：56 – 58.

[30] 钱福友．基于 DEA 方法的保障性住房项目绩效评价研究 [D]．扬州：扬州大学，2019.

[31] 邱君媛．我国公租房的发展状况及对策研究 [J]．现代物业，2012（9）：106 – 107.

[32] 施建刚，辛静．公租房建设新模式的构建——基于 BT 与 ABS 模式 [J]．中国房地产，2013（14）：52 – 57.

[33] 宋祥来．经济评价视角下的公租房政策分析——基于 L 省 D 市的案例研究 [J]．建筑经济，2011（11）：56 – 58.

[34] 苏晶．城市公共租赁住房政策的绩效评价 [D]．上海：华东政法大学，2016.

[35] 孙鼎，田晨光，宋家宁．国外保障性住房供应机制：一个研究综述 [J]．郑州大学学报（哲学社会科学版），2010（4）：156 – 159.

[36] 谈佳隆．公租房之忧，缺乏赢利模式是最大障碍 [J]．中国经济周刊．2011（15）.

[37] 田军．公租房运行机理与监管方式找寻 [J]．改革，2015（11）：142 – 150.

[38] 王爱领．基于改进的 Vague-Topsis 方法的公租房轮候排序评价研究 [J]．郑州大学学报（理学版），2013（3）：115 – 120.

[39] 王琨，郑荣跃，朱康武．对中心城市公共租赁住房政策及实施的再评价 [J]．建筑经济，2011（3）：89 – 91.

[40] 王人扬．宁波市外来务工人员住房状况及住房保障体系研究 [D]．武汉：华中科技大学，2014.

[41] 王杏芬（财务会计理论与实践论文集）．我国公租房后期管理的指标体系构建 [M]．北京：经济科学出版社，2014 年 12 月 1 日，166 – 173.

[42] 王杏芬．我国公租房项目持续审计监管模式探索 [J]．财会月刊，2015（2）：86 – 89.

[43] 王弈乔．基于 DPSIR 模型的保障性住房项目实施绩效评价研究 [D]．沈阳：沈阳建筑大学，2017.

[44] 王英，许娜，段继红．公租房监管问题研究 [J]．中国房地产，2012（10）：44 – 50.

［45］王菅．40 平米紧箍咒：刹车公租房乱象？［N］．21 世纪经济报道，2011 年 9 月 26 日．

［46］吴红杰．浅析公租房项目的政府造价监管［J］．河南建材，2015（3）：47 - 48.

［47］吴宁宁．我国保障住房绩效评价问题研究［D］．武汉：华中师范大学，2013.

［48］吴伟．公租房供给制度、定价行为与绩效研究［D］．上海：华东师范大学，2018.

［49］吴翔华，张静，权艳．公共租赁住房政策绩效评价研究［J］．建筑经济，2014（5）：81 - 84.

［50］武庄．中国推行保障性住房建设的现状及对策研究——以公租房建设为例［J］．经济研究导刊，2011（30）：163 - 164.

［51］谢永康，梁旭，姚玲珍．我国一线城市公租房制度效率的比较研究［J］．现代管理科学，2014（6）：15 - 21.

［52］谢永康，杨刚，梁旭．基于数据包络分析的城市公租房制度效率评价［J］．现代财经，2014（9）：15 - 21.

［53］徐嘉鹤．我国公租房制度研究［D］．江西：江西财经大学，2015.

［54］徐炉清．构建住房保障的监管机制迫在眉睫［J］．中国房地产金融，2011（9）：33 - 36.

［55］徐旭忠，傅夏莉．实现公租房"能住、愿住、住得好"［N］．重庆创新公租房社区管理机制，2012 - 12 - 08，经济参考报．

［56］杨继瑞，黄潇．公租房制度建设的一个典型案例剖析［J］．经济纵横，2012（1）：50 - 54.

［57］杨玲．对完善重庆市公租房管理的思考［J］．现代城市研究，2011（9）：81 - 85.

［58］杨之光，郑煜琦．基于住房过滤模型的我国住房保障补贴政策研究［J］．财政研究，2010（7）：24 - 28.

［59］姚玲珍．中国公共住房模式研究［M］．上海：上海财经大学出版社，2003：12 - 13.

［60］尹倩．我国公租房项目审计监督研究［D］．浙江：浙江工商大学，2011.

［61］曾珍，邱道持，李凤，等．基于改进引力模型的公租房空间布局适

宜性评价——以重庆主城 9 区为例［J］. 中国土地科学, 2014 (1): 52 – 61.

［62］张丁文. 重庆主城区保障性住房选址绩效评价研究［D］. 重庆, 重庆大学, 2015.

［63］张静. 公共租赁住房政策的绩效评价研究［J］. 南京: 南京工业大学, 2013.

［64］张沈生, 申浩月, 曹阳. 沈阳市保障性住房分配监管问题研究［J］. 沈阳建筑大学学报 (社会科学版), 2015 (1): 74 – 78.

［65］张学儒. 基层政府提供住房保障的绩效管理研究［D］. 南京: 南京大学, 2015.

［66］张怡, 龚延风, 施俊勇, 承军. 绿色建筑评价设计标识二星级项目——江阴市敔山湾公租房项目绿色建筑设计［J］. 建设科技, 2011 (5): 46 – 49.

［67］张遇哲. 公租房"低门槛"需"高监管"堵漏［N］. 中国社会报, 2011 年 10 月 29 日.

［68］赵杰, 张开瑞, 张波, 等. 公共租赁住房文建设生态环境影响评价［J］. 中国人口, 资源与环境, 2011 (8): 337 – 339.

［69］中华人民共和国财政部综合司关于印发《城镇保障性安居工程财政资金绩效评价暂行办法》的通知. 2015 – 02 – 25.

［70］重庆严格公租房退出机制防利益输送［N］. 经济参考报, 2013 – 05 – 10.

［71］周洛华. 以金融创新推动公租房建设［N］. 中国证券报, 2011 年 09 月 23 日.

［72］周薇. 基于 DEA 模型的杭州市保障性住房类型的绩效评价［D］. 杭州: 杭州工业大学, 2014.

［73］朱丽菲. 基于 IAD 框架的保障房多中心协同供应机制研究［D］. 上海: 东南大学, 2016.

［74］祝琳. 基于项目逻辑模型的财政项目支出绩效评价研究［D］. 北京: 北京化工大学, 2012.

［75］Barbara Murray Grein, Stefanie L. Tate. Monitoring by Auditors: The Case of Public Housing Authorities［J］. The Accounting Review, 2011 (4): 1289 – 1319.

［76］Chang Taek Hyun, KyuMan Cho, KyoJin Koo, Tae Hoon Hong, A. M. ASCE, HyunSeok Moon. Effect of Delivery Methods on Design Performance in

Multifamily Housing Projects ［J］. Journal of Construction Engineering & Management, 2008（7）: 468 – 482.

［77］ England-Joseph, Judy A. Public Housing: HUD Has Several Opportunities to Promote Private Management ［J］. GAO Reports, 1999（26）: 1 – 71.

［78］ Eziyi O, Ibem O, Amole O. Assessment of the Qualitative Adequacy of Newly Constructed Public Housing in Ogun State, Nigeria ［J］. PropertyManagement, 2011（3）: 285 – 304.

［79］ Hessel, Arthur R. The rules of the game: How HUD audits really work ［J］. Journal of Housing, 1994（2）: 27.

［80］ Lawrence, Janice, Bryan et al.. Characteristics associated with audit delay in the monitoring of low income housing projects ［J］. Journal of Public Budgeting, Accounting & Financial Management, 1994（2）: 173 – 192.

［81］ Sprigings N. Delivering Public Services Under the New Public Management: The Case of Public Housing ［J］. Public Money & Management, 2002（4）: 11 – 17.

［82］ United States General Accounting Office. HUD Inspector general Actions Needed to Strengthen Management and Oversight of Operation Safe Home ［J］. General Accounting Office, 2001.

［83］ United States General Accounting Office. Public Housing Information on Receiverships at Public Housing Authorities ［J］. Government Accountability Office Reports, 2003.

［84］ United States General Accounting Office. Public Housing New Assessment System Holds Potential for Evaluating Performance ［J］. GAO Reports, 2002.

［85］ United States General Accounting Office. Public Housing Subsidies Revisions to Urban Development's（HUD）Performance Funding System Could Improve Adequacy of Funding ［J］. Gao Reports, 1998.

［86］ Walker, Richard M. How to Abolish Public Housing: Implications and Lessons from Public Management Reform ［J］. Housing Studies, 2001, 16（5）: 675 – 696.

［87］ Walker, Richard M. The Changing Management of Social Housing: The Impact of Externalization and Managerialisation ［J］. Housing Studies, 2005, 15（2）: 281 – 299.